論理的思考力・表現力育成のためのカリキュラム開発

教科間連携，幼・小・中連携を視野に入れて

熊本大学教育学部・四附属学校園【編】

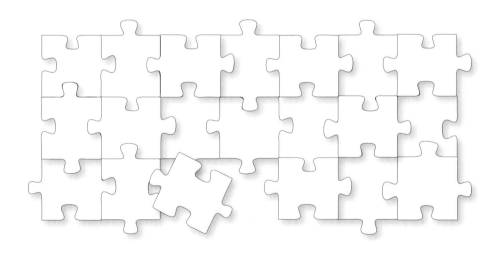

溪水社

はじめに

熊本大学長　谷口　功

　この度，「論理的思考力・表現力育成のためのカリキュラム開発　～教科間連携，幼・小・中連携を視野に入れて　～」と題する書籍が発刊されることになりました。この書籍は，本学の教育学部が中心となり関係者が連携をして，この4年間にわたって取り組んできた新しい学習指導要領の主旨をどのように教育現場で具体化いていくのかについてのシンポジウムの成果をまとめたものです。

　この間，毎年「新学習指導要領シンポジウム」を開催し，本学の教育学部と幼・小・中の附属学校が連携することで，「論理的思考力・表現力育成のためのカリキュラム開発」という非常に難しい課題に取り組んできました。この課題に対しては，県下はもとより熊本県以外の地域からの教育現場の先生方や教育行政に関わる多くの皆様の参画を得て，毎回，様々な取り組み等が紹介され，熱心な議論が積み重ねられました。

　平成23年には小学校の新学習指導要領が，また，その次の年には中学校の新学習指導要領がスタートして，現在，小・中学校の教育は新しいステージへと飛びだしています。新しい時代に生きる子供たちのための教育が始まった訳です。教育は国の発展の根幹です。子供たちを，人「財」として，社会の宝・財産として育てる必要があります。子供たちを一人一人丁寧に育てていく以外には我が国の将来はありません。その意味では，幼稚園から小学校，さらに中学校への繋がりの中で教育の内容をしっかり考え，具体化する必要があります。本来，大学の附属学校は，大学も一緒になって，先端的な取り組みを実践する役割があります。その成果を地域の教育に反映させ，地域の皆様と一体となって子供たちの教育を担っていける体制を創ることも必要です。

関係者の皆様の協力で出来上がった本書が，未来に生きる子供たちを論理的思考力と表現力を持った人「財」として育てていくための一助となることを切に願い，本書の巻頭の挨拶とさせていただきます。

はじめに

熊本大学教育学部長　登田龍彦

　本書は，5年間にわたる熊本大学教育学部と附属学校園と熊本県教育委員会及び熊本市教育委員会との連携事業「教科間連携と幼小中連携を視野に入れた論理的思考力・表現力育成のためのカリキュラム開発」の成果をまとめたものである。本事業の成果を出版物として公表できることは，存外の喜びであると同時に，この事業の関係者の皆様に対して深い敬意と厚い感謝の意を表したい。

　本事業の大きな牽引力である河野順子教授と山本信也教授の指揮のもと，本学部・研究科と4附属学校園の多くの教員が，熊本県教育委員会と熊本市教育委員会の先生から頂いた有意義なご助言を踏まえつつ，連携・協働してカリキュラム開発を行ってきた。成果の公表の機会である年度末開催の学習指導要領シンポジウムには，毎年400名ほどの参加者があり，盛況であった。

　これまで，文部科学省初等中等教育局主任視学官（職名は当時のまま以下同様）の田中孝一先生，京都大学大学院教育学研究科教授の田中耕治先生，筑波大学監事でお茶の水女子大学名誉教授の内田伸子先生，九州大学副学長の丸野俊一先生，文部科学省初等中等教育局主任視学官の清原洋一先生，熊本県教育委員会教育次長の阿南誠一郎先生，熊本市教育委員会総括審議員兼次長の杉原哲郎先生，熊本市教育委員会指導課長の濱平清志先生，熊本県教育庁義務教育課長の浦川健一郎先生，熊本県教育庁指導係長兼主幹の古田亮先生，熊本県教育委員会義務教育課主幹（義務教育指導係長）の谷口雄一先生，熊本市教育委員会指導課主任指導主事の上妻昭仁先生より，専門的立場から貴重なご講演・ご助言を頂いた。また，本事業の最大の理解者であり支援者である谷口功学長と山中至副学長からは，常

に暖かい励ましのお言葉を頂いた。ここに厚くお礼申し上げる。
　本事業の成果報告書が日本の教育力向上の一助となれば，私たちとってこの上ない喜びである。関係各位にご高覧，ご高評頂ければ幸いである。

目　次

はじめに ……………………………………………… 谷口　功 … i
　　　　　　　　　　　　　　　　　　　　　　　　登田龍彦 … iii

第1部　論理的思考力・表現力育成のためのカリキュラム開発がめざしたこと
　　　　　　　　……………………………………………… 河野順子 … 3

第2部　論理的思考力・表現力育成のためのカリキュラムの実際
第1章　教科を貫く論理的コミュニケーション能力の育成
　　第1節　教科を貫くコミュニケーション能力の育成
　　　　　　―国語科教育の取り組み―
　　　　　　……………………… 河野・井上・下中・坂﨑・
　　　　　　田上・沖田・城音寺・有田 … 43
　　第2節　教科の学びの根底としてのコミュニケーション能力の育成
　　　　　　―特別支援教育の取り組み―
　　　　　　………………………………… 高原・前田・澤 … 61
　　第3節　教科の学びの根底としての思考力・表現力の芽生え
　　　　　　―幼稚園教育の取組―
　　　　　　……………… 柴山・浅尾・大塚・松並・吉永・志柿 … 79

第2章　各教科等における論理的思考力・表現力の育成
　　第1節　生活科教育 ……………………………… 中山・藤本 … 89
　　第2節　社会科教育 …………………………… 藤瀬・西澤・佐伯 … 99
　　第3節　算数・数学科教育 …………………… 佐々・山本・余宮・
　　　　　　水上・増藤・宮脇・日方・坂口・澤田・松永 … 117
　　第4節　理科教育 ……… 渡邉・飯野・正元・原口・井上・谷口・
　　　　　　岩永・野村・坂田・二子石・田代・大山・楠本 … 134

第5節	音楽科教育 ………………………	山﨑・西・合志 …	151
第6節	図画工作・美術科 ………………	緒方・北野・島﨑・村田 …	162
第7節	体育・保健体育科教育 …………	坂下・西村・豊田・	
		岩根・前田 …	178
第8節	技術科教育 ………………………	田口・西本・三浦・萩嶺 …	195
第9節	家庭科教育 ………………………	八幡・恒松・廣瀬・松原 …	209
第10節	英語科教育 ………………………	Pederson・前田・栗原・島谷 …	225
第11節	道徳教育 …………………………	八幡・坂口・宮原 …	242

第3部　論理的思考力・表現力育成のためのカリキュラム開発の成果と課題

第1章　学部附属連携事業の意義と課題 ……………… 山本信也 … 255

第2章　学力向上に向けた熊本県教育委員会の取組
　　　　………………………………… 熊本県教育委員会 … 275

第3章　熊本市における思考力・表現力育成に向けた取り組み
　　　　………………………………… 熊本市教育委員会 … 279

あとがき ………………………………………………… 川野智子 … 285
　　　　　………………………………………………… 志波典明 … 286
　　　　　………………………………………………… 宮本哲也 … 287
　　　　　………………………………………………… 齋藤純人 … 288

索引 …………………………………………………………………… 291

論理的思考力・表現力育成のための
カリキュラム開発
－教科間連携，幼・小・中連携を視野に入れて－

第1部
論理的思考力・表現力育成のための
カリキュラム開発がめざしたもの

河野　順子

1. 論理的思考力・表現力育成の必要性と本プロジェクトの課題

　日本の制度的カリキュラムである新学習指導要領が平成23年度から小学校で，平成24年度から中学校で全面実施となった。新学習指導要領において，それぞれの教科で「基礎的・基本的な知識・技能」を身につけさせるために，思考力，表現力を育成することが求められている。そのための措置として言語活動例が各教科で設定されている。

　こうした学習指導要領の内容には，OECD生徒の学習到達度調査（PISA）の結果が大きく反映している。

　例えば，PISA2000年調査（読解力）の中に「落書き」問題がある。落書きについて賛成と反対の立場から意見を述べた手紙を読んで，どちらの手紙に賛成かをその内容にふれながら自分なりの言葉を使って説明する問題（問3），どちらの手紙に賛成するかは別としてどちらの方がよい手紙だと思うかを手紙の書き方にふれながら説明する問題（問4）である。日本の高校生の無答率はそれぞれ15％，27％で，OECD平均の2倍もあった。いずれも論理的な思考力・表現力の育成に課題があることがわかる。

　こうした国際的な学力調査を経て，現在，我が国において最も重要な課題の一つが論理的思考力・表現力の育成ということができる。

　先頃，平成26年度の全国学力・学習状況調査の結果が公表された。

　その結果，「根拠を明らかにして意見を述べる」「必要な情報を取り出し，説明する」といった力には依然として課題が残ることが明らかとなった。

　小学校の国語Bでは，討論の様子を読んで自分の意見を書く問題が出題された。発言を引用して書く条件が付けられていたが，正答率は28.4％と低い結果が出ている。

　算数Bでは，「数量の大小を比較する際，根拠を示し，判断理由を説明する設問（示された方法で人数分のスープが分けられるかを選択肢から選び，そのわけを書く問題）」の正答率は30.8％だった。

　中学校の国語Bでも，「説明文や資料から情報を取り出し，伝えたい事

柄や根拠を明確にして自分の考えを書く」という，これまで指摘されてきた課題を試した問題で正答率28.8％と改善傾向はみられていない。

　数学Bでは，距離と出発時間の関係を示したグラフを読み取る内容が出題された。速さを求める方法を文章で説明する問題だが，正答率は30.7％で今回の数学の記述式問題の中で，特に正答率が低いという結果が出ている。記述式問題では，確率を使って理由を説明する問題も苦手であった。

　依然，論理的思考力・表現力の育成は課題であり続けているのである。こうした課題を解決するためには，各教科で育成すべき思考力・表現力を明らかにすることはもとより，学校間・教科間を貫く思考力・表現力を明らかにすることが必要である。

　そこで，本研究では，幼・小・中を貫く発達を加味した思考力・表現力の育成，特にその究明が急がれている「論理的思考力・表現力の育成」に着眼し，大学と附属学校園との連携を通して明らかにすると共に，大学研究者による教科間連携のもとカリキュラムを開発することを目的とした。

　このような問題意識のもと，熊本大学教育学部では，「論理的思考力・表現力のためのカリキュラム開発」を平成22年度から開始した。新学習指導要領の完全実施を見据えて，教科間連携，幼・小・中連携を視野に入れながら，5年後を目途に教育現場の先生方の実践に寄与できるカリキュラム開発を目指してきた。

　本プロジェクトでは，基盤理論として，社会構成主義的な学習論を導入している。そこでは，知識というものは伝達されるものではなく，子どもたちの相互的な学び合いの中で創造されていくものであるという捉え方をする。本研究はそうした学習論の成果も取り入れながら，具体的な授業のあり方について研究してきた。学習指導要領で重視されている各教科における言語活動の充実もこうした学びを通して実現していくのだと考えている。

　社会構成主義の学習観では，学習を「人間が社会的に知を構成していく社会的行為である」と捉える。こうした，全世界的な学びのパラダイムの大転換の時代において，社会構成主義の理論を基盤にした授業改革は教育

における必至の課題である。

　本研究では，社会構成主義を基盤としたカリキュラム開発へ向けて，次の2点に着眼した研究を推進することを目指してきた。

　1点目は，ヴィゴツキー理論を背景とした他者との相互作用を重視した学びを通した論理的思考力・表現力の育成を可能にするカリキュラム開発を行うことである。特に，教科間を貫き，つなぐ「論理的思考力・表現力」を究明することである。

　2点目は，社会文化的アプローチ（ワーチ1995など）の理論を基盤として，学習者の学びのあり方を解明することである。現在，従来の学習・発達に関する生物学的成熟ないし制約に基づいた個人に焦点化した捉え方の学習理論の限界が指摘されている。そこで，河野順子（2006）は，幼稚園，小学校入門期を中心に，個人の学習・発達におよぼす社会文化的環境要因の影響過程を明らかにしたコミュニケーション能力・論理言語の育成のための教材開発，単元開発を行ってきた。こうした研究を踏まえて，小学校，中学校への参与観察を通して，コミュニケーションの形成過程を分析し，幼・小・中を貫くコミュニケーションの形成過程と論理言語発達を促す要因を究明してきた。各教科における論理的思考力・表現力の育成においても，こうした社会文化的環境要因との関連でそれぞれ明らかにしていく。

　本研究が目指すカリキュラム開発は，教材開発，学びのデザインを含みこんだものである。ただし，こうした論理的思考力や表現力を育成するために，特定の校種，特定の教科で行うのでは限界がある。このことは，学習指導要領においても，各教科の連携・協力のもとに，進めていくことが謳われている。これからの論理的思考力，表現力の育成を進めるカリキュラム開発は日本の教育界において重要な課題となっているが，この実践課題について大学研究者における教科横断的な教科間協力によって推進されることはこれからの課題であり，まだ先行の研究は皆無に等しい状況である。こうした中での相互協力的な研究体制の確立は重要な意味がある。また，幼・小・中の連携についても，現代の重要な教育の課題とされている。

　本プロジェクトは，大学における教科教育研究者を中心に，以下の三つ

の連携を推進していくところに大きな特徴がある。

　1点目は，教育学部附属幼稚園，附属小学校，附属中学校，附属特別支援学校と連携した幼・小・中を貫く研究を推進していくこと。2点目は，熊本県教育委員会，熊本市教育委員会をはじめとする熊本県下の教育事務所，教育センター，学会，熊本県小・中学校国語教育研究会など地域の教育研究団体と連携した研究を推進していくこと。3点目は，本プロジェクトに学生・院生の活動を位置付けること。

　こうした連携研究の推進によって，次のような成果が期待できる。

　まず，第1に，熊本県下の先生方に本テーマに関する実践の手がかりを提供することができることである。第2に，熊本県下及び全国や世界に向けて研究成果を発信することによって，地域及び全国，世界の教育改革に貢献することができることである。第3に，プロジェクトへの参画を通して，教員養成系学部として，学生や院生の教職に関わる専門的力量形成を図ることができることである。

　次に，研究内容として次のように計画を立てている。

①論理的なコミュニケーション能力育成のためのカリキュラム案の精緻化を進める。このコミュニケーション能力育成のためのカリキュラム案は，主として国語科及び特別支援学校園がその開発を担当する。

②上記の論理的コミュニケーション能力のカリキュラム案を基盤としつつ各教科独自の論理的思考力・表現力の育成のための授業デザインを開発し，教科独自のカリキュラムを開発していく。

③上記の成果の統合的分析による，論理的思考力・表現力育成のための教科横断的カリキュラムの開発と提案を行う。

　こうした課題に対して，他に先んじて取り組む本プロジェクトによる研究成果は現代的教育課題へ向けての新たな提案となる。さらに，本横断的カリキュラムは，それぞれの校種，教科のページをひらいていただくことによって，児童・生徒の発達段階を加味し，幼小中を貫く論理的思考力・表現力育成のための総合的カリキュラムとして提案できればと考えている。

2．児童・生徒の発達段階を考慮した幼・小・中を貫き，教科間連携を可能にする「論理的思考力・表現力」の育成

　前述したPISA調査や全国学力調査で求められている論理的思考力は，議論の分析モデルとして知られる「トゥルミン・モデル」につながっている（詳しくは井上尚美1977を参照）。
　トゥルミンは，議論の強さを次の6つの基本要素から分析している。
・主張（Claim）……結論
・事実（Data）……ある主張の根拠となる事実・データ
・理由づけ（Warrant）……なぜその根拠によって，ある主張ができるかという説明（〜だから）
・裏づけ（Backing）……理由づけが正当であることの証明
・限定（Qualifiers）……理由づけの確かさの程度
・反証（(Rebuttal)……「〜でない限りは」という条件
これを単純化すると，次のようになる。

　　　D　　事実　（根拠＝情報の取り出し）

　　　　　　　　　　W　理由づけ　（推論＝解釈）

　　　C　　主張　（結論＝評価）

　鶴田清司（2010）は，これを「根拠・理由・主張の3点セット」と呼んでいる（従来の三角ロジック）。そのポイントは，客観的な事実（データ）とそれに基づく理由づけ（推論）が妥当かどうかということである。
　井上尚美（2007）は，「大きな骨組みとしては，『主張』とそれを裏づける『データ』『理由』の三つを中心と考え，他の三つ（限定，反証，理由の裏づけ）は一括して『但し書き』とした方がすっきりする」と述べて，「小・中学校の国語の授業では（中略）意見を言わせるときにも，『ただ自分の

考えを主張する（C）だけでなく，データ（D）と理由（W）とを必ず挙げなさい』と指導することが望ましい」と述べている。

なお，中村敦雄（1993）も，「議論によっては，主張・事実（データ）・理由づけの三つだけでも構わない」と述べている。

鶴田清司(2014)は，アメリカの理科教育の分野でも，近年，「トゥルミン・モデル」を用いた「説明（explanation）」や「議論（argument）」を通して科学的なリテラシーを育成しようとする研究が盛んであることを紹介している。それによると，高校段階でも，「根拠」はあげることができるが「理由づけ」ができない生徒が多いことが明らかになっている。

マクニール（2011）らは，「教科内容を超えてリテラシーを関連づけ，論理的に書くための機会を与える」とも述べ，科学的説明ができるようになるための次のようなフレーム（トゥルミン・モデルを修正したもの）を提示している。

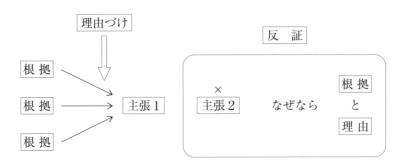

また，社会科教育の分野でも，「アーギュメント社会科」という名称のもとで，「市民的資質」として「意思決定」「合意形成」「社会形成」をめざすために，「トゥルミン・モデル」を援用した価値判断に基づく話し合いや討論の学習が行われてきた。

したがって，「トゥルミン・モデル」に基づく「根拠－理由づけ－主張」の３点セットは，学校間・教科間連携における「論理的思考力・表現力」のカリキュラム開発の基盤理論となり得る。

先に述べたように，国語科が担当した論理的コミュニケーション能力の

育成をめぐって、「根拠－理由づけ－主張」の3点セットに基づいた発達調査を行った（詳細は河野順子・熊本大学教育学部附属小学校（2013）参照のこと）。この発達調査を経て、児童・生徒の発達段階を考慮した幼・小・中を貫くカリキュラム開発を行うことになる。具体的には、国語科及び特別支援教育において、論理的思考を重視したコミュニケーション能力の発達を加味した幼・小・中を貫くカリキュラムの開発を進め、そこに、算数・数学科・理科・社会科・英語科・技術科・体育科で育てるべき論理的思考力・表現力を明らかにし、最終的に、教科横断的な論理的思考力・表現力育成のためのカリキュラムを開発として提案するという形になる。

以下では、国語科で行った発達調査の結果とそれを通して明らかになった論理的コミュニケーション能力の発達試案を提示する。

3．論理的思考力・表現力育成のための発達調査

(1) 調査の概要

平成22年11月8日に熊本大学教育学部附属小学校の2年生37名、4年生39名、6年生39名を対象に、平成22年12月3日に熊本大学教育学部附属中学校1年生37名、2年生40名、3年生40名を対象に、論証能力を支える論理的思考力の発達調査を行った。さらに、平成23年2月12日に、熊本市立S小学校2年生27名、4年生24名、6年生21名を対象に同様の調査を行った。（量的分析のサンプリングとしてはまだ十分ではないことを予め断っておきたい。）

本調査は、1人の個人の認知に閉じた調査ではなく、大人との対話によって促される社会的認知という面から対面型の調査方式をとった。対話者は、筆者（河野）の他に、大学生・院生である。

具体的には、児童に1人ずつ、1枚の絵と3つの題名（①夕暮れのひととき、②あたたかな昼休み、③村の秋）を見せ、その場で、どの題名がその絵に最もふさわしいかを考えてもらった。その後、「どの題名が最もふさわしいと思いますか。わたしが『なるほどなあ』とわかるように説明して

ください。」と問いかけた。

　今回の調査で絵を用いた理由は，文章の場合だと根拠となる事実をもとにして論理的に考えることが難しい児童がいると考えたからである。そのため，根拠となる事実がはっきりと目に見える形で示されている絵を用いた。

　なお本調査では，児童の「理由づけ」の質（事実から結論をどのように導いているかという論理的思考のあり様）を明らかにするために，井上（1976），櫻本（1995），野矢（1997）などを参考にして，①因果関係による関係づけ，②比較による関係づけ，③類推による関係づけ，④分類と一般化による推論という分析視点を用いることにした。

(2) 発達調査の結果～質的分析を中心に～

　ここでは，発達調査の結果について，質的分析の一部のみ記述することとする。

①小学校2年生の「事実と理由づけ」の質的分析

　＜事例1＞のように，事実をそのまま理由づけとして述べる児童が多く見られた。

　　＜事例1＞「夕暮れのひととき」。空がオレンジ色だからです。

　こうした述べ方（事実と理由づけの混同）に対して，事実から理由づけを試みる初期段階の様相として，次のような事例が見られた。

　　＜事例2＞「村の秋」だと思う。1番はちがうかな？　夕暮れじゃないから（空の青い部分を指す）。木は秋で村があるから。

　この児童は，はじめ「村の秋だと思う」と主張部分を述べるにとどまっていた。そこで，対話者が「どうしてそう思ったの？」と尋ねると，「1番はちがうかな？」と①と比較して，「空の青い部分」を事実として捉え，

その上で「木は（木が紅葉しているという事実を指していると考えられる）秋で」と理由づけしている。本来ならば，木が紅葉しているということは秋であるということを示しているので因果関係として捉えるべきだが，まだそうした表現には至っていない。しかし，ここには，因果関係による理由づけの芽生えを見ることができる。

さらに2年生でも，次のような理由づけによって，説得力を高めようとする事例も見られた。

　　＜事例3＞1番かな。寝そべっている人がいる。夕暮れだし気持ちよさそうだから。昼休みなら遊んでないし，秋だったら何でこことかに寝そべったりしているのかわからない。

この事例は，「夕暮れ」に加えて，「寝そべっている人がいる」という事実を「気持ちよさそうだから」と理由づけした上で，「昼休みなら遊んでいない」「秋だったら何でこことかに寝そべったりしているのかわからない」という比較による理由づけ（もし～とすると……という条件的思考も含む）が行われている（ただし「夕暮れ」の根拠が示されていない，「気持ちよさそうだから」という理由づけが主観的であるという問題点もある）。

なお2年生の場合，こうした論証が児童から自発的に行われたのではなく，聞き手の促しによって引き出されたという点に留意しておきたい。逆に言えば，聞き手の促しがあれば，2年生でも根拠となる事実を捉え，それについての理由づけを行うことができるのである。

② 小学校4年生の「事実と理由づけ」の質的分析

4年生になると，自力で根拠となる事実を捉え，それをもとに理由づけをして主張を述べるという論理的思考が2年生よりも大幅に発達する。

　　＜事例4＞3番の「村の秋」。木が黄色くなって，下が村だから。葉っぱの色が変わるときぐらいにやっぱり秋のころになるから。村だと思うから，ここら辺が村だと思うから。

この事例は，論理的な構造化はまだ不十分であるが，「木が黄色くなって」という事実を捉え，「葉っぱの色が変わるときぐらいにやっぱり秋のころになるから」と因果関係的に理由づけをしている。

　＜事例５＞「夕暮れのひととき」。夕暮れみたいだから。月とかも出てて，空の色が赤くなっているところ。

　この事例では，「月が出てて」「空の色が赤くなっている」（事実）ということは「夕暮れ」を意味する（理由づけ）というように，複数の事実を抽出してそこから一般化して推論するという論理的思考が行われている。２年生ではほとんど見られなかったタイプである。
　次に，比較による理由づけがどのように発達しているのかを考察してみたい。

　＜事例６＞１番の「夕暮れのひととき」。あたたかな昼休みっていうのは，なんか遊ぶイメージがあったんですけど，全然遊んでないので，違うと思って。村の秋っていうのは村はあってると思うんですけど，花がこの辺りは茶色いといいのに，葉っぱが緑色だったり，花が黄色だったりしていて，夕暮れのひとときっていうのは夕暮れもあってるし，なんかイメージとあってたから。

　この事例のように，４年生は，比較して理由づけを行う際，２年生よりも事実の捉え方に妥当性がある（ただし，印象による理由づけとなっている部分も見られる）。
　さらに，４年生の場合，＜事例７＞のように，理由づけに児童の生活経験が入ってくる[1]。

　＜事例７＞１番の「夕暮れのひととき」。これ（２番）はわざわざ昼休みって言わなくてもいいってことで，その秋っていったら葉って紅葉するじゃ

ないですか。なのでちがうと思ったんですけど。くすのきとかみたいに常緑樹だったら，ちょっとちがうんで見てみたんですけど，<u>常緑樹でこんなふうにたくさん，たくさん大きな花が咲くのはあんまり見たことないから。</u>

　この事例では，自分の主張の理由づけとして，「常緑樹でこんなふうにたくさん，たくさん大きな花が咲くのはあんまり見たことない」という身の回りの生活経験を持ち出している。日常の話し合いでも，こうした日常的な生活経験が理由づけに入ってくることによって，他者の共感を高め，話し合いが共有化されていくだろう。
　また，先の＜事例7＞は，単なる生活経験にとどまらず，科学的な概念・用語（「常緑樹」）を持ち込んで理由づけをしている。中学校でよく見られるように（後述），理由の「裏づけ（Backing）」をしようとする姿勢の芽生えである。

③ 小学校6年生の「事実と理由づけ」の質的分析

　＜事例8＞「夕暮れのひととき」がいいと思う。<u>ここに月が出てるけど，まわりとしてはそう暗くなくて，ここらへんはなんか夕焼けみたいに赤い</u>から，<u>なんか夕方っていうのがわかるから。</u>

　「ここに月が出てる」「まわりとしてはそう暗くなくて」「ここらへんはなんか夕焼けみたいに赤い」という三つの事実から，「なんか夕方っていうのがわかるから」と理由づけし，「夕暮れのひととき」と結論づけている。つまり，「根拠－理由づけ」において三つの事実から一般化していくという帰納的な推論を行うことによって説得力を高めている。
　しかし，一方では，6年生になっても次のような主張が多いのも事実である。

　＜事例9＞3番の「村の秋」。ちょっとここの葉っぱとかが茶色っぽくなってるし，なんか赤っぽい色を多く使っているので，秋のイメージがあるから。

「ちょっとここの葉っぱとか茶色っぽくなってるし，なんか赤っぽい色を多く使っている」というように漠然と事実を捉え，「秋のイメージがあるから」というように印象による理由づけにとどまっている。これが因果関係としての捉え方になっていくためには，事実をしっかりと見分け，分類・一般化していくような推論や類推の力を育てる必要がある。

最後に，4年生でも見られた比較による論理的思考は，6年生になると，次の＜事例10＞のように発達していくことがうかがえた。

　　＜事例10＞「夕暮れのひととき」。下のほうが赤くなってる。たぶん夕暮れ。家が三つとかしかないから村の秋って感じはなくって，あたたかな昼休みっていうのは，月が出てるから昼休みじゃないんじゃないかと思って。

「下のほうが赤くなってる」という事実から「たぶん夕暮れ」という因果関係の理由づけ，「家が三つとかしかない」という事実から「村の秋って感じではなくって」という因果関係の理由づけ，「月が出てる」という事実から「昼休みじゃない」という因果関係の理由づけを並列させている。さらに，それらの理由づけを構造化して述べているため説得力が増している。

しかしながら，先に述べたように，小学校6年生でも，事実と理由づけを混同している児童が3分の1ほどいる。小学校中・高学年は，事実と理由づけを区別する能力の発達の過渡期にあると言えるだろう。

④　中学校1年生の「事実と理由づけ」の質的分析

中学生になると，このように絵の分析力が高くなっている。そのために，背景からの事実の分析の仕方が論理的になり，その意味で論証が高まってくる。

　　＜事例11＞まず，左のところに月みたいなのが，のぼってきています。このことから，もうすぐ夜になるということが分かるため，夕暮れではないかと判断した。また，その判断をもっと正確にするために，夕暮れの色

に注目した。上は，夜の色，真ん中は昼，下は夕暮れ，という形で，空の色が変わってきていることが分かる。このことから，時間的に，夕暮れ～夜の間ではないかと考えられる。最後に，家や，人の姿に注目した。家は，窓全開で，暗くなっていることが分かる。これは，夕暮れのひとときを過ごすために，外に出たからではないかと思う。また，右下の女性は，有意義に過ごしているように感じられる。また，木に登っている人は，バイオリンを抱え，やぎと一緒にリラックスしているように思われる。この三つの視点から題名を判断した。

　「まず，左のところに月みたいなのが，のぼってきています。」という事実から，「このことから，もうすぐ夜になるということが分かるため，夕暮れではないか」と推論している。また，「その判断をもっと正確にするために」「夕暮れの色」という事実に注目している。そして，この「夕暮れの色」そのものを「上は，夜の色，真ん中は昼，下は夕暮れ，という形で，空の色が変わってきている」と分析的に捉えている。そして，このことから，「時間的に，夕暮れ～夜の間ではないか」と推論している。
　こうした推論は６年生までは見られなかったもので，中学生からの論証能力の発達を表している。
　また，この事例では，「家や，人の姿に注目し」，「家は，窓全開で，暗くなっている」という事実から，「夕暮れのひとときに過ごすために，外に出たからではないか」と推論している。
　ただし，「右下の女性は，有意義に過ごしているように感じられる」「木に登っている人は，バイオリンを抱え，やぎと一緒にリラックスしているように思われる」という推論部分は自分の印象に基づいていて，有力な根拠は述べられていない。
　さらに，＜事例12＞では，背景と人間という要素を分類したうえで，「つまり」と統合する思考が意識的に働きながら，論証を高めていることがわかる。

<事例12>まず，月があることと，下が明るく，上が夜のように暗い。このことから，夕方ぐらいだとわかる。さまざまな，二人ですが，一人は，バイオリンを持っている。そして，もう一人は，寝ながら，ゴブレットか，うちわみたいなものをもっている。しかも，やぎもいる。だから，一つの家族などじゃなく，全体を表していることが分かる。<u>つまり，夕方にすごす人間や動物を描いた作品だと思う</u>。

　また，<事例13>のように，絵の様々な部分（事実）をつなぎあわせることによって，総合的に判断・推論している生徒が現れている。

　<事例13>まず，空の色が赤，オレンジっぽく染まっているのを見て昼，朝ではないと感じた。また，上のほうが青っぽくなっているためもうすぐ夜だと推測した。右下の女の人はせんす？みたいなものを手に持ち，まん中の人はヴァイオリンを持って，やぎとゆっくりしているような雰囲気が出ている。そして，左下のほうから月が出ているので，夜ということにつながると思う。全体的にゆっくりした感じの絵画であるため，人々もゆっくりするような「夕暮れのひととき」があうと思う。

　まず，一番印象に残ったと思われる「空の色が赤，オレンジっぽく染まっている」という事実から「昼，朝ではない」と因果関係的に捉えている。そのうえで，「上のほうが青っぽくなっているためもうすぐ夜だと推測した」と述べている。ここには，生徒の既有知識から推論が働いている様子が窺える。さらに，こうした背景や「やぎとゆっくりしている」といった人物の読み取りを総合して，「全体的にゆっくりした感じの絵画」「人々もゆっくりするような『夕暮れのひととき』があう」と述べている。

⑤　**中学2年生の「事実と理由づけ」の質的分析**

　中学2年生になると，<事例14>のように，根拠の捉え方がさらに緻密になり，そこから「赤は夕ぐれ，青は夜の象徴であると考えた」という推論が見られるようになる。

＜事例14＞私は，この絵の題名は「夕暮れのひととき」であると考えた。理由は3つある。まず，一つ目に，月に注目した。この絵は<u>上から青，黄，赤という順で空が表現されている。僕は赤は夕ぐれ，青は夜の象徴であると考えた。地表に近い方から赤の夕ぐれから，青の夜まで変化している</u>ことから，これから時間が移り変わっていることがわかる。最後に，木の上に羊と人に注目した。羊と人は農作業をしていたと考えられる。その二人が，木の上でゆっくりしていることから，一日の仕事が終わり，バイオリンと言う趣味を楽しんでいることがわかる。これらのことから，僕は，夕ぐれのひとときであると考えられる。

中学2年生の論証の特徴として，ナンバリング（列挙）によって，複数の理由づけを統合しながら論証を高めようとしていることが窺える。さらに，＜事例15＞は，「絵の背景，つまり空が黒からだんだん下にいくにつれてオレンジ色になっている」という根拠から，「だんだん日がおちてきて空がオレンジ色から黒へかわっていっていると考えられる」と推論している。事実の確かな分析によって推論の妥当性が高くなっている。

＜事例15＞私は，「夕暮れのひととき」という題名がこの絵に一番適切だと思います。なぜなら，まず，一つ目の根拠として，この絵が夕暮れどきを表しているからです。それはこの絵の背景，つまり空が黒からだんだん下にいくにつれてオレンジ色になっているからです。このことからだんだん日がおちてきて空がオレンジ色から黒へかわっていっていると考えられます。2つ目に他の題名では適切とはいえない部分があるからです。まず，②の「あたたかい昼下がり」では，空が明るくなく，光がてっていないところから，昼下がりではないということがわかります。また，絵の中にかかれている人が長そでをきていることからさむいもしくはあたたかいようにはみうけられないからです。③の「村の秋」がちがうと考えられるのは，まず木の葉が色づいていないので季節が秋とは考えにくいことが挙げられるからです。3つ目に絵の左下に月がえがかれているからです。このこと

から時間たいが夕方であることがわかります。4つ目にえがかれている人物がねていたり，くつろいでいるようなたいせいになっているからです。このことからゆったりとひとときをすごしていることがわかります。このことから私は①の題がこの絵にふさわしいと思いました。

　＜事例16＞は，描かれている根拠を「背景」と「人物」に分類したうえで，理由づけを2つのナンバリングによって述べている。「もし，これが昼下がりだったとすれば……」というように，条件的思考法（背理法）を用いた論証のあり方は，有力な反証として，論証の確かさを高めている。

　　＜事例16＞私は，夕暮れのひとときだと思います。理由は二つあります。一つめは，絵の背景についてです。この絵の背景には，オレンジと黒っぽい色が使われているところから，日が沈んでいっている様子を表していると考えました。また，月が出ていることからも，もうすぐ夜になるということが分かります。二つ目は，人の様子です。絵の中にいる人を見ると，静かに何か考えごとをしているように見えました。もし，これが昼下がりだったとすれば，もっと活発に動いているのではないかと思ったので，やはり，夕暮れ時なのではないかと思いました。この二つのことから，私は夕ぐれのひとときが適切であると思いました。

　こうした論証は，3年生になるとさらに多く出現している。
　⑥　中学3年生の「事実と理由づけ」の質的分析
　中学3年生の推論では，＜事例17＞のように，描かれている根拠から時間帯を推論するような事例も見られた。また，2年生のところでも触れたが，＜事例17＞に見られるように，「もし～だったとしたら」という条件的思考法（背理法）を用いた論証が多く見られる。

　　＜事例17＞まず，<u>この絵で描かれている時間たいを考えてみる</u>。空はだいだい色を中心としていて，これは，朝やけか夕やけのどちらかであると

すいそくされる。次にこの絵全体の雰囲気を見ると，家はがらんとしていて唯一いる人もどこかさびしそうである。もし朝であればもっと「これから新しく何かが始まる」というような希望が感じられるはずである。夕方は一日がおわるさびしい時間帯である。よって，この絵で描かれているのは夕方だと分かる。さらに，この絵には，人物ややぎのポーズにどこかゆったりとした雰囲気を感じさせるものがある。これらのことからこの絵の題として「夕暮れのひととき」が最もふさわしいと言える

さらに，＜事例18＞に見られるように，根拠となる事実に対して，科学的知識に基づく論証が行われていることも３年生の特徴である。

＜事例18＞左下のほうに，下弦の月から新月の間の月がある。この月は３時から15時まで出る月だった気がする。ちょうど，背景が赤くなりかけ，日が沈む頃ぐらいの時間だから，３時か，それ以降ぐらいの時間帯だと思うので，夕暮れなのかなあと思った。

4．論理的コミュニケーション能力の発達試案―理由づけの質に着目して―

今回の調査は規模的に限られたものであったが，小・中学生の論理的思考力（論証能力）の発達の様相がある程度明らかになった。
　まず，小学校２年生と４年生の間には次のような差が見られた。
① 事実（もの・こと）を客観的に見分ける力が大きく伸びている。先に述べたように，こうした見分ける力はきわめて重要である。これをもとにして，事実の分類と一般化による推論ができるようになる。高学年に向けての指導上の課題と言えよう。
② 中学年になると，因果関係に基づく思考が強固になってくる。カリキュラムでは，低学年段階からその発達を促していくことが必要となる。
③ 中学年になると，複数の事実から理由づけがなされるようになる。カ

リキュラムでは，それらを統合して主張を述べる力を育てることが必要。
④　中学年になると，事実を意味づける力が育ってくるのにともない，理由づけも多様となる。因果関係による理由づけ，比較による理由づけなど異なる論理的思考による理由づけが複合的になされるケースも見られる。このような複雑な理由づけができるためには，自らの思考過程をメタ認知する力の育成が必要となる。
⑤　中学年になると，自己の既有知識や生活経験も持ち出しながら理由づけを述べるようになる。これは，自己と他者を切実に関わらせながら対話的なコミュニケーションをするためにも重要である。

次に，6年生になると，事実を意味づける力がさらに高まってくる。因果関係による理由づけがさらに強固なものになるとともに，複数の理由づけが行われて，主張全体が一つのまとまりのあるものへと構造化されるようになる。カリキュラムでも，問いに対する答えとして，いくつもの根拠と理由を構造化する力を育成することが必要となるだろう。

さらに，様々な理由づけの方法を身につけ，多様な論証スタイルを見出すのもこの時期からである。事実の解釈・分類を通して一般化を行うこと，また，種類を異にする二つのものごとの間に類似した関係があることを類推することなどが指導上の課題となるだろう。

なお，先にも述べたように，小学校2年生の事例の中に，「もし～とすると……」という条件的思考の芽生えが見られた。これは，「あなたの主張が正しいとすると，こういう矛盾が生じる」という背理法的な論証スタイルにつながる。カリキュラムでこうした思考を系統的に指導していくと，「反証（Rebuttal）」をともなう高度な論証能力が発達していくだろう。このような論証能力の発達は「探索的コミュニケーション」（Mercer1996）の質を高めるとともに，探究的な話し合い活動を深化させていくことになる。

最後に，中学生になると，6年生において見られた複数の事実と複数の理由づけがナンバリングによって整理されたり，一定の順序性に基づいて組織化されたりする事例が多く見られるようになる。また，理由の「裏づ

け」として科学的な概念・用語を用いる生徒が多くなる。

　以上のような発達の傾向をふまえて，カリキュラムづくりに取り組んでいくことが今後の課題である。今回の調査に引き続いて，より多くのデータを集めるとともに，「比較」や「分類」による関係づけといった，よりミクロなレベルでの思考力の発達について調査していくことも課題である。

　以上の発達調査をふまえて，育てるべき思考様式として，どの学年に，どのような論理的思考力を育成すればよいか発達を明らかにしたのが表1である。この表1は第2部第1章で国語科が述べる論理的コミュニケーション能力の発達試案としても活用できるように，左にコミュニケーションの発達を，右側に自他関係・教室文化の形成のあり様を位置づけた。後述する45～48頁の記述とあわせて読んでいただき，論理的コミュニケーションの発達試案としてもご活用いただけると幸いである。

表1　小・中を貫く論理的コミュニケーション能力発達試案

学年	コミュニケーション	育てるべき思考様式	自他関係・教室文化の形成
入門期			場への参加 人・もの・ことへ自己が関わろうとする意欲・態度形成（自己関与）
低学年	累積的コミュニケーション （拡散型） 発想を広げるために発言を累積していく	順序よく述べる力 比較する力 <u>根拠である事実を捉える力</u> ・シルシによる関係 　　↓ ・因果関係 ・条件的思考 ・観点を捉える力	他者の取り込み 　自己意識の立ち上がり 　発話する各々が必ずしも他と区別するだけの自立性をそなえながら意見を交わすのではなく，むしろ各自が累加的に発言を積み上げていく展開を見せる話し合い。
中学年	（連鎖型） ある課題を協同で追究する。一つの	較する力 <u>根拠となる事実を解釈・分析して，理由づけする力</u>	分離（対立・協調） 　自他を区別する意識が備わっている。自他が「分離」

	問題について一貫性を持った方向での積み上げ。	・因果関係 ┐関連 ・分類する力 ┘づける力 ・一般化する力 比較する力 根拠を分析する力・統合する力	しているからこそ，個々の意見の対立や，それを前提とした協調・合意形成が見られる。
高学年	探索的コミュニケーション。ある一つの課題を協同で掘り下げていく。意見を出して根拠を説明し，お互いの考えを検討したり，説得したり調整することを経て，問題を解決したり結論を出していくコミュニケーション。	<u>自分の主張の理由における根拠（事実・事例）と論拠（理由づけ）を区別することができる。</u> 理由づけする力 ・一般化する力・類推する力 ・推論する力・組織化する力 ・異なる視点から問題を捉えることのできる力	組織化 　話し合いの目的を意識しながらお互いの意見と自分の意見を対象化して検討・調整・合意形成を図るようなプロセスをたどる。お互いの意見を比較・統合・位置づけなどしながら組織化を図り，話し合いの目的に沿って批判的共同思考がなされる話し合い展開。
中学校1年 2年 3年	メタレベルの認知が発達し，諸視点を持ち得，同時に考慮できるようになり，諸要素を組織化構造化して把握する。 相手意識を持って，説得的に話し，聞く。 自分とは違う立場の人との共感の場を作る。他者の反論を予想することで，説得や合意形成が多重化。	<u>自分の主張の理由における根拠（事実・事例）と論拠（理由づけ）を区別することができる。</u> ・統合する力・組織化する力 ・自分の主張とは異なる相手の立場に立って考える力 ・対立する立場や考えを想定して最適なものを選択することができる力。	＜他者に対する自己＞ 　相手意識を持って，説得に話し，聞く。 ＜具体的，特定の他者＞ ＜想定される他者＞

5．「計画としてのカリキュラム」と「履歴としてのカリキュラム」の統合

　現在の教育界では、「学習」に代えて「学び」という言葉が用いられる。「学び」というとき、これまで学び手の外側から操作対象として認識されてきた「学習」を、学び手の内側に広がる活動世界として捉え直そうという考え方が表れている。教師は、教室において「学習」を操作し統制することはできても、子どもの「学び」については、操作し統制することはできない。なぜなら、「学び」は子ども一人ひとりが内側で構成する個性的で個別的な「意味の経験」にほかならないからである。

　このような教育の見直しには構成主義的な考え方の影響が確認できる。構成主義的な学習観の基本的な特徴は、「学習とは、所与の知識の個人的獲得ではなく、子どもが人・もの・こととかかわりのある多様な活動を通して、意味を構成していく社会的行為である」と見ることである。特に、「学習」を「人間が社会的に知を構成していく協働実践」として再定義する社会構成主義の学習観は、「教授＝学習過程」という教育の枠組みで考えられていた学習行為を、子どもの存在論として捉え直そうとしている。

　こうした社会構成主義の学習観では、日本の教育における主たる学習指導法とみなされてきた系統学習に対しては次のような批判がなされることとなる。つまり、知識を現実の状況から切り離し、教えやすくするためにパッケージ化し、現実の状況から分離することによって、学校知は生活に生きて働く知識とならず、「単位や学歴との交換物」となってしまい、テスト終了後には価値なきものとして破棄されてしまうという批判である。

　このように、現在の「学び」論の理論的展開をおさえてきたならば、系統学習に批判の矛先が向けられていることがわかる。

　しかし、こうした学習理論（認識論）を二者択一的・二律背反的に捉えることは、けっして教育現場の抱える多くの問題を解決することにならないだろう。子どもたちに生きて働く力をつけるためには、教育現場の現実的な問題として、これらの立場をどう止揚しながら子どもの側からの学び

を形成するのかということが緊急の問題であると私は考えている。

　社会構成主義の基盤理論としてのヴィゴツキー理論の見直しによって，現在，子どもの水平的相互作用の重要性が指摘されている。しかし，教室における学びの状況の中で，彼の言う「発達の最近接領域」を作り出していくためには，こうした水平的アプローチだけでは不十分である。むしろ，教科内容（科学的概念）の習得をめざした垂直的アプローチと子どもの対話的相互関係を重視した水平的アプローチをどのように統合しながら，子どもの側からの学びをつくりあげていくのかという問題に迫らなければならない。実際，社会構成主義は必ずしも「客観的な知」の存在を否定するものではない。（この問題については，J・ワーチ『心の声』（1995年, 福村出版），佐藤公治『認知心理学からみた読みの世界』（1996年, 北大路書房）なども参照。）

　また，現学習指導要領の根底に流れている「ＰＩＳＡ型読解力」は，ＯＥＣＤの研究プロジェクト「コンピテンシーの定義と選択 その理論的・概念的基礎」（略称DeSeCo）が抽出した「キー・コンピテンシー」につながるものである。それは，個人の人生における成功と社会の発展に貢献するために，「すべての個人」にとって「幅広い文脈」で役に立つ能力とされている。具体的には，①社会的に異質な集団で交流する力，②自律的に活動する力，③道具を相互作用的に用いる力となっている（Ｄ・Ｓ・ライチェン＆Ｌ・Ｈ・サルガニク編著／立田慶裕監訳『キー・コンピテンシー～国際標準の学力をめざして～』2006年，明石書店，88～90頁）。国際的な視点から，自分の考えをしっかりと持った上でさまざまな人々と対話・協調しながら生きていくための知識と技能が求められている。

　次項では，これからのカリキュラム開発として，本研究の論理的コミュニケーション能力育成に携わってきた国語科教育の立場から，以下の試みを提案する。つまり，児童・生徒の学びの履歴から，その学びの事実を把握し，カリキュラムの基盤として捉えていく。このとき，前述した児童・生徒の発達調査をもとに明らかにした小・中を貫く論理的コミュニケーション能力の発達試案をもとに，児童・生徒の「学びの履歴」を捉え，今後どのような指導方法や学びのデザインなどが必要なのかという「計画と

しての力リキュラム」を提案していく。

(1) 学びの履歴としてのカリキュラムから計画としてのカリキュラムを見出す

①小学校1年生の理由づけの質

ここでは、「ずっと、ずっと大好きだよ」の読みにおける授業プロトコルを取り上げる。なお、プロトコル作成は坂崎慎太郎教諭によるもの、理由づけの質の分析は河野によるものである。また、根拠は下線（直線）、理由づけは下線（波線）、主張（考え）は下線（太線）で表している。

白谷：だって、「エルフは、ぼくの犬だったんだ」のところで、そのぐらいエルフのことがすきだったことが分かりました。

T：すきだったからこんな言い方をしたんだということね。これ前の時間に勉強したんだよね。もう一度、ここ読んでみてください。（「エルフは、ぼくの犬だったんだ。」）（各児音読）少し強い言い方になるよね。ここからぼくのエルフへの思いがよく分るね。

さくらこ：「エルフとぼくは、毎日いっしょにあそんだ」って書いてあったでしょ。お兄ちゃんたちはいっしょに遊んでないでしょ。ぼくだけでしょ。毎日いっしょに遊んだのは。①だから、そのぐらい大すきなのがわかるから。＊根拠を比較することによって、理由を深めている。

T：これ前の時間にも、けんしん君とかはるかさんが言ってくれたところです。「毎日いっしょにあそんだ」んでしょ。大すきなのが分かるじゃんって。だから、こんな言い方をしたんだって。

ももこ：だって、りこさんが言ったように絵ではさ。小さいころからほとんどいっしょだったからそう言ったんじゃない。あと、うちに2匹犬がいるんだけど、1匹は前まではさんぽがきらいじゃなかったんだけど、だんだんとしをとってきたから、エルフといっしょみたいにさんぽをいやがるようになってきました。②＊自分の生活経験と重ねて理由を深めている。

T：エルフと同じように散歩を嫌がるようになったんだ。

さくらこ：今，寝てばっかりだもん。でも，もう一匹は元気だもん。骨折してるけど。

T：エルフと自分ちの犬のことを重ねて言ってくれたんだよね。じゃあ。ももこさんさ。もしさ。もう犬は散歩しないんでしょ。もし，部屋で犬といっしょに寝てたとしたら，やっぱり部屋まで連れて行く？それ分かる？

さくらこ：でもね。家の中でだっこかしたら，おこるもん（犬が）

T：じゃあ。だっこできないんだ。

うた：50ページの9行目に「ぼくは，エルフにやわらかいまくらをやって」とあって，そこと（うまく言えない。つまってしまう）

T：うたさんは「ぼくは，エルフにやわらかいまくらをやって」というところと「えるふは，ぼくのへやでねなくちゃいけないんだ」がつながっているって言いたいんでしょ。（③前述のうたはさくらこの発言を聞き入れ，そこに「ぼくは，エルフにやわらかいまくらをやって」と言う根拠である言葉を関連づけてお話ししようとしていたがうまく話すことができなかった。そこに，教師が補足したことが，あとの児童たちの「あ～」につながり，読みを深めることになったと考えられる。）

C：あ～（数名）……中略……

T：前はこうだったよね。（拡大した教科書の絵を指さしながら確認する）こんなふうにエルフがまくらになっていたんだよね。うたさんと同じところを書いていた人いる？

くるみ：（前に出てきて根拠カードを指さしながら）あのさ。<u>**ぼくは，エルフにやわらかいまくらをやって**</u>（下線太字部分強調して読む），ねるまえには，<u>**かならず**</u>（下線太字部分強調して読む），『エルフ，ずうっと，大すきだよ。』って，かならずいってやったんだよ。だから，毎日ってことだよね。寝る前にぼくがエルフに言ってやったってことなんだよね。でもさ。家族とか兄ちゃんとかはさ。してないでしょ。エルフにやわらかいまくらをやったりとかはしてないでしょ。ぼくがやってるんだよね。

28

ぼくのお兄ちゃんやお母さんやお兄ちゃんがしているんじゃないよね。だから、ぼくは「エルフはぼくのへやでねなくちゃいけないんだ」って強く言ったんだと思います。(④＊根拠である表現を文脈を捉えた言葉に着眼して読み取りを進めていることが重要。そこから「毎日ってことだよね。」と推論を行い、ぼくと描かれてはいない家族のエルフに対する対応を比較して理由づけをして考えを深めている。)

T：こんなことをしているのって、ぼくだけじゃないのって。だよね。じゃあやっぱりぼくの部屋じゃないとだめなのかな？ぼくの部屋じゃないとためだというのが分かる？（くるみうなずく）ぼくの部屋でなにしてたかって、こんなことしてたんだよね。（根拠カードで示しながら）もう一回読んでください。（根拠カードを読ませる）これを自分の部屋でするために、こことつなげて考えているんだね。こういうことをするから、自分の部屋につれていかなくちゃいけないんだよね。

らいた：おれ書き足そう。例えば家族といっしょに寝ている時、もしぼくだったらさ。家族を独り占めっておかしいでしょ。それと同じようなことなんじゃない。④＊自分の生活経験と関連づけてぼくの気持ちを推論している。

　１年生の子どもの論理的コミュニケーションの発達は累積的コミュニケーションのもとで、比較したり、因果関係を捉えたりする力が必要であることを発達調査からは明らかにした。学びの履歴としてのカリキュラムでも、①④のように比較したり因果関係による理由づけによって読みを深めていることが明らかとなった。こうして、１年生でも、根拠となる事実に理由づけして話し合いが対話的に成立することがわかる。その際、②④のように、子どもたちの生活体験が引き出されると理由づけは説得力を持つことが明らかとなった。そして、こうした生活体験は、傍線①②のような子ども相互の対話が形成される教室文化づくり、関係性づくりが土台となってからこそ生成可能であることがわかる。

　この学びの履歴としてのカリキュラムが私たちに教えてくれることは、

動作化や音読を導入したら，もっとリアルな生活体験が引き出され，感性を土台にした読み取りが実現するだろうということである。こうした知見こそが計画としてのカリキュラムを子どもたちの学びの事実から生成することになるであろう。

②小学校4年生の理由づけの質

　ここでは，「一つの花」（6月）の学びの履歴から4年生の理由づけについて考察を行う。プロトコル作成は井上伸円教諭による。「お父さんがゆみ子にコスモスの花をわたしたのはなぜか？」という学習課題での話し合い場面である。

　　たかひと　大事にするんだようの所に大体似てるんですけど，理由がちょっと違ってから。ゆみ子は，おにぎりが欲しかったんだけどコスモスしか渡せないから，あのー，一つの花を見つめながら，お父さんが最後かもしれないから，この花をお父さんだと思って大事に育ててくれという気持ちがあると思って。ゆみ子は，おにぎりの代わりにもらうと思ってるけど，お父さんは大事にするだろうって，ゆみ子と気持ちが違う。①（理由が異なることによって，全体での読みが深まっていく）

　　教師　ゆみ子は，おにぎりの代わりと思ってる。お父さんは，おにぎりの代わりじゃなくって，お父さんと思って大事にするんだよて思ってる。

　　谷川　ちょっとみんなと違って，ゆみ子が小学生とか大きくなってもコスモスの花を見て少しでもお父さんのことを思い出してほしいということを思ってる。……中略……

　　翔太郎　もし，昨日も言ったんですけど，その時に気持ちがこもってなければ，家の前にコスモスはいっぱい咲いてないと思うのと，で，ゆみ子のにぎっている一つの花を見つめながらって所で，死ぬけど，この場面では，まだ死ぬって分かってないから，目とか心で花に向かってさようならとか，行ってきますとか伝えた②。（「一つの花」の象徴性を，最後の場面と関連づけて読み取ろうとしているところ。このように，他の場面と関連づけて読み取るという読みの方略を育てていくことが理由づけの質を高めていくことになる）……中略……

えり　私は，コスモスの花に，この花をお父さんだと思って育ててみたいな思いが込められてると思うんですけど。理由は，69ページの11行目の「さあ，ゆみ子　大事にするんだよう」の所の大事にするんだようの所で，お父さんの代わりだから大事に育てて，お父さんのことを少しでも思い出してみたいなのと，70ページの3行目に，「お父さんは，それを見てにっこり笑うと……見つめながら」っていう所で，見つめながらってところで，ゆみ子は大切にしてくれるかなーって思ってる。③……中略……

かのみ　私は，お父さんは，一輪のコスモスの花にいくつかの思いを込めて……三つの思いを込めてると思うんですけど。二つは出てきたんですけど，まず，一つは，ゆみ子が将来，どのようになってほしいって願いが込められている。あと二つが，お父さんを忘れてほしくなくて，コスモスの花を見たらお父さんを思い出してほしいというのと，戦争に行って友達もいない自分をゆみ子の笑顔で……最後ゆみ子がきゃっきゃって笑ったじゃないですか。あの笑顔で友達もいない自分を戦争でほころばせる④。（他の子どもの発言を関連づけた統合化へ向かう読み。）

ともき　ぼくは，一つだけなんですけど。さっき橋本さんが言ったのと同じで，このコスモスを見て自分を思い出してほしいという気持ちを込めていると思うんですけど。理由は，70ページの3行目に書いてある「何も言わずに」って，普通なら，このお父さんってあまり体も丈夫ではないし，まだ戦争も激しかったころだから，しかも人手が足りなくなって，お父さんが行くことになったんだから，絶対死ぬんだったら，普通さよならとか言うはずなのに，これは言ってないから，この花に自分を思い出してくれるだろうって思いを託しただろうし，一つだけのお花，大事にするんだようって所から，お父さんがあげた一つだけの花で大事にするんだよって所から，ゆみ子は，まだ幼いから記憶力もあんまりなくて，これを捨てられると思い出してもらえないかもしれないから，大事に取っておくんだよって⑤。（普通ならと自分の生活経験を引き出すことによって理由づけを説得力のあるものにしようとしている）

発達調査からも明らかなように，中学年になると，根拠となる表現をもとに理由づけを行い，協同的に課題を追究していくことができるようになる。こうした理由づけの違いから読みが深まっていくためには，学びの履歴からは4年生になると，複数の根拠を関連づけて理由づけが確かになる読みをどの子もでき始めていることがわかる。読みを深めるために子どもたちが積極的に「理由」を述べようとしているのである。
　このとき，理由づけの質を高めるためには，①のように，ゆみ子とお父さんの「一つだけ」を対比し，関係づけるという論理的思考力の育成が欠かせない。
　②⑤のように「もし～」や「普通だったら～」というように仮定したり，自分の生活経験を引き出したりすることによって，自分なりの理由づけが出ている。4年生は発達段階から，同化的読みから観察者的読みへと移行していくことのできる段階である。したがって，こうした理由づけをもっと豊かにするための方法開発が必要となるであろう。
　さらに，4年生の理由の特徴として，④のように他の子どもの発言を統合した理由づけが生まれているところに注目したい。
　理由づけが深まらない子どもには，お父さんとゆみ子の「一つだけは同じかな，違うかな」と問いかける工夫が必要になる。こうして子どもの学びの見取りが他の子どもたちに対する指導・支援につながっていく。いわば「計画としてのカリキュラム」である比較・対比・関係づけといった思考方法が子どもの側から立ち上がってきて，学習課題として共有されていくのである。
　③**小学校5年生の理由づけの質**
　ここでは，「大造じいさんとガン」の授業（授業の詳細は河野（2001）参照のこと）を取り上げて，理由づけの質の分析を行う。本学習では，単元を貫く目標を「伝え合おう，この感動を！2部5年感動発見探検団報告書を作ろう！」と設定した。こうした単元目標によって，一人ひとり異なる感動を語ろう，しかし，その感動はいったいどこからどのように生み出されたのか，自分の感動をこの附属小学校の伝統をひきつぐ後輩たちに伝え

るために，図書館に報告書をおいて使ってもらおう。後輩たちにわかりやすく報告しようという相手意識を明確にした。

そのためには，クラスの他者である友達にわかってもらえるように表現しようという学びの場を設定した。

さらに，本実践では，子どもたち一人ひとりにはその子なりのテクストへの向き合い方がある（子どもなりの「論理」がある）ことを大切にして，次のような子どもそれぞれの読みの観点（読みの迫り方の違いであり，知識・技能の活用のありかたの違い）から読みを形成することにした。

例えば，「大造じいさんの言動から読み取る」，「残雪を見ている大造じいさんの視点を重視して読み取る」，「比喩表現や色彩表現を大切に読み取る」，「作品構造を捉えて読み取る」，「各場面の設定である最初の一行を大切に読み取る」，「大造じいさんの言動の中でも様子を表す副詞や助詞」のような読みの観点である。

このように，テクストの表現への着眼の仕方が子どもによって異なることに気づき，一人ひとりの読みの着眼点からテクストに対峙し，その異なる読みを教室という学びの空間において出し合い，自分とは異なる観点から読みを開いていった他者と対話していくことによって，子ども一人ひとりに自分の読みの限界に気づかせ，葛藤を引き起こし，自己内対話を形成し，子ども一人ひとりに新たな読みを創造する学びをデザインした。

ここでは，残雪とハヤブサの戦いを見ていた大造じいさんが「じゅうをおろしてしまいました」の場面で，大造じいさんが銃をおろしてしまったのはなぜかを考え合ったときのプロトコルを示す。

 伸一 こういう感じの図を描きました。これが大造じいさんとおとりのガンとしてください。これが残雪です。それで，大造じいさんはここなんです。大造じいさんは銃を構えています。大造じいさんは残雪を打とうとしていました。だって，今までにいまいましいとか，大造じいさんは残雪に対して，お前なんか絶対に殺してやる，いましましいとか憎しみの気持ちがあったと思っていたと思います①。（今までの場面の大造じい

さんの言動と三の場面を関連づけて読みとった理由づけ）でも，そういうとき大造じいさんは，17ページの最後から2行目に「ぐっとじゅうをかたに当てて，残雪をねらいました。」というふうに，絶対今がチャンスだ。撃ってやるという気持ちがあったと思うんですよ。だけど，なぜ撃たなかったのかというと，ここが**普通の人**というラインね。だから，言えば，**残雪は**，まあいい人ということになるかな。自分の仲間だったら助ける，敵だったら助けないというそういう位置をこの真ん中のラインとしてください。大造じいさんが今思っていることは，残雪は自分の敵になるはず，本当だったらおとりとして使われていたこのガンはこう大造じいさんのもとに行ったら，もちろん残雪たちもこうついてくるんですよ。それで大造じいさんは撃って残雪を殺すはずなんですよ。だけど，そういうやり方，だからこのおとりのガンは，つまり，このおとりのガンは残雪の敵なんですよ。わかる？　わかる？　わかりますね②。**(自分の生活の中での，「普通の人」「良い人」という価値基準を持ち出した理由づけ）**

C　はい。

伸一　残雪にとって，こいつは敵なんですよ。……中略……で，大造じいさんがそのとき思ったのは，今，残雪はもしこれが敵でもスパイでもない味方だったとしたら絶対に助けると思うんですよ。みんなでも助けるよね。例えば親友が，なんかヤクザとかにおそわれそうだったら，逃げるとしても，逃げる人は結構おると思うけど，まあ助けるよね。

C　えー。

伸一　まあ助けるとしよう。まあ，ヤクザが怖いからとしてという人もおるかもしれないけど，正義心のある人は絶対助けようと思うんですよ。だけど，例えば，僕とひろしくんが友達ということで

C　ええ？

伸一　まあまあまあ例，ひろしくんとようすけくんはライバルということで，ライバルというか敵ね，いつも喧嘩ばかりしてる。たろうくんとこうすけくんが，じゃあヤクザみたいな感じで

C　ええ？

伸一　そしたら，もし僕がやられそうだったら，ひとしくんは友達だから助けに来てくれるんよ。でも，もし，あつしくんだったら，敵だからひろしくん，その場でどうしますか？　ようすけがやられています。でもようすけくんは敵です。大嫌いです。

C　でも，人として助けると思います。

C　ええ？　本当？

伸一　今の，この残雪の考え方で，もし普通の人なら，もし恐がりだったら，ようすけくん敵だから，いいよ，いいよ。勝手にやられとけばって，そういう気持ちになると思うんですよ④。(生活体験に基づく類推(アナロジー)を行っている)　でも，残雪は，ひろしくんの言った通り，同じガンとして，仲間として，助けようという気持ちがあったら，普通に人よりも上なわけですよね。でも，大造じいさんは，助けてくれているのに，撃とうとしているとか，卑怯として，下ですよね。残雪よりも。だから，この残雪よりも大造じいさんは下ってことは，卑怯な大造じいさんは鳥以下ってことでしょ。卑怯な大造じいさんは鳥以下っていうことだから，そのときに，大造じいさんは，卑怯だから，残雪に，こう撃とうとしている自分がばかだってことや，なんて情けないんだろうとかそういう気持ちがあったから，気持ちが変わったんですね。

　伸一は，残雪と大造じいさんの三の場面の行動を根拠として，関係図に示し，理由づけとして，以下に示す4段階にもわたる質の高い理由づけを行った。

①前の場面での「いまいましく思っていたこと」と本場面を関連づけ，

②自分の生活の中での，「普通の人」「良い人」という価値基準(自分の仲間だったら助ける，敵だったら助けない)を持ち出し

③普通だったから殺すはずだという考えと対比させて，大造じいさんの行為は異なっていたという論理のもとで

④「もしみんなが〜なら」と仮定の論理を持ち出し，他の子どもたちが自

分の生活体験に基づく類推（アナロジー）を引き出さざるをえない状態にしている。

つまり，「あなたの問題ですよ」というように他者である友達に本作品の世界を生きるような具体的な状況を創り出した「わたし」と「あなた」の切実な関係を教室の中に創り上げるという教師の授業デザインの中で，子どもたちは他者を説得するために理由づけを駆使していくことのできる状況が創られている。そこには抜き差しならない学びの場が生まれていることを示している。

伸一の学びの履歴を見ると，対面式の発達調査で明らかにされた論理的思考力，思考様式としての「類推」や「統合」「組織化」の発達と指導の必要性が高学年の実態として改めて浮き彫りになった。

この事例でも，個人の既有・既習の知識・技能を用いた学び方（方略）が他の子どもたちに理解・共有されるようになることが大切であることが示唆されている。高学年では，生活経験に基づいて類推する力，理由を組織化していく力の育成が課題となる。個人の「学びの履歴としてのカリキュラム」が全体の「計画としてのカリキュラム」を生成するという関係である。新たな授業目標・計画の設定，学習支援（足場づくり），子どもの見取りに生かせるのである。

さらに，高学年では，次のような他者の考えを聞いて，関連づけ，組織化した理由づけが出され，クラス全体で新たな考えを見出すことのできるような論理的コミュニケーション能力の育成が重要である。こうした理由づけの質の高まりを，中学校においても育て鍛えていくことが重要である。

> C：私も同じことをちょっと書いていて，<u>これはまず残雪にとっては仲間だけど，大造じいさんから見たら，残雪にとっておとりのがんは敵なわけですよね。残雪が自分の命取りになるようなおとりのがんを助けようとしたところから，まず大造じいさんの気持ちが変わってきていてそれでも自分の命がなくなるかもしれないのにただただ仲間だけを助けようと必死に戦っている残雪を見て，それを狙ってしまった自分がすごくちっ</u>

ちゃくて，へっぽこなやつだと思えたんだと思います（<u>理由づけ1</u>）。それに<u>今なんかのりのぶくんが言ってくれたことで私たちだったらすごく仲の良い友達でさえも見捨ててしまうかもしれないのに残雪がそこから助けたというあらすじになったことからもそうしないとこの感情は絶対ないもんね，だからそういうことからもあると思うし，普通一度嫌だと思った人がいたらすごい嫌，嫌と自分で思い続けてその人をなかなか認めることができないんだけど（<u>理由づけ2</u>）</u>。そこからげんじょうくんのにつなげてみるとそんな残雪をここで見かけた大造じいさんていうのは，普通に読んでると分かんないんだけど，<u>ここでそのいっつもいろんなことされて生きていけないぐらいにもう達しているのに，残雪を尊敬したり，心が打たれた大造じいさんていうのはそれぐらいなんていうかすごいていうか優しいもので（理由づけ3</u>），そこからも感動が生まれているんだと思います。

6．まとめ

　以上，国語科教育が担当してきた論理的コミュニケーション能力の育成の取り組みからわかるように，論理的思考力・表現力の育成のためには，「計画としてのカリキュラム」と子どもの発達や学びの状況・文脈を通して明らかになった「学びの履歴としてのカリキュラム」を止揚・統合したカリキュラム開発が求められると言える。これによって，それぞれが陥りやすい課題を乗り越えていくことができると考える。

参考・引用文献
井上尚美（1977）『言語論理教育への道　国語科における思考』文化開発社
井上尚美（2007）『思考力育成への方略〜メタ認知・自己学習・言語論理〜〈増補新版〉』明治図書
河野順子（2001）『学びを紡ぐ共同体としての国語教室づくり』明治図書
大河内祐子（2005）「談話における推論」，日本児童研究所編『児童心理学の進歩 2005年版』金子書房，pp.62-85.

河野順子（2006）『＜対話＞による説明的文章の学習指導—メタ認知の内面化の理論提案を中心に—』風間書房

河野順子（2009）『入門期のコミュニケーションの形成過程と言語発達—実践的実証的研究—』溪水社

河野順子・熊本大学教育学部附属小学校編（2013）『言語活動を支える論理的思考力・表現力の育成—各教科の言語活動に「根拠」「理由づけ」「主張」の三点セットを用いた学習指導の提案—』溪水社

櫻本明美（1995）『説明的表現の授業』明治図書

富田英司・丸野俊一（2004）「思考としてのアーギュメント研究の現在」『心理学評論』vol.47, no.2, pp.187-209.

鶴田清司（2009）『「読解力」を高める国語科授業の改革—PISA型読解力を中心に—』明治図書

鶴田清司（2010）『対話・批評・活用の力を育てる国語の授業—PISA型読解力を超えて—』明治図書

鶴田清司（2011）「論理的な思考力・表現力を育てるために—論証における「根拠」と「理由」の区別—」,児童言語研究会編『国語の授業』No.248, 2007年8月号,一光社

鶴田清司・河野順子編（2012）『国語科における対話型学びの授業をつくる』明治図書

鶴田清司・河野順子編（2014）『論理的思考力・表現力を育てる言語活動のデザイン　小学校編』明治図書

中村敦雄（1993）『日常言語の論理とレトリック』教育出版センター

野矢茂樹（1997）『論理トレーニング』産業図書

J・V・ワーチ／田島信元他訳（1995）『心の声〜媒介された行為への社会文化的アプローチ』福村出版

McNeill, K.L., & Krajcik, J.S.(2011) *Supporting Grade 5-8 Students in Constructing Explanations in Science: The Claim, Evidence, and Reasoning Framework for Talk and Writing*, Pearson

Sandoval, W.A., & Millwood, K.A.(2005) The quality of students' use of evidence in written scientific explanations. *Cognition & Instruction*, 23(1), 23-55.

Toulmin, S.(2003)*The Uses of Argument* (Updated Edition), Cambridge University Press

戸田山和久・福澤一吉訳（2011）『議論の技法〜トゥールミンモデルの原点〜』東京図書

Mercer, N.(1996)　The quality of talk in children's collaborative in the classroom. *Learning and Instruction 4*

〈注〉
1）鶴田清司（2011）は，アメリカ合衆国の理科の授業におけるマクニールとクライチク（McNeill & Krajcik, 2011），サンドバルとミルウッド（Sandoval & Millwood, 2005）による科学的な説明・議論の事例や高垣マユミ（2009）による小学校4年生の理科の授業事例から，身近な生活概念や生活経験に基づいて理由づけが行われることによって実感レベルで科学的概念の深い理解が導かれるとして，日常的な生活経験に基づく理由づけの重要性に言及している。

第2部
論理的思考力・表現力育成のためのカリキュラムの実際

第1章　教科を貫く論理的コミュニケーション能力の育成

第1節　教科を貫くコミュニケーション能力の育成
　　　　－国語科教育の取り組み－

河野順子・井上伸円・下中一平・坂﨑慎太郎
田上貴昭・沖田史佳・城音寺明生・有田勝秋

(1) 幼・小・中を貫くコミュニケーション能力の基盤理論

　熊本大学附属学校園では，各教科の学びを支える論理的コミュニケーション能力の発達試案をもとに，附属小学校，中学校における「話すこと・聞くこと」教育及び「読むこと」における話し合い活動の充実を図ってきた。

　本章では，第一部でも述べたように，言語活動において重要となる論理的コミュニケーション能力育成のための基盤理論として，「トゥルミン・モデル」に基づく「根拠－理由づけ－主張の3点セット」に着目する。そして，それを中核にして発達調査を行った結果，明らかになった発達試案（詳細の発達試案はpp. 23-24を参照のこと）を提示する。さらに，本章では，「理由づけ」においてどのような論理的思考がなされると豊かなコミュニケーション能力が育つのかを明らかにする。

　コミュニケーション活動を捉えるモデルは，これまで様々な立場から考案されてきた。古くは，シャノンとウィーバー（C. E. Shannon & W.Weaver, 1949）のモデルのように，話し手と聞き手とが独立して，一方が発話産出活動を，他方は発話理解活動を行い，その間を情報がやりとりされるといった，閉じた個人的な認知主義モデルをあげることができる。しかし，このモデルは多くの人がその限界を指摘するところとなり，近年では，＜図1＞に示すような，相互作用的な認知主義が唱えられている。それは，対話における相手も含めた環境との相互作用の中で何かを生み出していく＜行

第1章　教科を貫く論理的コミュニケーション能力の育成

為＞としてコミュニケーションを捉えていくというアプローチである。つまり，コミュニケーション能力とは，他者との協同活動の中で新しいものを産み出すことのできる能力と捉えるのである。

このようにコミュニケーション能力を社会的な行為とする考え方は，1980年代のアメリカ合衆国における「ヴィゴツキー・ルネサンス」の中で，人間の認知における文化の役割が注目されるようになったという背景を持っている。

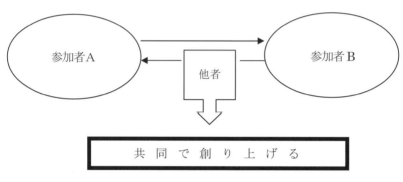

〈図1〉コミュニケーションの相互作用モデル

これは，ワーチ（1995）の指摘するように，「個人の中で展開されている精神機能は社会的なコミュニケーション過程の中にその起源がある」という社会文化的な視点で人の精神活動を論ずるという考え方に起因している。

それゆえ，学校教育における児童・生徒のコミュニケーション能力を育てるためには，社会文化的な視点を備える必要がある。

(2)　論理的コミュニケーション能力の発達試案

本項では，第1部24頁から25頁に示した「小・中を貫く論理的コミュニケーション能力発達試案」を参照していただきたい。

人間は，3歳になる頃には「わたし」と「あなた」の区別ができるよう

になり，外界への興味から質問を多用するようになる。4歳になると，自分の経験を物語ることができるようになるが，一貫性を持たない。それが，5歳児では，モニタリング機能が発達し，一貫性を持った文脈に沿って物語ることができるようになる。他者のまなざしを得たことが共同の活動をも可能にするようになる。したがって，小学校入学前の5歳児では，入学以降のコミュニケーション能力の育成へと円滑につないでいくために，共同で活動しながら，そこで言葉を交わしながら何かを創り上げるような活動，あるいは，夢中になって他者に語りかけながら自らの情動を分かち合うことのできるような活動，さらには，みんなでストーリーのある物語を動作化しながら創り上げ，共有する文脈を創り上げていくようなコミュニケーションの体験ができるような環境のデザインが必要となる。しかも，この時期の子どもたちは，精神内機能はまだ十分に発達していないので，ばらばらに自分の言いたいことを他者の促しに応じて発していることが多い。したがって，文脈に応じたコミュニケーションが形成されるような保育者の促しは欠かせない。

　一方，入門期（小学校1年生の段階）は，学級という新しい居場所に参入した児童が，教科内容を学ぶことを目的とした学級に要求されるコミュニケーションの有様を知り，それになじむとともに，教師とともに新たなコミュニケーション文化を共創していくことが求められる時期である。このようなコミュニケーション能力を獲得していくためには，学級に起こっている「もの・こと」（出来事や状況）に自分を関与させようとする態度（自己関与）や他者というものに関心を持ち，理解しようとする態度を持っていること（他者意識）が必要である。教室という文化の中で引き起こされる「もの・こと」という状況の中で，いかに他者という存在と関わり，他者を自分のうちに引き込むかによってコミュニケーション能力の育ちが変わってくる。なぜなら，自己の認識は他者との関係で立ち現れるものだからである。そのためにも，他者と切実に関わりたいという必然性や他者と関わってよかったという楽しさや充実感を味わえるような状況，その中で自己の存在感を持たせるような環境を教師の側からデザインしていく必要

がある。

　コミュニケーション能力の発達を考えるうえで，関係性の形成という視点が必要不可欠なのである。つまり，「他者」に向けて切実に言葉を発する関係性を育てていくことが前提である。「あなた」に向けて「わたし」の言葉を指し向けていくのだという関係性が構築されないままに，教師が性急に論証の型を与えるようなコミュニケーションではなく，教室という文化の中で引き起こされる「もの・こと」の中でいかに他者という存在と関わり，他者を自分のうちに引き込むのかという対話的関係において生活に生きて働くコミュニケーション能力を育成していかなければならない。
　こうした学習者の対話的な語りを支える論理的なコミュニケーション能力の育成を，認知特性と「自己」「他者」の枠組みをもとに捉えてみたい。
　低学年の子どもは，言葉をやりとりする中で思考を広げていく「累積的コミュニケーション」が中心となる。これは，発言の付け加えによって進行していくもので，アイデアを出し合い，考えを作り上げるような共感的・共同的思考を行う共創的な活動である。このタイプのコミュニケーションには「拡散的」なものと「連鎖的」なものとの二種類がある。「拡散的コミュニケーション」は広げるコミュニケーションで，発想を広げるために発言を累積していくタイプのコミュニケーションである。一つ一つの発言相互の「つながり」は見られない。低学年の初期段階では，こうした拡散的コミュニケーションのもとで，「こと・もの」に対して，学習者は自分の気づきや感想，思い，考えをどんどん語っていくことになる。したがって，論理的なコミュニケーションとしては，どんどん語るためには，話し合いのときに共有される「根拠」である「事実」をどう捉えることができるかということが重要である。こうした「事実」を捉える力を育てるためには，ものごとを様々な視点から捉える力の育成が必要となる。つまり，比べることによって，そのものの「事実」を明確に捉えることができるようになる。こうして，「事実」を捉える力が育つと，そこに，理由づけがなされるようになる。一人ひとりの理由づけがなされるようになると，子どもは自分と他者との違いを明確に捉えることができるようになる。

こうした認知面の発達に応じて,「拡散的コミュニケーション」から次第に「連鎖的コミュニケーション」が現出してくる。「連鎖的コミュニケーション」ができるようになると, ある課題を協同で追究し, 一貫性を持った方向で積み上げられていく。このようなコミュニケーションが生成してくるのは, 中学年において, 自他を区別する意識が備わり始めるからである。自他が「分離」しているからこそ, 同じ根拠である「事実」を捉えたとしても, その理由づけは異なり, それによって, 個々の意見の対立が見られたり, それを前提とした協調・合意形成が見られたりするようになる。この自他の分離の進展は,「もの・こと」を客観的にみる力も育てる。そのために, 中学年の子どもは,「事実」を捉える力が低学年よりも急速に伸びる。その力の伸展が, 同じ事柄から複数の事実を見出すことを可能にする。さらに, 複数の事実から因果関係を中心にした理由づけがなされていくため, それらを統合して主張を述べるという高次の構造化, 統合化する力が必要となり始める。また, 中学年では,「事実」を解釈する力が育ち始め, 分類や一般化による論理的思考力が育ってくる。それに伴って理由づけも多様となる。しかも, 因果関係による理由づけと比較による理由づけなど異なる論理的思考による理由づけが複合的になされる場合も出てきて, 論証自体が構造化されるようになる。このような論証ができるためには, 自らの論証過程をメタ認知する力が必要となる。そのためには自他を分離し,「自己」と「他者」の論の違いに着眼しながら, 自らの論証をメタ化しながら他者の意見とどのように異なり, 同じなのかという比較の思考が瞬時に働いていく必要がある。そのためにも, 理由づけの際に, 因果関係をはじめ, 分類, 一般化などの論理的思考力を育てていきながら, 事実と理由づけの2点から主張の妥当性などを話し合う力を育成していくことが必要となる。この際, 理由づけに生活体験が引き出されることが他者との間に実感を深め, 話し合いを共有しながら, 深めていくうえで重要となる。
　高学年になると, コミュニケーションは組織化の話し合いへと進化していく。これは「探索的コミュニケーション」の様相を示す。それは, 話し

合いの目的を意識しながら，お互いの意見と自分の意見を対象化して検討・調整・合意形成を図るようなプロセスをたどることを特徴とする。

　お互いの意見を比較・統合・位置づけなどしながら組織化を図り，話し合いの目的に沿って批判的共同思考がなされる話し合いである。6年生になると，発達調査（平成22年実施，詳細は河野順子・熊本大学教育学部附属小学校編（2013）参照のこと）からもわかったように，事実を解釈し，分類する力が高まってくる。そのために事実から因果関係を捉えた理由づけが強固になされている。さらに，6年生では，これらの事実―因果関係による理由づけが連鎖あるいは比較されながら，論証全体を一つのまとまりのあるものへと構造化されることによって，自らの主張を述べようとしている。つまり，突き付けられた問いに対して，いくつもの根拠と理由を構造化する力の育成が必要となる。さらに，さまざまな理由づけの可能性を身につけ，多様な論証様式を見出すのもこの時期からである。こうした多様な論証様式を身につけることが論証の質の向上をもたらすのである。そのためにも，高学年になると，事実の解釈・分析を通して，いくつかの代表例をもとに一般化を行う推論を育成し，種類を異にする二つのものごとの間に類似した関係があることを利用した類推の強化も必要となる。さらに，論証を推進する力として，分析した要素を統合したり，一貫性を持たせて再構成したりする力の育成が重要となる。

　こうした個人内での認知の発達がなされることによって，「探索的コミュニケーション」が可能になってくると考えられる。

　また，中学生に対する発達調査からは，中学生になると，6年生において見られた複数の事実と複数の理由づけにナンバリングがなされ，ある順序に基づいて思考が組織化される事例が複数見られるようになる。

幼・小・中を貫く論理的コミュニケーション能力試案
(詳細は第1部24頁から25頁を参照のこと)

幼稚園	協同の遊びを通して場へ参与する。場の参与を通して人・もの・ことへ自己が関わろうとする意欲・態度形成
小学校低	累積的コミュニケーション　発想を広げるために累積していく事実を様々な視点から捉える力　因果関係　比較する力
小学校中	累積的コミュニケーション　ある課題を協同で追究する一つの問題について一貫性を持った方向での積み上げ根拠となる事実を解釈・分析して理由付けする力 根拠－理由付け－主張　分類する力　関係づける力
小学校高	探索的コミュニケーション　　課題を協同で掘り下げる 自分の主張の理由における根拠(事実・事例)と論拠(理由づけ)を区別することができる力　一般化する力　類推する力　推論する力　統合する力　組織化する力
中学1年	論証を意識して……自分の主張の"理由"における根拠(事実・事例)と論拠(理由づけ)を区別することができる ＜他者に対する自己＞類比による推論・対比による推論
中学2年	対立する相手の立場に立って……自分の主張とは違う相手の立場に立って考えることができる ＜具体的，特定の他者＞類比による推論・対比による推論
中学3年	多角的な考えを持って……対立する立場を含めて，複数の立場や考えを想定して最適なものを選択することができる ＜想定される他者＞類比による推論・対比による推論

(3) 「3点セット」を活用した授業づくり(4年「ごんぎつね」の実践より)

① 主体的な対話を促す課題設定

　授業の大半が「話し合い」に終始し，文章を何度も読み直し検討することや文章表現を吟味することなどが置き去りになってしまうことも少なくない。そこで，以下のような課題を設定する。

○　複数の文章の検討を促すもの。
○　子ども自身の体験や既有の知識をもとに，多様な理由づけが期待

されるもの。
○ 場面同士・文章同士の比較が促されるもの。

　課題を設定する際には，単元で身に付けるべき知識・技能を確かに獲得させるために，それに迫らせるために「どんなことを話し合わせるのか」「どんな文章に着目させるのか」「どの場面を比較させたいのか」などを明らかにしていく必要がある。中学年の文学的な文章の学習では「場面の移り変わりに注意しながら，登場人物の性格や気持ちの変化，情景などについて，叙述を基に想像して読むこと」が大きなねらいである。そこで複数の文章を根拠として考えをもてるよう「○○という気持ちが分かる文章はどこか？その中で，一番強く表れているのはどこか？」や「ほかの場面と比べて共通する所・違う所はどこか？」など文章をじっくり検討させるような課題を単元の中に組み込んでいく。

　また，授業終末に疑問に感じたことや解決できたことや話し合いの中で「なるほど」と思えたことなどを書き込ませたシートをもとに子どもの「つまずき」や「疑問」を教師が把握し，課題づくりに生かしていくようにした。

②　子どもの発言を可視化し，互いの検討をうながす
　単元の中に，読みの中で疑問に感じたことや気付いたことなどを拡大した教科書をもとに交流させる時間を確保する。このことで，誰が，どんな文章に対してどのような考えや疑問をもっているのかを全体で共有できるようにする。

　また，文章を読み深める場面では，鍵となる文章（登場人物の様子や心情が表れている文章・子どもたちの感じ方に違いのでる文章・前後の場面と変化している箇所・印象的な情景描写など）に着目させていく。そのなかで，子どもたちが文章を何と関係付けて（体験・知識・他の文章など）理由づけしようとしているのか，どの言葉を根拠として発言しているのかを板書【根拠となる文章（黄色）と各自の理由づけを板書】し，「根拠」「理由づけ」の共通点や相違点を明らかにしていくことで対話を促していく。

③ 考えの道筋を振り返る場の設定

　子どもたちに「根拠」「理由づけ」「主張」の道筋を意識させるためにも，客観的に自分の意見を自分自身の言葉で評価させていくことが必要である。そこで，授業終末には板書をもとに，「誰の発言で自分の考えが変わったのか」「自分の考えに自信がもてた，自分の考えに疑問をもったのは，誰のどんな発言か」などを振り返らせ，文章にまとめ友達と交流する時間を確保した。

④ 4年「ごんぎつね」の実践より

　4年生になると，物語の世界を客観的に捉えて，登場人物の心情等を分析的に読み取ろうとする児童も見られるようになる。一方，「自分だったら」「私も登場人物と似たようなことがあって……」など，自己の生活経験をもとに理由づけする児童も多い。自己の経験をもとに語られた意見は，子どもたちの思考を揺さぶり実感を伴った理解をうながすことが多い。そこで，「ごんぎつね」の学習では，これまでの学習を想起させながら「これまでどのような理由づけを行ってきたのか」「これまでとは違う理由づけの方法はないか」などを意識させることを行った。そのために，場面毎「ごんの言動」「兵十の言動」「ごんが見ているもの」「情景」を根拠に，ごんや兵十の心情について考えさせていった。ごんが兵十に対して「いたずら」をする場面では，ごんの心情や性格について以下のような発言が出された。

C1：まず，最初の雨が2，3日降り続いたことが，ごんが銃で撃たれた結末のきっかけだと思う。理由は，いたずらぎつねのごんが雨の中にしゃがんでいたんだから，それはいたずらがしたくなる気持ちがでてくるのは分かる。「ちょいと，いたずらがしたくなった」と書いてあることからも分かる。ごんは，一人ぼっちだったから，だれもごんに教えてくれる人がいなかった。もし，一人ぼっちじゃなかったら，最後の結末にはならなかったと思う。ぼくも，だれかと遊びたい時に，ごんと同じようにいたずらをしてしまうこともある。

このように，ごんに寄り添いながら自分自身の体験をもとに読み進めている子どもが多くいた。また，3学年時に比べ，根拠とする所や理由付けの仕方にも多様性が見られるようになっている。兵十のおっかあの葬式の場面では「彼岸花がふみつけられるという表現があるので，より兵十の悲しい気持ちやごんのつらさが伝わる」と情景と心情を結びつけた発言も出された。教師は，授業の中で「どのような理由づけをしているのか」を子どもたちに問いかけ，評価していくことを行っていった。また，最後の場面の学習では，知世（仮名）が「最後の場面だけは，兵十の気持ちがよく分かる。これまでは，ごんの『見たもの』や『ごんの気持ち』が書かれていたけど，最後の場面は兵十が『見たもの』が書かれている」と発言した。これまで，何を「根拠」に考えてきたのかを意識させてきたことが，このような気づきにつながっていったと考える。以下は，最後の場面での兵十の思いに出された発言である。

　神様の仕業と思われていても明くる日も兵十の家へ行ったごんに対して，「償い」を続けるためという考えと「単なる償いではない」とする考えが出された。教師は，「兵十のことをずっと見てきたから」ということを根拠に「兵十のさびしさがわかる」という意見に着目させ，これまでの場面を振り返ることを行った。「かげをふみふみ」などの言葉からごんの居場所がぐっと兵十に近づいていることなどをもとに，子どもたちはごんの兵十に対する思いをあらためて考え直すことができた。

> T　：なぜ，ごんは明くる日もくりを持って兵十の家へ出かけたのだろう。
> C２：ごんは，『おれと一人ぼっちの兵十か』と前の場面で思っていて，もう，兵十に対してはただの償いじゃなくなってるんじゃないかな。兵十のおっかあが亡くなってしばらくは償いの気持ちだったと思うけど，ずっと兵十が一人でいるのを見てきたから……」
> C３：やっぱり，ごんは兵十に悪いと思ってやり続けてるんだと思う。もし，自分がごんだったら，兵十が神様だと思っているなら『つまんない』と思ってやめるかもしれないけど……。ごんは，命に関わることをしてしまったと

思っているから，悪かったという気落ちの方が強くて持っていってる」
C4：私は，少し理由が違って……。ごんは，自分が悪かったとも思ってるけど，自分も一人ぼっちだから，自分のお母さんもなくしている訳だし……。だから，兵十のさびしさも分かる。償いという気持ちと弔いって言うのかなあ。そんな気持ちがまぜ合わさっている。

また，兵十の思いに対しては次のような意見が出された。

C5 兵十がごんを撃つのは仕方ない。だって兵十は『ぬすみやがった，あのごんぎつねめが』って言っている。おっかあのことを恨んでいるのかは分からないけれど，ごんのことを『いたずらぎつね』ということしか知らないだろうし，『やがった』『めが』の所にいたずらごんにたいする怒りが表れている。でも，固めて置いてある栗を見てじゅうを落としてしまうぐらいに，ごんがうなずいいた後に後悔している」

この発言からもわかるように，子どもたちの根拠とする箇所が，場面を超えて出されるようになってきている。また，複数の根拠をもとに考えを導き出そうとする姿が見られるようになってきている。

⑤ **考察**

中学年になると，話し合いの中での発言につながりがずいぶん見られるようになる。

低学年時の発言を累積していく拡散的コミュニケーションのタイプから，一人ひとりの考えの違いを捉えながら，根拠を比べたり理由づけの違いに目を向けたりしながら連鎖的に話し合いを進めていくことが次第にできるようになってくる。このような時期に「どこからそう考えたのか」「どんな理由で，そう考えたのか」と教師が問い，それぞれの「根拠」「理由づけ」を明らかにしていくことは，対話をうながす上でも大切なことである。

さらに4年生後半になると，自他の考えを比較することや文章に立ち戻り詳しく読むこと等を通して，自分の考えを見つめ直していく態度が育っていく。また，子どもの発話を見てみると意見をずいぶん長く話すように

なることが分かる。しかし，まず「主張」を述べ，「根拠」「理由づけ」を区別しながら語れるようになってきていることが何より着目したい点である。このような態度は自然に身に付くものではない。教師が，どこからそう考えたのかと「根拠」を問い，なぜそう考えたのかと「理由付け」を明らかにしていくことを意識し，子どもの発言を逃さず評価していくことを積み上げていくことがなければならないだろう。

　今回の実践を通して，話し合いの中で複数の根拠を求める子どもの姿や，新たな理由付けの方法を獲得していく姿を見ることができた。目の前の子どもの事実から，論理的に思考し表現する力を育て「確かな学びの方略」を身につけさせるために，3点セットが重要なツールになりうることを実感することができた。

(4) 中学校の取り組み
① 実践について

　中学校では生徒の論理的思考力・表現力を高めるために，「主張・根拠・理由付け」や「比較・分類・関連付け」などの思考様式を意識した課題づくりや授業中の評価と指導を行った。ここでは，グループディスカッションの授業(中学校第1学年)の実践を通して中学校の取組について紹介する。

ア　課題づくり

　グループディスカッションの質を高め，生徒の論理的思考力・表現力を高めるためには，課題が重要である。本実践では，「主張・根拠・理由付け」や「比較・分類・関連付け」などの思考様式を意識して，課題を「新入生に附属中の良さを伝えるため写真を，6枚の中から3枚選ぼう」と設定した。課題づくりに当たっては，次の点に留意した。

　○　根拠となる情報を取り出しやすくするために，教材として生徒の中学校生活の様子を撮影した写真を用いる。

　○　「比較・分類・関連付け」などの思考様式の観点から生徒の思考を予測し，教材である写真の選び方を工夫する。

　選んだ6枚の写真はそれぞれ次のような場面である。

A……授業中に，先生の話を真剣に聞いている写真
B……授業中に，グループごとに活発に話し合っている写真
C……体育大会で，学年の枠を越えて団対抗で綱引きをしている写真
D……校内駅伝大会で，ゴールテープを切るクラスメイトを応援している写真
E……掃除の時間に，無言で活動している写真
F……休み時間に，友達とペンを積み上げて遊ぶ写真

　6枚の写真〈資料〉は，それぞれ「授業（AとB）」「行事（CとD）」「生活（EとF）」という3つのグループに分類することができる。また，それぞれのグループの写真は「A真剣 ⟷ B楽しそう」，「C競技者中心 ⟷ D応援者中心」，「E真面目さ ⟷ Fにぎやかさ」という，対になる要素を持つ写真を選び，比較しやすいようにしている。また，「4月，入学したばかり」という状態を1年以内に体験している1年生にとって，自分の経験と関連付けて1年生が不安に思うことを類推し，1年生に与えたい情報を考えることができる写真を選んでいる。

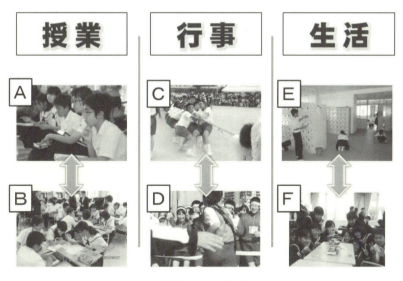

〈資料〉6枚の写真

イ　授業における評価と指導

　授業の中では「主張・根拠・理由付け」や「比較・分類・関連付け」などの思考様式を意識した評価と指導を心がけた。例えば，生徒の発言の中でも特に根拠や理由付けの部分に着目し，そこで用いられている思考様式を取りあげ，価値付けし（例：「○○さんがとてもよい考え方をしていましたよ」），定義付けし（例：「このような考え方を「比較」と言います」），他の生徒に広める（例「他に比較してみた人はいませんか」）ことを意識した。

② 授業の実際

　まず，次の課題を提示し，グループディスカッションの流れや単元の流れについて説明した。

【課題】来年の4月，新入生に「附属中の良さ」を伝え，安心して学校生活を送ってもらうためにプレゼンテーションをします。そこで使う写真を，6枚の中から3枚選びなさい。

　次に，6枚の写真を提示し，それぞれの写真を見て「気づいたこと」，その写真を通して「1年生に伝えられること」を分析させ，自分の考えをまとめさせた。ここで，ゆりこ（仮名）は次のような意見を書いている。

　私はプレゼンで使ってほしい写真はA，B，Dです。理由は3つあります。まず，1つ目に，（Aは）目や姿勢を見ても真剣に取り組んでいるということが分かる。2つ目にBの写真です。Bの写真はAとは違い，笑顔で授業を受けているし，いろんな意見を出し合っているという所でけじめと授業の楽しさ，仲のよいことが分かる。最後にDの写真では，団結して一人ひとり精一杯に走っているということから，全員で協力することの大切さと，運動も一生懸命に取り組んでいることが分かる。このようなことを新入生に伝えたいので，A，B，Dを選びました。

　この意見からは，自分なりの根拠や理由付けをもとに3枚の写真を選ぶことができているが，

○ 「授業」「行事」「生活」というグループに分類できていない．
○ A，B，Dを選んだ理由について述べられているが，C，E，Fを選ばなかった理由について述べられていない（比較ができていない）．
○ 自分自身の経験と関連付けて「1年生が心配していること」を類推することができていない

等が不足していることが分かる。

その後，1回目のグループディスカッションを行った。それぞれのグループのグループディスカッションを観察しながら，次の表現のような表現をしている生徒の発言に注目し，チェックした。

	思考様式が表れた表現
比　較	「Aと比べると，Bは〜」「Aは〜だけど，Bは〜」
分　類	「3つに分けてみました。」「AとBは授業の写真なのですが，〜」
関連付け	「私も入学したばかりの時は〜だったので」 「Aで伝えられることと，Fで伝えられることを合わせると，〜」
類　推	「新入生は〜が1番不安だと思うんです」

グループディスカッションの後，チェックした生徒について教師が次のような形で採り上げた。

・「○○くんは，AとBを比較しているんだね。他に2つの写真を比較している人はいませんか？」
・「□□さんは，AとBを授業，CとDを行事，EとFを生活，というふうに分類しているんだね。この分類の仕方についてどう思いますか。」

教師が生徒の発言の中の望ましい理由付けを価値付けし，「比較」「分類」「関連付け」「類推」という名前で定義付けすることで，生徒が自分の意見を書き直すときに「比較してみよう」「分類してみよう」と考えることができるようにした。

次は2回目のグループディスカッションにおける，ともや（仮名）の発

言である。

> ぼくは，AとDとFを選びました。なぜかと言いますと，Aは勉強の写真なんですけど，素直にこれを見たら，みんな，真剣に授業に取り組んでいるということが分かるんですけど，このまなざしですね，授業に対するまなざし，この真剣さ，授業に対してこんなに前のめりになっている，真剣に授業に参加しているということが，間接的なんですけど，先生の授業がおもしろいということもわかると思うので，より好奇心を新入生に抱かせることができるのではないかと思いました。
>
> Dの写真は，これは駅伝大会の写真ですね。やっぱり，新入生に何を伝えたいかというと，三大行事について伝えたい。そうするとCとDのどちらかになるんですけど，Dの写真はクラスのみんなから応援されているんですね。新入生だったら，心配することが，やっぱり「友達はできるのかな」とか「みんなはじぶんをかばってくれるのかな」とか，そういう心配だと思うんですけど，Dの写真，1人に対してクラス全員で応援してあげていることで，みんなが1人を支えているから，新入生がしっかりまとまるんじゃないのかな，と思いました。
>
> 最後に，Fの写真は，（他の人の意見に）仲がいい，Aの写真との比較というのもありましたけど，Aの写真と比較すると（関連付けると），けじめもついているし，クラスのみんなとこれだけ仲良く遊べているんだということがわかるので，これも同じように新入生の心配も和らぐんじゃないかなと思いました。
>
> これらのことから，自分はAとDとFを選びました。

この発言から，ともやの次のような思考を読み取ることができる。

○　6枚の写真を「授業」「行事」「生活」というグループに分類して，それぞれのグループから1枚の写真を選んでいる。

○　CとDの写真を比較して，自分自身の経験と関連付けながら「1年生が心配すること」を類推した上でDの写真を選んでいる。

○　「授業」と「生活」のグループの違いを超えてAとFの写真を関連

付け,それぞれの良さを組み合わせて伝わる「附中の良さ」を考えた上で,3枚の写真を選んでいる。

2回目のグループディスカッションでは,1回目に比べて,ともやの発言のように「分類」「比較」「関連付け」「類推」等の思考様式を用いて自分の考えを持ったり,表現したりしている生徒の発言が多く見られるようになった。これは,生徒がグループディスカッションという文脈の中で思考様式を用いて考えたり表現したりすることの良さに気づき,自分の思考や表現の中に取り込んだ結果であると考えられる。

③ おわりに

本実践では,「主張・根拠・理由付け」や「比較・分類・関連付け」などの思考様式を,「教え込む→文脈の中で用いさせる」という順序ではなく「文脈の中で無意識のうちに用いている思考様式を採り上げる→良さを実感させる→他の文脈で用いさせる」という流れを意識した。このような授業を繰り返すことによって,生徒は楽しみながら論理的思考力や表現力を高めることができるだろう。

実践を通して強く感じたのは,自分が今までいかに生徒の考えを理解しておらず,その良さを見逃していたか,ということだった。「主張・根拠・理由付け」や思考様式は生徒に身につけさせる力であると同時に,「教師が身につけておくべき力」でもある。まず自分が使いこなせるようになること,そしてその有効性を実感することが,生徒の論理的思考力・表現力を育成するための最も大事な「第一歩」なのだと思う。

参考文献
位藤紀美子監修（2014）『言語コミュニケーション能力を育てる―発達調査をふまえた国語教育実践の開発―』世界思想社
河野順子（1998）『対話による説明的文章セット教材の学習指導』明治図書
河野順子（2006）『＜対話＞による説明的文章の学習指導―メタ認知の内面化の理論提案を中心に―』風間書房
河野順子（2009）『入門期のコミュニケーションの形成過程と言語発達―実践的実証的研究―』溪水社

河野順子・熊本大学教育学部附属小学校編（2013）『言語活動を支える論理的思考力・表現力の育成―各教科の言語活動に「根拠」「理由づけ」「主張」の三点セットを用いた学習指導の提案―』渓水社
鶴田清司（2009）『「読解力」を高める国語科授業の改革―PISA型読解力を中心に―』明治図書
鶴田清司（2010）『対話・批評・活用の力を育てる国語の授業〜PISA型読解力を超えて〜』明治図書
鶴田清司・河野順子編（2012）『国語科における対話型学びの授業をつくる』明治図書
鶴田清司・河野順子編（2014）『論理的思考力・表現力を育てる言語活動のデザイン　小学校編』明治図書
鶴田清司・河野順子編（2014）『論理的思考力・表現力を育てる言語活動のデザイン　中学校編』明治図書

第2節 教科の学びの根底としてのコミュニケーション能力の育成 −特別支援教育の取り組み−

髙原朗子・前田忠彦・澤　僚久

(1) 教科の学びの根底として
①自立活動
　学習指導要領では，特別支援学校においても『生きる力』を育むこと，そして言語活動の充実が重要事項として挙げられている。

　また，特別支援学校では各教科等に加え，「自立を目指し，障害による学習上または生活上の困難を主体的に改善・克服するために必要な知識，技能，態度及び習慣を養い，もって心身の調和的発達の基盤を培う。」ことを目的とした自立活動を，個々の幼児児童生徒の障害の状態や発達の段階等に応じて指導することとなっている。平成21年の学習指導要領改正では，社会の変化や幼児児童生徒の障害の重度・重複化，発達障害を含む多様な障害に応じた指導を充実するため「人間関係の形成」が新設された。「人間関係の形成」に示された内容は表1のとおりであるが，この内容から，障害のある子どもたちのコミュニケーションや対人関係，集団参加などについての指導の充実が一層求められていることが分かる。

②各教科等の学び
　以上のように「自立活動」は，発達の顕著な遅れや特に配慮を必要とする様々な状態による困難の改善等を図るため，必要に応じて効果的に指導して行くことが求められている。一方，知的障害者である児童生徒に対しては，知的発達の遅れや適応行動の困難に応じた各教科が設けられており，知的障害のある児童生徒はこれを履修することになっている。

（2009，特別支援学校学習指導要領解説 自立活動編）

表1．自立活動の区分と項目

1	健康の保持 　1．生活のリズムや生活習慣の形成に関すること。 　2．病気の状態の理解と生活管理に関すること。 　3．身体各部の状態の理解と養護に関すること。 　4．健康状態の維持・改善に関すること。	2	心理的な安定 　1．情緒の安定に関すること。 　2．状況の理解と変化への対応に関すること。 　3．障害による学習上又は生活上の困難を改善・克服する意欲に関すること。
3	人間関係の形成 　1．他者とのかかわりの基礎に関すること。 　2．他者の意図や感情の理解に関すること。 　3．自己の理解と行動の調整に関すること。 　4．集団への参加の基礎に関すること。	4	環境の把握 　1．保有する感覚の活用に関すること。 　2．感覚や認知の特性への対応に関すること。 　3．感覚の補助及び代行手段の活用に関すること。 　4．感覚を総合的に活用した周囲の状況の把握に関すること。 　5．認知や行動の手掛かりとなる概念の形成に関すること。
5	身体の動き 　1．姿勢と運動・動作の基本的技能に関すること。 　2．姿勢保持と運動・動作の補助的手段の活用に関すること。 　3．日常生活に必要な基本動作に関すること。 　4．身体の移動能力に関すること。 　5．作業に必要な動作と円滑な遂行に関すること。	6	コミュニケーション 　1．コミュニケーションの基礎的能力に関すること。 　2．言語の受容と表出に関すること。 　3．言語の形成と活用に関すること。 　4．コミュニケーション手段の選択と活用に関すること。 　5．状況に応じたコミュニケーションに関すること。

③各教科と自立活動の関係

　知的障害のある児童生徒に対する「各教科」の内容と「自立活動」の内容との関係を以下に例示する。

　例えば，小学部の生活科の３段階(3)「友達とかかわりをもち，きまりを守って仲良く遊ぶこと」の習得が困難な児童は，周囲の環境に意識を向け友達や教師などの集団に参加することが困難な場合がある。この場合，自立活動の人間関係の形成(4)「集団への参加の基礎に関すること」に示される内容を指導することによって習得が容易になる。

　また，中学部の国語科(2)「見聞きしたことや経験したこと，自分の意見などを相手に分かるように話す。」ことの習得が困難な生徒は，自分の経験や行動を想起したり自己の感情や意見を捉えたり表現したりすることが困難な場合がある。このような場合，自立活動における人間関係の形成(3)「自己の理解と行動の調整に関すること」に示された内容を指導することによって習得が容易になる。

　さらに高等部の職業科２段階(1)「働くことの意義について理解を深め，積極的に作業や実習に取り組み，職場に必要な態度を身に付ける。」ことの習得が困難な生徒は，場や相手の状況の読み取りが困難であったり経験が不足したりしている場合がある。この場合には自立活動のコミュニケーション(5)「状況に応じたコミュニケーションに関すること」に示された内容を指導することによって習得が容易になる。

　このように各教科と自立活動は相互に関連し，各教科の内容を習得することと共に，それに伴う「障害による困難」を自立活動において指導する関係にある。特に「人間関係の形成」と「コミュニケーション」については，各教科の内容と関連していることが本校の研究（2011.2）により明らかになっている。

④効果的な指導方法

　先に例示した生活科や国語科など各教科等は，自立活動における「人間関係の形成」及び「コミュニケーション」と特に密接な関係があることはこれまで述べたとおりである。その各教科等や自立活動をそれぞれを別々

に指導していくのではなく，合わせて指導することで関連させた指導が可能になり，指導の効果が向上することが分かった。(2012.2)

⑤各教科等を合わせた指導「コミュニケーションの学習」

以上のことから，本校では各教科等を合わせた指導「コミュニケーションの学習」を独自に設定し，系統的・横断的な指導を行い，実践研究を進めてきた。

表２．研究経緯

研究項目	2010.4　2011.3	2011.4　2012.3	2012.4　2013.3	2013.4　2014.3	2014.4
研究会等	公開研究発表会(2011.2) 新学習指導要領キックオフシンポジウム(2011.3)	公開研究発表会(2012.2) 新学習指導要領キックオフシンポジウム分科会(2012.3)	研究協議会(2013.2) 新学習指導要領キックオフシンポジウム分科会(2013.3)	公開研究発表会(2014.2) 学習指導要領シンポジウム分科会(2014.3)	文部科学省 平成26年度特別支援教育に関する実践研究充実事業 委託
教育課程等	熊大式授業づくりシステムの運用，その中での教育的ニーズや具体的指導方法について検討 ｜ コミュニケーション能力向上のための授業を特設し実践研究 ｜ 文部科学省特別支援教育総合推進事業の委託		各教科等を合わせた指導『コミュニケーションの学習』位置づけ継続研究		
実態把握	コミュニケーションスケールの開発	アセスメントシートの開発	アセスメントシートの活用，改良		
指導内容			アセスメント結果，教育的ニーズや指導内容などのデータ収集・分析 ｜ 各教科等との関連の調査	キャリア教育の視点からの検討 ｜ アセスメントシートと指導内容の関連分析・整理	
指導方法	事例を基にした検討　効果的な指導体制　指導方法の検討 ※全校での授業研を年間3回，学部での研究会を年間10回程度実施			アセスメント結果から幅広い事例設定	

(2) 各教科等を合わせた指導「コミュニケーションの学習」

①学習の概要

「コミュニケーションの学習」は，児童生徒が友だちや家族，地域社会等，自分を取り巻く様々な人々とかかわり合いを持ちながら，生活するために必要なコミュニケーションに関する意欲や態度，知識や技能を実際的・組織的に学習するものである。また，生活と学習の場での学びを相互に補充・拡充・強化するものである。

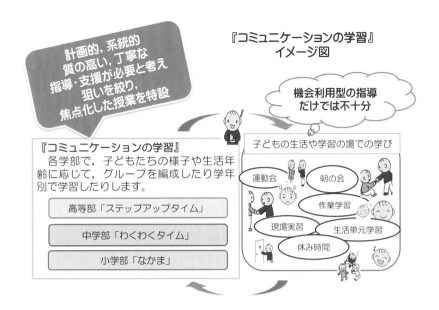

② 指導内容

「コミュニケーションの学習」では,自立活動における「人間関係の形成」「コミュニケーション」の他,生活科や国語科,職業科などの指導内容の一部を取り扱い,具体的には,表3のような指導内容を設定している。

③ 指導方法

「コミュニケーションの学習」では,児童生徒の学習活動は,人とのかかわりや集団参加,意思表現,場に応じた言動などについて,個々のコミュニケーションの様子や生活年齢に応じて指導している。特に,児童生徒のコミュニケーションの様子の把握は,本校で開発したアセスメントシート(表5)を用い,アセスメントと行動観察のデータを基にグループを編成して行う。

指導については,以下のようなことを大切にして指導している。

【指導上の留意点】

a) 生活年齢に応じ,対人関係の基礎的な能力や技能を身につけられるようにすること。

表3．指導内容

人とのかかわりについて
自己理解
- 自分の名前のこと
- 自分の好きなことや嫌いなこと
- 自分の得意なことや苦手なこと
- 自分の特性や適性のこと
- 自分の気持ちのこと
- 自分の感想や考えのこと

他者理解
- 自分の生活に関係の深い人の名前のこと
- 自分の生活に関係の深い人の好きなことや嫌いなこと
- 自分の生活に関係の深い人の得意なことや苦手なこと
- 自分の生活に関係の深い人の気持ちや感想，考えのこと
- 周囲の人の立場や状況が分かり，適切に行動できること

集団参加，協力・共同
きまりやルール
- 大人や友だちと一緒に活動すること
- 大人や友だちと一緒に，簡単なきまりのある活動をすること
- 友だちとかかわりをもち，きまりを守って仲良く活動すること

役割の理解と遂行
- 集団活動に参加し，簡単な係活動をすること
- 自分の役割が分かり，自分から取り組むこと
- 自分の役割を理解し，他の者と協力して活動すること

指示理解と行動
- 簡単な合図や指示に従い，教師と共に行動すること
- 簡単な合図や指示に従い，行動すること
- 指示や説明を聞いて，行動すること

意思表現
手段
- 表情，身振り，音声や簡単な言葉で表現すること
- いくつかの単語を連ねて伝えること
- 状況に応じた声量で話すこと

内容
- 教師の支援を受けながら，経験したことを大まかに話すこと
- 見聞きしことなどのあらましや自分の気持ちなどを話すこと
- 自分の気持ちや意思，希望などの大体の内容を話すこと
- 痛い，気分が悪い，困ったことなどを伝えること
- 状況に応じた報告や相談をすること
- 相手を傷つけずに自己主張をすること（アサーション）

場に応じた言動
あいさつ
- あいさつに応えること（返事）
- 教師と一緒に身近な人に簡単なあいさつをすること
- 自分からあいさつをすること
- 相手や場面に応じて適切にあいさつをすること

言葉遣い
- 場面に応じた言葉づかいで話すこと

その他
- 初歩的な伝言をすること
- 電話での簡単な受け答えをすること
- 電話の取り次ぎに関すること
- コミュニケーションの基礎となること

b）学校生活や，行事，その他の学習活動と関連させて指導内容を設定すること。

c）生活上の望ましい習慣や態度を身につけ，それが実際に活かされる指導内容を設定すること。

d）音楽やゲームなど児童生徒の興味関心に応じた活動を行い，個人差の大きい集団でも児童生徒が参加できるように工夫されたものであること。

e）ロールプレイなどで，できるだけ具体的な状況を設定して指導すること。
f）人とのかかわりを楽しみ，対人関係への意欲を築き高められるようにすること。
g）児童生徒の障害の特性に応じて指導方法を工夫すること。

図．授業実践までのプロセス

第1章　教科を貫く論理的コミュニケーション能力の育成

表5．アセスメントシート

アセスメントシート
主なコミュニケーション手段（　　　）　名前：対象者（　　　）記録者（　　　）実施日　年　月　日
総合平均スコア（　　　）
※各段階の成功率を3／5とし、達成基準とする
※コミュニケーションの手段は問わない

領域	番号	項目	段階1	段階2	段階3	段階4	段階5	スコア	平均
基礎的行動	1	人の行動を模倣できる	身体的支援で動作の模倣できる	慣れた動作は、モデルを見てそまかには模倣しようとする（同時模倣）	慣れた動作は、モデルを見てて大まかに模倣して正しくしようとする（同時模倣）	複雑な動作も模倣して大まかに模倣できる（遅延模倣）	連続した動作を覚えては正しく模倣できる（遅延模倣）		
	2	人の発話を模倣できる	人の発話に興味を向ける	不明瞭だが発声する	不明瞭だが単語を模倣できる	不明瞭だが三語文の模倣ができる	はっきりと三語文の模倣ができる		
	3	人の表情を模倣できる	人の表情に興味を向ける	表情を変えようとする	一部分を模倣しようとする	複雑の部分も模倣して正確に模倣できる	笑顔や泣き顔など正確に模倣できる		
	4	物の名称が分かる※1「数らか選り」でコップを指す※2「数らものは」でコップを指す	名前は分からないが、物に興味を示す	名前は分からないが、絵や写真で伝えることが分かる（マッチング）	用途のジェスチャー言葉で分かる※1	言葉を日常的に使う物が分かる※2	用途の定義を聞き、名前が分かる※2		
	5	ひとつの指示が分かり行動できる	指示どおりではないが行動しようとする	慣れた場面では、絵や写真など行動する	慣れた場面では、言葉の指示で行動できる	いろいろな場面でも、絵や写真、文字などで指示する行動できる	いろいろな場面でも、指示が分かり行動できる		
	6	複数の指示が分かり行動できる	指示どおりではないが行動しようとする	慣れた場面では、絵や写真などを行動する	慣れた場面では、言葉の指示で行動できる	いろいろな場面でも、絵や写真、文学などで指示する行動できる	いろいろな場面でも、指示が分かり行動できる		
あいさつ	7	呼びかけに目線を合わせることができる	呼びかけに気付くことができる	促されると数秒間持続してできる	自分から数秒間持続してできる	自分から瞬時的にできる	自分から持続してできる		
	8	名前が呼ばれると、返事ができる	身体的支援でできる	促されると模倣してできる	促されると返事ができる	慣れた場面では自分から返事ができる	いろいろな場面で自分から返事ができる		
	9	「おはよう」などのあいさつができる	身体的支援でできる	促されると模倣してできる	促されるとあいさつができる	慣れた場面では自分からあいさつができる	いろいろな場面で自分からあいさつができる		
	10	「いってきます」「ただいま」を言うことができる	身体的支援でできる	促されると模倣してできる	促されると言うことができる	慣れた場面では自分から言うことができる	場面に応じて自分から言うことができる		
	11	「ありがとう」が言える	身体的支援で言える	促されると模倣してできる	促されると言える	慣れた場面では自分から言える	場面に応じて自分から言える		
	12	「ごめんなさい」が言える	身体的支援で言える	促されると模倣してできる	促されると言える	慣れた場面では自分から言える	場面に応じて自分から言える		
感情表出	13	物や活動の好き・嫌いを伝えることができる	他者を介して伝えてもらったり、情や行動で表出する	他者を介して伝えてもらったり、表情や行動で表出する	絵や文字カードから選択して伝えることができる	得られるときと自分の気持ちをはっきり伝えることができる	自分が分からないことは選択肢から選択して伝えることができる		
	14	わかった・わからないを伝えることができる	他者を介して伝えてもらったり、情や行動で表出する	他者を介して「はい」「いいえ」で意味を理解して選択する	絵や文字カードから選択して伝えることができる	促されるとわかった、わからないことを伝えることができる	自分から分からないことは選択肢から伝えることができる		
	15	楽しい、面白いを伝えることができる	他者を介して伝えてもらったり、情や行動で表出する	他者を介して「はい」「いいえ」で意味を理解して選択する	絵や文字カードから選択して伝えることができる	促されると面白いと内容などを分かりやすく伝えることができる	自分から面白いと内容などを伝えることができる		
	16	嫌い、気分が悪いなどを伝えることができる	他者を介して伝えてもらったり、情や行動で表出する	他者を介して「はい」「いいえ」で意味を理解して選択する	絵や文字カードから選択して伝えることができる	促されると嫌い状態を伝えることができる	自分から都合や状態を伝えることができる		
	17	自分のしたい運動を選択して伝えることができる	他者を介して伝えてもらったり、情や行動で表出する	他者を介して「はい」「いいえ」で意味を理解して選択する	絵や文字カードから選択して伝えることができる	促されると選択肢から選択して伝えることができる	自分から選択肢から選択して伝えることができる		

第2部　論理的思考力・表現力育成のためのカリキュラムの実際

カテゴリ	No.	項目				
会話行動	18	相手の顔を見て話ができる	見ることは難しいが、話し声に意識を向ける	促されると数秒間持続してできる	自分から数秒間持続してできる	自分から適切に持続してできる
	19	集会などで話を聞くことができる	支援者と一緒に話を聞く	その場にはいるが、不適切な態度で参加する	促されると静かに話を聞き、内容をおおまかに理解できる	内容を理解し、内容はほぼ理解できる
	20	状況に応じた声量で話すことができる（伝える）	発言することは難しいが、その他の方法で話す（伝える）	慣れた場面で促されると適切な方法で話すことができる	いろいろな場面で、自分から適切な方法で話すことができる	場面に応じて自分から適切な声量で話すことができる
	21	三語文表現ができる（話す）	表情や行動で表出する	単語で表現する	慣れた場面であれば、助詞を含めて二語文で表現できる	三語文で表現できる
	22	経験したことを表現することができる	表情や行動で表出する	支援者の質問に「はい・いいえ」で答え表現できる	絵カードやカード等から選択してやりとりで表現できる	経験したことを順序立てて表現できる
他者理解・言語行動	23	他者の表情を読み取ることができる ※行動を繰り返す等、行動を中止することができない	表情の変化に気付かないが、意識を向ける	快・不快の表情をみて様子に付く行動を向ける	本人の好きな決まった対応の中で待つことができる	他者のいろいろな表情を読み取り適切な行動をとることができる
	24	冗談や世間話を楽しむことができる	表情や行動で表出する	一方的に、本人の好きなような話をする	慣れた人であれば、「次」であれば支援なしで待てる	相手に合わせて、話題を合わせて冗談や会話ができる
	25	順番が分からない時でも待つことができる	身体的支援で待てる	順番待ちの対応の中で待つことができる	順番を数字で示すで待てる	順番が分かれば待てる
	26	友達と協力して活動ができる	身体的支援でできる	慣れた場面ではできる	促すと、いろいろな場面で自分からできる	いろいろな場面で自分からできる
	27	人の嫌がる言葉を言わない	傾向的、人の嫌がる言葉を言う	時々、人の嫌がる言葉を言う	ほとんど、人の嫌がる言動はない	いろいろな場面で、相手によって自分からは配慮して、嫌な言動はしない
	28	人から不快な言葉を言われても怒らずに通ごすことができる	叩くなどの行動をする	不快を発表する	相手に対して行動はするが、暴言を続けないことができる	自分の思う意見とは違うと、合うことができる
	29	場面に応じて丁寧な言葉づかいができる	丁寧な言葉遣いではないが、話した言葉を伝えてもらうならば使える	慣れた場面でできる	促されると、慣れた場面でできる	いろいろな場面でも自分から対応することができる
報告・要求言語行動	30	質問することができる	他者を介して伝えたもらったり、表情や行動で気持ちを伝えたりする	促されると横めきで質問できる	促されると自分から質問できる	いろいろな場面で自分から質問できる
	31	依頼（お願いします）ができる	身体的支援で依頼ができる	促されると横めきで依頼できる	促されると自分から依頼できる	いろいろな場面で自分から依頼ができる
	32	許可（○○していいですか）を求められる	身体的支援で許可を求められる	促されると許可を求められる	促されると自分から許可を求められる	いろいろな場面で自分から許可を求められる
	33	報告ができる	他者を介して伝えたり、表情や行動で表出したりする	促されると横めきで報告できる	促されると自分から報告できる	いろいろな場面で自分から報告できる
	34	家族や先生に伝言できる	支援があれば書かれた文などを渡すことができる	自分から書かれた文などを渡す	促されると伝言できる	慣れた場面では、自分から伝言できる
構文・文集記	35	身近なことについて簡単な文章が書ける	代筆など他者に書いてもらう	文字カードなどを並べて簡単な文を構成することができる	支援者とやりとりしながら簡単な文を構成することができる	支援を受けながら、自ら感覚を含め、自分で文章を作り、書くことができる
	36	必要に応じて要点をメモできる	代筆など他者に書いてもらう	支援者が要点を示し、絵や文字カードを活用して要点をメモすることができる	支援者と一緒に要点を考え、支援を受けながら、簡単な模写ができる	支援者とやりとりしながら自分で要点を考え、メモすることができる

(3) コミュニケーション能力を育むための実践研究

障がいのある子どもたちのコミュニケーション能力を育むための実践研究

①研究の目的
知的障がい教育校におけるコミュニケーション能力を育むための効果的な指導内容・指導方法について検討し整理する。

②研究課題
課題1　コミュニケーションに関する子どもたちの実態把握の方法を検討する。
課題2　コミュニケーション能力を育むための指導内容を明らかにする。
課題3　コミュニケーション能力を育むための効果的な指導方法を整理する。

③研究の方法
ア　コミュニケーションに関する子どもたちの実態把握法の検討
a) 教育的ニーズ等による評価項目の検討
　熊大式授業づくりシステムの運用の中で明らかになった教育的ニーズ等について情報を収集し, 評価項目を作成する。
b) コミュニケーションモード（手段）に依らない評価

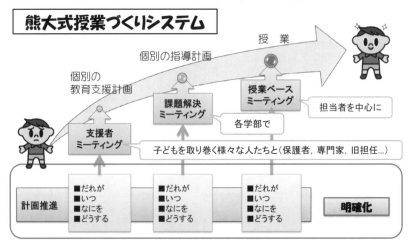

口話や手話,身振りなどの状況に依らず,できるだけ全ての児童生徒に対応できるように評価基準を作成する。
c）評価基準の作成
5段階の評価基準を設定し,日常生活や学習場面で見られる具体的な行動で示し,行動観察で評価できるようにする。
d）項目の統合と領域分類
評価項目を領域毎に整理し,児童生徒の得意なところや苦手なところなどの偏りが分かるようにする。

イ　指導内容の検討
a）キャリア教育（人間関係形成能力）の視点からの検討
本校のキャリア教育の計画に沿って,「コミュニケーションの学習」で指導する内容を検討する。
b）教育的ニーズからの検討
本校で実施している熊大式授業づくりシステムを基に,その中で行われる支援者ミーティングなどで検討されたコミュニケーションに関する事柄を整理する。
c）各教科等との関連の調査
「コミュニケーションの学習」で設定された指導内容と各教科等との内容の調査を行う。
d）児童生徒の実態による指導内容の整理
コミュニケーションに関する児童生徒の実態と設定された目標や指導内容の関連を分析する。

ウ　指導方法の検討
a）事例を基にした検討
コミュニケーションに関する子どもたちの実態別に,各学部3事例ずつ計9事例を設定し,児童生徒の実態や生活年齢に応じた効果的な指導方法について検討する。
b）効果的な指導体制の検討
コミュニケーションに関する子どもたちの実態把握を基にした児童生

徒の効果的なグループ編成など，指導体制の検討を行う。
　c) 指導方法の傾向や要点についての分析・整理
　　コミュニケーションに関する子どもたちの実態毎に，指導方法についての傾向や指導方法の要点について検討し，整理する。
　エ　専門家を交えた検討
　　各学部に，専門家を共同研究者として配置し，学部での検討会や授業研究会を行う。また，学校全体での授業研究会や研修会，学習指導要領シンポジウムでの分科会を共同研究者と実施し，研究の推進を図る。

(4)　研究成果

①コミュニケーションについての実態把握と指導内容の明確化（課題1，2について）

　障がいのある子どもたちのコミュニケーション能力を育むための指導内容や指導方法については，熊大式授業づくりシステムの運用の中で教育的ニーズを明確にし，キャリア教育の観点を加えて課題解決ミーティングや授業ベースミーティングを行い，その中で指導目標や内容そして指導方法を検討した。

　また，アセスメントシートを開発し活用したことで，実態把握と諸々の検討に際しての基準を得ることができた。このことから適切なグループ編成など指導体制がスムーズに検討され，指導を効果的に進めることができるようになった。指導内容についても，アセスメントシートと関連付けて整理することにより，必要な指導内容を明確にすることができ，系統的・継続的に指導することが可能となった。その結果は，表7に示したとおりである。

②コミュニケーション能力を育むための指導方法（課題3について）

　課題3のコミュニケーション能力を育むための効果的な指導方法について，各学部のこれまでの実践を基に検討し整理した。

ア 年間を通じた定期的な指導

　子どもたちは授業場面でも休み時間でも誰かとコミュニケーションをとり，その中で教師の臨機応変な指導や支援を受けながら，また子どもたち同士でコミュニケーションに関する学びを意図せず行っていると考える。

　その様な学びを一過性のものにせず「コミュニケーションの学習」で丁寧に指導することは，学びを補充・拡充・強化することができ，コミュニケーション能力の向上に効果的であった。それは，一定期間の集中的な指導ではなく，年間を通じて定期的な授業時間を確保し，その他の学習や子どもたちの体験と関連づけて指導できる授業を位置づけたからだと考える。

イ コミュニケーションの状況や教育的ニーズに応じた指導方法の工夫

　「コミュニケーションの学習」は，子どものコミュニケーションの状況や教育的ニーズに応じてグループ編成をするなど指導体制を工夫しながら取り組んできた。それらの指導体制での工夫について，アセスメントシートの総合平均スコアにより一定の傾向が見られ，以下のとおり4つの段階に整理することができた。

表6．アセスメントシート結果と指導方法

Ⅰ-1 (1.0～2.4)	Ⅰ-2 (2.5～3.4)	Ⅱ (3.5～4.4)	Ⅲ (4.5～5.0)
教師と安心して参加できる学習活動	友だちと安心して参加できる学習活動	『型』を習得するロールプレイ	自他の内面に気づき考えるロールプレイ

a) 安心できる人間関係の中での指導

　Ⅰ（1.0～3.4）の段階では，子どもたちが集団に主体的に参加し，その中で友だちや教師と適切なかかわりを持つことで，コミュニケーション能力を高めることが効果的だった。小学部での取組では，音楽を用いて子どもたちの情緒を安定させ，また子どもたちが安心して集団に参加する状況をつくることで，学習活動の中に盛り込まれた事柄について自ら感じ，考え，実践し，質の高いコミュニケーションができることで学べたと考える。

第1章 教科を貫く論理的コミュニケーション能力の育成

表7．アセスメント結果と指導内容の関連図

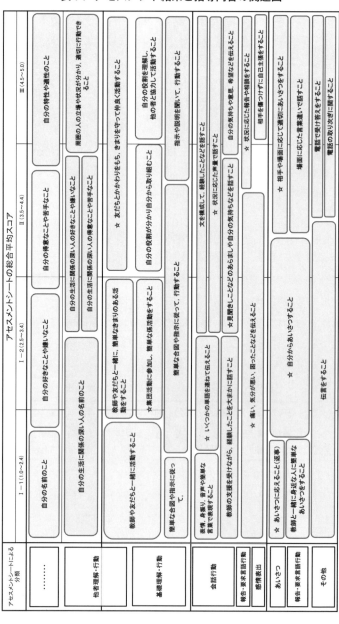

b) コミュニケーションスキルを身につける指導

Ⅱ（3.5～4.4）の段階では，あいさつや言葉遣い，そして経験したことや考えたことなどを話すことなど，コミュニケーションスキルを身につけることを中心に学習する傾向があった。それらの学習で取り入れられ，成果のあった方法は，中学部や高等部の実践されたロールプレイである。子どもたちが体験した状況や，今後体験するであろう状況を擬似的に再現し，その中でコミュニケーションの「型」としてスキルを習得していく方法である。また，「コミュニケーションの学習」だけではなく，その他の場面でも関連付けて指導できるように，カードやキーワードなど共通のツールを使うことでさらに効果を高めることができた。

c) コミュニケーションスキルの意義が分かる指導

Ⅲ（4.5～5.0）の段階では，集団にも主体的に参加し，コミュニケーションスキルや知識も高い子どもが殆どで，ロールプレイなどの学習場面では適切な言動をすることができる。しかしながら，実際の場面では難しく，また自分自身ができているのかどうか曖昧な子どもが多かった。そこで，求められた学習が自分自身の言動の振り返りや何故適切な言動が求められるのかなど，コミュニケーションスキルの意義を学ぶ学習であった。その意義を学ぶためには，中学部や高等部で実践されている自己や他者の内面に迫り，相手がどのような気持ちや考えを持つのか，また自分はどのように感じ考えるかを，丁寧に指導することが効果的であった。このように自己を振り返り自他の内面について振り返りながら学習する方法でも，ロールプレイが用いられた。b）で述べたスキルを身につけるためのロールプレイではなく，自己に気づき他者の内面を知る方法としてのロールプレイを通して，コミュニケーションスキルの意義を学ぶことができたと考える。

また，指導方法については，人間関係形成の基盤とも言える「安心」というキーワードがあげられる。障がいの程度が重度で集団への参加が難しい子どもが，学習集団に参加し楽しそうな表情を見せる。この時に，より良い学びをしていると考える。また，これまでも繰り返し取り組まれてきたコミュニケーションの「型」を指導する学習も，やはり効果的であった。

そして，自己の行動を振り返り自他の内面について考えるという自己理解・他者理解に関連する内容や方法についても特筆したい。この学習では，「私が○○すると，相手は嬉しい」など，自分の行動が相手にどのような影響を与えるのかを考え知ることに取り組んだ。自他の内面に迫る難しい学習ではあるが，そのことで自分の言動の意味や価値が分かり，これまでの一方向のコミュニケーションスキルではなく，相手のことを考えた双方向のコミュニケーションスキルへと質的な向上が図れたと考える。

(5) まとめ
①知的障害教育における論理的思考力・表現力の育成
　本校が独自に設定している「コミュニケーションの学習」では，自己の行動を振り返り自他の内面について考えることを学習活動の中で大切にして取り組んでいる。このことは自己理解・他者理解に関連する内容であり，論理的思考力・表現力との関連が深い。この学習では，「私が○○すると，相手は嬉しい」など，自分の行動が相手にどのような影響を与えるのかを考え知ることに取り組んだ。自他の内面に迫る難しい学習ではあるが，ある事象について自分や相手の気持ちを推理し，根拠を基に話し合い，結果を導き出す学習であった。またこのことで，自分の発言や行動の意味や価値が分かり，これまでの一方向のコミュニケーションスキルではなく，相手のことを考えた双方向のコミュニケーションスキルへと質的な向上が図れたと考える。この「根拠を基に推論し結果を導き出す」学習は論理的思考力の育成につながり，自分の気持ちや考えを伝えることや場に応じた適切な言動ができる力は，まさに表現力の育成であると考える。

②学力の３つの要素
　学力の３つの要素とコミュニケーション能力について考えると，本校で取り組んでいるコミュニケーション能力の育成が「コミュニケーションの学習」を起点に他の教科などと関連していることから，図のようになると考える。
　コミュニケーション能力は「基礎的・基本的な知識・技能」を身に付け

る基盤となり，身に付けた知識・技能を活用することで，課題を解決するために必要な「思考力・判断力・表現力」を育成する。その結果として「主体的に学習に取り組む態度」につながると考える。

③言語活動の充実

知的障害教育において言語活動の充実を考えると，児童生徒の実態として，言語活動そのものが困難だったり苦手としたりしている場合が多く，本校の調査によりコミュニケーションに関する指導の必要性が高く指導が難しいという現状が分かった。しかし，知的障害教育においても言語活動の充実は重要事項であり，言語活動の充実をとおして思考力，判断力，表現力等を育むことが求められている。

そこで，本校では「コミュニケーションの学習」を特設し，個に応じた指導内容や指導方法により，コミュニケーションの意欲・態度や知識・技能を育成している。また，ICT機器（タブレットなど）を子どもの発語や文章構成の支援機器として活用し，コミュニケーションスキルを補い，意欲を高められるようにしている。これらの意欲や技能などは言語活動に必要な能力であると考えるとともに，「コミュニケーションの学習」は言語活動の充実を支える学習であると考える。

④おわりに

コミュニケーション能力は，生活の基盤であり各教科等の基盤であると考える。この能力を基盤にした言語活動の充実によって，各教科等において基礎的・基本的な知識技能を身に付け，さらに思考力・判断力・表現力が向上するという学びのモデルが考えられる。

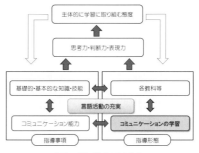

図．学びのモデル

このモデルの基盤となるコミュニケーション能力を育成するため,必要な指導内容や指導方法について,今後も実践研究を継続していき,子どもたちの学びを支えていきたい。

参考文献
文部科学省(2009)『特別支援学校高等部学習指導要領・解説』
干川　隆(2012)『知的障害教育おける「コミュニケーションの学習」の意義,熊本大学教育実践研究第29号』
熊本大学教育学部附属特別支援学校(2011)『研究紀要29「子どもを中心に据えたとき教育は何ができるか」〜熊大式授業づくりシステムの開発〜』
熊本大学教育学部附属特別支援学校(2012)『研究報告書「障害のある子どもたちの特性に応じたコミュニケーション能力を育むための指導方法についての実践研究」』
熊本大学教育学部附属特別支援学校(2012)『特別支援教育のチームアプローチ「ポラリスを探せ」』(ジアース教育新社)
熊本大学教育学部附属特別支援学校(2013)『研究紀要第30集「障がいのある子どもたちのコミュニケーション能力を育むための実践研究」』

第3節　教科の学びの根底としての思考力・表現力の芽生え
－幼稚園教育の取組－

柴山謙二・浅尾理恵子・大塚桂子
松並弘子・吉永真理子・志柿洋子

(1) 幼児期における思考力・表現力の芽生えを培う
～人間力と市民性の芽生え～

　我が国の学校教育の現代的課題として，不登校やいじめや暴力行為あるいは学級崩壊などの児童生徒の心の健康，そして発達の支援等が挙げられている。これら生徒指導上の問題の背景としては都市化・核家族化・少子化・情報化・価値観の多様化・生活様式の変化など様々な社会的要因が絡んでいるが，現代の子どもたちが「傷つきやすく傷つけやすい，人間関係が薄く，規範意識が乏しい」ことを示していよう。このような特徴は，幼いころから様々な環境の影響を受けつつ，子ども本人が作り上げてきたものであり，それらの基盤が幼児期にあることは臨床心理学の知見をはじめ，多くの教師や有識者が認めるところである。それゆえ幼児教育の重要性が喧伝されることになったのである。文科省は2008年に幼稚園教育要領を改訂し，幼稚園教育の目標を「生きる力の基礎を育成する」ことに置き，幼児の健康・人間関係・環境・言葉・表現の5領域にねらいを設け，義務教育及びその後の教育の基礎を培うものとした。目標として，①健康，安全で幸福な生活のために必要な基本的な習慣を養い，身体諸機能の調和的発達を図ること，②集団生活を通じて，喜んでこれに参加する態度を養うとともに家族や身近な人への信頼感を深め，自主，自律及び協同の精神並びに規範意識の芽生えを養うこと，③身近な社会生活，生命及び自然に対する興味を養い，それらに対する正しい理解と態度及び思考力の芽生えを養うこと，④日常の会話や，絵本，童話等に親しむことを通じて，言葉の使い方を正しく導くとともに，相手の話を理解しようとする態度を養うこと，

⑤音楽，身体による表現，造形等に親しむことを通じて，豊かな感性と表現力の芽生えを養うことに置いている。

　一方，2011年に小学校等の学習指導要領が改訂され，知識・技能の習得と思考力・判断力・表現力等の育成のバランスが重視された。そこで，熊本大学教育学部並びに附属学校園は連携し，「知識というものは伝達されるものではなく，子どもたちの相互的な学び合いの中で創造されていくもの」との学習観を，附属学校で共通の学習観とすることになった。

　ところで，我が国の学校教育の目標は生きる力の育成であるが，グローバルな人材養成の観点からすると，より幅の広い概念である「人間力」を加味すると，保育・教育方法を創意工夫することができると考える。人間力戦略研究会（2003）によると，人間力の定義は「社会を構成し運営するとともに，自立した一人の人間として力強く生きていくための総合的な力」であり，その構成要素としては①基礎学力，専門的な知識・ノウハウを持ち，自らそれを継続的に高めていく力，また，それらの上に応用力として構築される論理的思考力，創造力などの知的能力的要素，②コミュニケーションスキル，リーダーシップ，公共心，規範意識や他者を尊重し切磋琢磨しながらお互いを高め合う力などの社会・対人関係力的要素，③これらの要素を十分に発揮するための意欲，忍耐力や自分らしい生き方や成功を追求する力などの自己制御的要素等である。これらを総合的にバランス良く高めることが，人間力を高めることになるとしている。

　学校教育において，人間力と社会構成主義の学習観がどのように結び付くかについて，柴山（2014）は学校教育で有効な教育実践として，①佐藤学（2003, 2006）と佐藤雅彰（2003, 2011）が主導してきた「学びの共同体」に見る「対話と協同による学び合い」，②滝（2004, 2009）の展開してきた「日本のピアサポート・プログラム」，③森重（2010），松崎（2008），柴山（2007），山下・柴山（2007）らが実証している個人心理学に立脚した民主的な「クラス会議」を挙げ，それらに共通するキーワードは「自発性」「社会的相互学習」「協同性」「仲間」「規範意識」であること示した。

　以上は，義務教育での実践であるが，キーワードとして示した「自発性」

「社会的相互学習」「協同性」「仲間」「規範意識」の観点は，幼稚園教育要領でも随所に記述されており，遊びの中で楽しみ学び合い共に成長する幼児の姿が見て取れる。それはヴィゴツキーやブルーナーらが展開してきた発達の最近接領域に関する社会構成主義の教育の本質であり，人間の本質であるからであろう。そして，それは人間力の概念と通底するものと言えよう。

　さて，附属幼稚園では，「感じる　考える　伝え合う　子ども〜思考力の芽生えを培う〜」との研究テーマを設け，2011年度は園児の思考する姿を「考えたり思いを巡らせたりする姿」，伝え合う子どもを「伝えたいという思いや相手の話を理解したいという気持をもち，感じたり考えたりしたことを伝え合う子ども」と定義づけ，園児の「思考力の芽生え」を見出し促すことを中心にして保育・教育を実践した。その結果，「生活自体が学びであり，特に遊びこみ楽しんでいる時と友だちと一緒に楽しく遊ぶ時に，感覚と感情とイメージと思考力の芽生えが著しくなる」との園の遊びの姿を描き出した。そして，2012年度には，人間力の芽生えを念頭に置き，園児の幼稚園生活の全てにおいて思考力の芽生えを深く広く見て取り，園児同士の豊かな交流と思考力の芽生えを促進するには，教諭の保育者としての園児への温かい対応が必要であるとの共通の認識を得ることができた。その際の温かい対応は，「カウンセリングマインドをもった接し方」であり，保育者が幼児と向き合い，幼児が時間を掛けてゆっくりとその幼児なりの速さで心を解きほぐし，自分で自分を変えていく姿を温かく見守る接し方（幼稚園教育要領「人間関係　内容の取扱い」）であることが描き出された。特に年長児は遊びの中で話し合い学び合いと異年齢児との交流を促すことが，「思考力の芽生えと表現力の育成」に有効であることが分かった。そこで，2013年度のテーマとして，幼児期における思考力・表現力の芽生えを培うこと〜人間力と市民性の芽生え〜を設け，人間力と市民性の芽生えを支える保育・教育として，「話し合い・学び合い」「異年齢の交流」「体験の共有」を方法として提案し，人的環境である教諭・保育者は「カウンセリングマインドをもった接し方にカウンセリングスキルを

使うこと」とし，以下の仮説に基づいて，本幼稚園の保育・教育を実践することとした。

＜仮説＞

①子ども同士のかかわりの中に，「集う場」なかでも「話し合い・学び合い」や「異年齢のかかわり」を構成すれば，子どもたちはより思いや考えを巡らせたり表現したりするであろう。

②カウンセリングマインドをもった接し方で，伝え合う楽しさや喜びを感じられるような援助をすれば，子どもたちはより思いや考えを巡らせたり表現したりするであろう。

(2) 本園の研究の取組と成果について

①研究の取組

4年間の研究の中で，思考力・表現力の芽生えを培い，「感じる　考える　伝え合う　子ども」の育成を目指して，環境の構成や保育者の援助のあり方を探ってきたところ，＜図1＞のような視点が明らかになってきた。更に，子ども同士が集い合い夢中になって遊ぶ姿を捉えたエピソード記録や週案から，思考力や表現力の芽生えている姿を抜き出し，カンファレンスをくり返したところ，共通のキーワードが明らかになってきた。キーワードを幼児の発達に沿って整理していくと，感じたことや考えたことを伝え合う子どもを育むための環境の構成や保育者の援助の在り方がより見えてきた。＜図2・図3＞

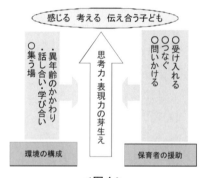

＜図1＞

②研究の成果

○「話し合い・学び合い」や「異年齢のかかわり」を積極的に保育に取り入れ，「集う場」を意識して構成するようになったことで，子どもたちは，より思いや考えを巡らせたり表現したりするようになった。

○保育者の援助を整理していったところ，「受け入れる」「つなぐ」「問

いかける」の3点の重要性がとらえられた。保育者がカウンセリングマインドをもって接するとは，すなわち，子ども一人ひとりの育ちに沿いながら，思いを受け入れ，つなぎ，問いかけることが子どもたちの思考力や表現力を高めることがわかった。

環境の構成 集う場（話し合い・学び合い、異年齢のかかわり）

5歳 ↑ 3歳			
これまでの経験をもとに目的を実現し、振り返る	共通の目的に向かう仲間	・話し合いの軌跡を残す ・一人ではつくりあげられないもの ・限られた環境や遊具の活用と工夫	・話し合ったことが実現できる状況 ・十分な話し合いの時間の確保 ・少し高いハードル ・友達に認められる ・3，4歳児の立場に立って考える状況
お互いを知る	気の合う友達	・継続して取り組み、経験を広げる遊具や材料 ・イメージが共有できる材料や素材	・自分の思いを出したくなる聞きたくなる状況 ・実体験に基づいた困った出来事や状況 ・異年齢と出会い、一緒に遊びを楽しめる状況
人と出会う	保育者 友達	・少し狭い空間 ・遊びの核となるもの ・遊びの拠点 ・友達の遊ぶ様子が見えるように	・心揺さぶられる体験 ・出入り自由な状況 ・友達の表情や仕草が見えたり声が聞こえたりする距離、適度な静けさ
集う場	人	もの	こと

<図2>

保育者の援助（カウンセリング・マインド）

5歳 ↑ 3歳		
・見通しをもたせる ・振り返りをする （目的・方法・内容）	・話し合ったことを実現化する ・協同者として遊びに加わる ・目的を共有化する	・任せて見守る
・課題を投げかける ・方法やコツを聞く ・思いを確かめる	・子どもの思いを引き出して仲立ちをする ・相手の思いに気付かせる ・言葉を添え、橋渡しをする	・子どもとの言葉のやりとりを楽しむ ・子どもの気付きやアイデアを認める ・思いを推測して、応答したり言葉で返したりする
・思いを多様な方法で表現したくなるようにする ・思いを尋ね、応じる	・それぞれの思いを理解し周囲に伝える ・互いに意識するような言葉をかける	・子どもの気付き、発見、感動などに共感する ・子どもの話を丁寧に聞き、信頼関係を築き、より所になる
問いかける	つなぐ	受け入れる

<図3>

(3) 保育実践
① 「話し合い・学び合い」を保育に取り入れた実践　　5歳児
～協同的な遊び「わくわくにこにこパーク」の取り組みから～ 25年2月

本園の教育課程では，年長児5歳児の3学期に「大勢の友達と同じ目的に向かって活動に取り組む」というねらいをもって生活している。年長児全員で話し合う場をもち，子どもたちの考えを広げたり深めたりするために「あなたたちだったら，去年と違う新しいことが考えられない？」と投げかけ，難しいことにも挑戦してみようという気持ちになるように声をかけた。子どもたちは，3歳児や4歳児が「わくわくしてにこにこするようなパークをつくろう」と話し合いを重ね，8つの内容（「宇宙」「魚が泳ぐ水族館」「宝探し」「人間すごろく」「くじびき」「影絵クイズ」「輪投げ・的当て」「かたこと車」）にしぼっていった。

＜各グループの話し合い＞　＜保育者の共に考える姿勢＞　＜グループの報告会＞

《8つのグループの中の「人間すごろく」グループの取り組み》1/26～2/5

人間すごろく（サイコロを振って人間がこまになってマス目を進むすごろく）グループは，ゴールの前でピッタリの数が出ない時に，ゴールしていいのか，余った数の分だけもどるのかを悩み，年長児全員に相談をした。どちらにするか考え合うなかで，「3歳，4歳さんが面白くなるようにだよね」と相手の立場に立って考えようとする姿勢が感じられた。

《子どもの思考力を培う援助として》
・これまでしたことのないものにも取り組んでみようという保育者の投げかけ（少し高いハードル）
・グループやクラスや年長児みんなで話し合い・学び合う場の工夫
・3歳児や4歳児が楽しめるようにという目的

② 「異年齢のかかわり」を保育に取り入れた実践

〜運動会リズム表現における取り組みから〜　24年9月

○リズム表現の素材，内容と分担
・リズム遊び「おおかみさん」をベースにする。
・3歳児「もりの動物」4歳児「隠れ家をつくる役」
　5歳児「動物を脅かす役」

《3歳児の取り組み》

　9月2週目，2年次実習生に隠れ家をつくる役をしてもらった。翌日4歳児と一緒に取り組んだ時は実習生との経験から，人が作った場に隠れることの面白さを感じたようだった。9月3週目，初めて狼役の5歳児と一緒にしたので，3歳児は必死で隠れ場所を探し，4歳児も一所懸命守ろうとした。

《4歳児の取り組み》

　9月2週目，3歳児担任から「ばら組を狼さんから守ってくれる？」と依頼を受けたことで，4

歳児は精一杯考えて3歳児を守ったが，押しつぶしそうになっていることまでは思いが至らなかった。3歳児担任が「ちょっと苦しかったみたいよ」と3歳児の思いを伝えると，その後は「苦しくないようにしなくては」と相手を気遣い，相手の立場に立って考えていた。

《5歳児の取り組み》

　9月2週目，実習生に狼役になってもらって隠れ家の役をした。「狼が長く脅かすと，4歳さんが疲れるよ」と4歳児の立場になって考えていた。9月3週目，4人グループで1匹の狼を表現する動きを提案して子どもたちに課題をもたせた。協同して表現するように意識を変換したことで，頭役や尻尾役の役割分担をするなど，グループで動きを工夫していた。運動会当日は，考えを出し合いながらつくりあげていった達成感や満足感を感じている姿が見られた。運動会後も，異年齢が自然にかかわりをもって遊ぶ姿があった。

③保育者の援助「受け入れる」を保育に取り入れた実践　３歳児　26年

○子どもの気付き，発見，感動などに共感したり，子どもの思いを推測して言葉にして返したりする援助

自分の体が転がる面白さに共感し，転がって遊んだ実践

霜柱を見つけ，冷たい感触と心地よさを言葉にして子どもに返した実践

<考察>

　子どもたちは，心揺さぶられる経験をすると様々な思いをもち，それを言葉や行動や仕草などにして表現しようとする。一人ひとりの思いを保育者が丁寧に受け止めて共感したり，思いを推測して分りやすい言葉にして返したりすることで，自分が感じたり考えたりしたことを表現することが楽しくなるだろうと考えた。

④保育者の援助「つなぐ」を保育に取り入れた実践　４歳児　26年11月

　○子どもの思いを引き出して仲立ちをしたり，言葉を添えて橋渡しをしたり，相手の思いに気付かせたりする援助。

　４歳児全員で雲梯に取り組むこと（チャレンジタイムの設定）により，いろいろな技を試してみる子どもが出てきた。「後ろ向き」「横向き」などの技を披露し，雲梯がますます盛んになった。男児と女児が真ん中でぶつかった時に，保育者は，言葉を添えて双方が雲梯を楽しくやりたいという気持ちに気付かせた。また，交差する技が偶然に生まれた時に，状況が把握できていない様子の男児に言葉を添えて技の説明をした。それ以降，交差する技が流行り出した。

中央で交差しようとする２人

＜考察＞
　雲梯の取り組みを通して，保育者は，子どもの思いを確かめ子ども同士のイメージが相手に伝わるような言葉を添えた援助をすることが大事であると確認できた。

⑤保育者の援助「問いかける」を保育に取り入れた実践　5歳児
　～協同的な遊び「にじいろストア」の取り組みから～　26年2月
　5歳児の3学期は，協同的な遊びを指導計画の中に位置づけている。目的は，友達と活動内容について共通理解しながら協力して取り組もうとする力を培うことである。そこで，子どもたちが目的や内容，方法について全体やグループで話し合ったり確認し合ったりしながら共通理解をし，一人ひとりが目的を明確にもって遊びに取り組んだり，協力して遊びを進める楽しさを味わったりできるように，意図した「問いかけ」で援助してきた。
　子どもたちは日頃の遊びや経験を生かし，自分がやりたいお店ごとにグループを組み，いろいろなお店がある「にじいろストア」をイメージして活動に取り組んだ。

○「他の店がつくっているものを見てみましょう」
　各グループの商品がある程度出来上がったころ，「互いの店を見て，取り入れたいところ頑張ってほしいところに気付き，学び合う。」ことを願い，他の店を互いに見合う時間を取った。この活動で自分のグループの取り組みを振り返ることができ課題がもてたようだ。

　互いの店を見合った後，感想やアドバイスを出し合った。各グループで，共通の目的「年少さんや年中さんが楽しんでくれる」が達成できるように活動内容を見直したり，友達からのアドバイスを取り入れたりしながら，子どもたち同士で学び合い，準備を進める姿もみられた。

○「本当に年少さんや年中さんが楽しめるかどうかやってみよう」

　　商品がある程度できると、活動が停滞し始め、次への課題に気付かない様子がでてきた。子どもたちに真剣に考え、課題に気付く場をつくり内容や方法についての見直しをしてほしいと考え、投げかけた問いかけである。

　保育者や保護者を相手にシミュレーションをするとお客さんにうまく対応できないこと、説明ができないこと、準備物に不足があること、商品がすぐ壊れるなど色々な課題が出て、再度話し合い見直して「にじいろストア」開催日を迎えることになった。

○「にじいろストア」をやってみてどうでしたか？」

　ヒロコ：ハルカくんのつくったたまごのおすしが売れて、よかったです。
　タカオ：よろこんでくれてうれしかったです。
　リカコ：まだ買いたい人がいたのに、商品が無くなってしまって買えなかったから、たくさんつくっておけばよかったです。
　ユウタ：もぐらたたきの穴がやぶれたから、やっぱり穴と穴の間に布ガムテープを貼っておいた方がいいと思いました。

　など、当初の目的に照らし合わせたり、相手意識をもったりした振り返りをする子どももいた。

＜考察＞

　「現状に気付き、課題をもつように」「課題解決のために思考を重ね共通理解しながら取り組むことができるように」「話し合い・学び合い・助け合いができるように」ということを意図し、様々な問いかけを必要な時に行ってきた。意図的な問いかけをきっかけに、子どもたちは思考を深め、広げ、課題解決に向けて自己を表現し、全員で協力して取り組んだことへの達成感・満足感・喜び・自己有用感を味わえたのではないかと思う。

第2章　各教科等における論理的思考力・表現力の育成

第1節　生活科教育　－授業デザイン論－

中山玄三・藤本裕人

　本節は，基本的な視座として，教育学部の中山が生活科教育の必然性・必要性の視点から，授業実践を支え基盤となるような理論知の構成を，附属小の藤本が生活科教育の可能性の視点から，授業実践を通した子どもの実態に基づく実践知の構成をそれぞれ行い，双方の知の統合を図ることで「生活科の授業デザイン論」を構築しようとするものである。これまでの学部・附属共同研究により，生活科での論理的思考力・表現力を育成するための授業デザインを考える上で，いくつかの有用な知見や示唆を得ることができた。それらを授業デザイン論としてまとめてみると，「(1)．目標設定と学習活動の構成，(2)．学習指導法，(3)．評価と学習指導の一体化」の3つの視点で整理することができた。ここでは，求められる学習成果と学習方略・教授方略と評価方法の間に，互いに整合性をもたせることに，特に留意した。なお，これら3つの事項のそれぞれについて，中山と藤本が協働で執筆した。

(1)　目標設定と学習活動の構成の視点

　学習とは，本来，経験による思考と行動の変容として捉えられる。生活科での学びの場合，子どもが経験した結果として獲得する見方・考え方・扱い方が，求められる学習成果であり，これが「目標」となる。この「目標」に向かう「手段」となるものが，経験，すなわち子どもの問題解決である。それは，興味の中心に関する「問い」に対して，協働的な体験活動と交流活動を通して，事実や事実の関係性についての「気づき」を表現し，

第2章 各教科等における論理的思考力・表現力の育成（生活科教育）

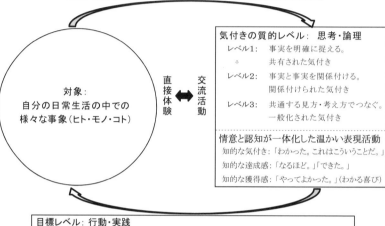

図1 学びの構造モデル（中山）

「気づき」を基に自ら考え，問題をよりよく解決する活動である。一般に，「目標」に向かう「手段」の制約が少なく自由度が高くなるほど，創造的な学びが生起する可能性が高くなる。

　生活科での学びの構造は，図1に示したように，自分自身の日常生活の

中での様々な事象を対象に，直接経験と交流活動を通して，「感覚（見方）⇒思考（考え方）⇒行動（扱い方）」を基盤とした学習経験の拡大と累積と捉えることができる。それは，感覚・感情を中心とした初期レベル，思考・論理を中心とした気づきのレベル，行動・実践を中心とした目標レベルの3つに分けられる。これらの点は，目標設定と学習活動の構成の視点として有用性をもつ。

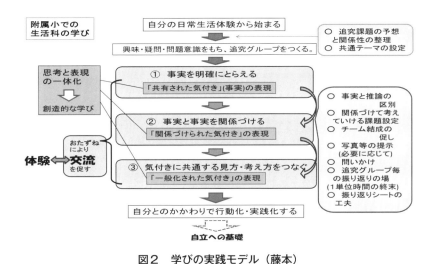

図２　学びの実践モデル（藤本）

　図２は，附属小での生活科の学びを表したものである。それぞれの興味関心から追究活動がスタートし，対象について自分なりの見方をもつ。そして，体験と交流を繰り返して行く中で，第１学年では「事実を明確に捉える」という論理的思考のステップを大切にする。第１学年の半ばでは，「事実を明確に捉える」と「事実と事実を関係づける」を行き来することを大切にし，おおよそ第２学年になると，前述のステップに加えて「気づきに共通する見方・考え方をつなぐ」までのステップアップを目指す。このような論理的思考のステップの中で「共有化された気づき」「関係づけられた気づき」「一般化された気づき」を表現していくことは，思考と表現の

一体化を図っていくことであり，また，附属小の生活科での創造的な学びであると言える。

　また，交流の中で，互いに調べたことの不十分な点・曖昧な点を質問し，みんなで振り返っていく「おたずね」を行っているが，実践を重ねることで，「おたずね」による学び方の発達段階を図3のように整理することができた。

「おたずね」による学び方の発達段階

	1学年	2学年
「おたずね」の仕方	肯定的な受け入れ合い	グループ相互に関係づけて、相互に考える
	「分からないから調べる」という一方的な展開	グループ同士が関係づく課題設定をし、共通テーマに迫る
追究グループの再構成	他グループへの移動、グループの分解	
		グループが協働して再追究する
		グループが合わさり「チーム」を結成する
論理的な思考		事実を明確に捉える
		事実と事実を関係づける
		気付きに共通する見方・考え方をつなぐ

図3　子どもの発達特性（藤本）

　単元構成の際，「直接体験」と「交流活動」を一組の往還サイクルと捉えることで，協働的な学びのプロセスを構造化できる。例えば，附属小での藤本の単元デザインの場合,「体験（3時間）⇒交流：課題設定（3時間）」⇒「体験（2時間）⇒交流：中間発表（6時間）」⇒「体験（3時間）⇒交流：最終発表・振返り（6時間）」の3層から構成された学びの構造をとる。生活科では，とりわけ，このような大単元構想を事前にデザインしておくことが大切である。

　授業構成の際,「問い」と「気づき」を一組の往還サイクルと捉えることで，協働的な学びのプロセスを構造化できる。例えば，附属小での藤本の授業

デザインの場合,「第1サイクル：追及グループによる発表」,「第2サイクル：おたずねによる交流」,「第3サイクル：発表グループとその他のグループ間の交流」,「第4サイクル：発表グループ以外のグループ間の交流」の4層から構成された学びの構造をとる。これらの点は，学習活動の構成の視点として有用性をもつ。

(2) 学習指導法の視点

協働的な学びの局面に応じて，子どもからの「おたずね」では，事実を捉えたり事実と事実を関係付けたりする視点・見方を任意とし，子どもの主体性と選択性に任せること，また，教師による「発問」では，それらの視点・見方を意図的・目的的に焦点化して問うことで，知的な気づき・論理の質的高まりが生起可能である。この点は，教師による教授方略の視点，かつ学習者にとっての学習方略の視点として有用性をもつ。

図4に示したような体験知をネットワーク化するための学習方略の発

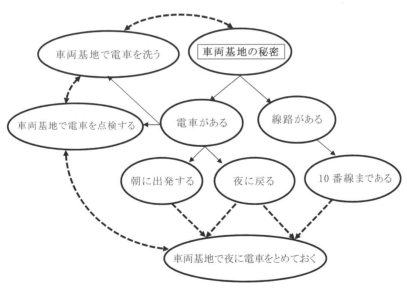

図4　知のネットワーク構造（中山）

達とその使用の機会を提供することが，好ましい条件整備になる。そのための教授方略として，「1) 自由試行，2) 動作化・視覚化，3) 言語化，4) 概略化・視覚化，5) 具体的操作化・言語化，6) 学習方略の例示・メタ認知，7) 省察・再構成」の7つの教授方略が考えられる。この点は，教師による教授方略の視点，かつ学習者にとっての学習方略の視点として有用性をもつ。

教師は子どもがもつであろう追究課題を予想し，それぞれの追究課題の関係性を見出し，共通テーマに迫っていく道筋を整理していくことで教材化を図り学習指導法を工夫していく。ここでは，「駅前の利便性・働いている人々の願い」を共通テーマとした第1学年3学期の単元「たんけんし

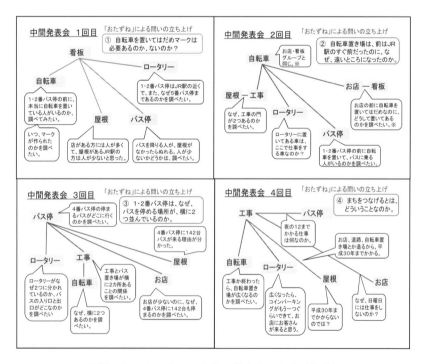

図5　知のネットワーク化・共有化の実際（藤本）

よう！　えきのまち　かみくまもと」の実践事例を取り上げ，7つの追究グループによる中間発表会の様子を図5に示した。

　この授業実践では，「おたずね」により，「豊かな対話」から「協働的な学び」へと高まっていったことが，次の2点から言える。

　1点目は，子どもは始めに興味・関心をもってモノ・コトについて見ていったことが，「おたずね」をすることで，モノ・コトと「人とのかかわり」で見ることができるようになってきたことである。子どもの見方の広がりという点で質的変容が認められ，「学び（経験による見方・考え方の変容）」が質的に高まったと言える。

　2点目は，「おたずね」の1単位時間の終末に，他グループと共通の問いをもつことができるようになってきたことである。自他のかかわりから，いくつかの事実を関係づけた共通の見方をつなぐことができるようになってきている点で，見方に質的変容が認められ，子どもの交流活動が，「豊かな対話」から「協働的な学び」へと質的に高まったと言える。

　授業実践を通して，「共有化」と「おたずね」の質という点で，共通テーマに迫っていくのに子どもがどのような足場を踏んでいくのかについて整理してみた。その中で見えたことが図6の黒矢印で示しているところである。この黒矢印は，実は子どもの学習過程を示している。このことは，単元構成のモデルとして活用できる。

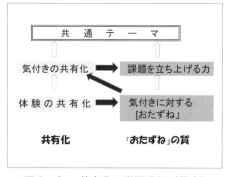

図6　知の共有化の学習過程（藤本）

　一般に，活動による体験知の共有化の場合は，他者の体験を自分でも追体験をすることで，また，思考による知的な気づきの共有化の場合は，自他の気づきを比較することによって互いの共通点を見いだすことで，知の共有化へと学びが質的に高まる可能性がある。

(3) 評価と学習指導の一体化の視点

子どもの気付きを，事実とその間の関係性について「どの事実とどの事実を，どんな見方で，どのように関係づけているか」という点から捉えることができる。そして，気づきの質的高まりは，「1)事実を関係づける方法の変容」，「2)関係付けられた事実に関する内容の変容」，「3)体験知のネットワークを特徴付ける構造」の3つの視点から捉えることができる(図4参照)。

また，気づきは，事実を関係づける方法という点から，3つの質的レベル，すなわち「レベル1：一つ一つの事実を明確に捉えること」，「レベル2：事実と事実を関係づけること」，「レベル3：いくつかの事実を共通する見方・考え方でつなぐこと」で捉えることができる。この点は，主として，教師による評価方法の視点として有用性をもつ。

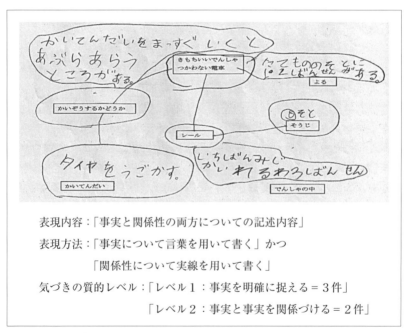

表現内容：「事実と関係性の両方についての記述内容」
表現方法：「事実について言葉を用いて書く」かつ
　　　　　「関係性について実線を用いて書く」
気づきの質的レベル：「レベル1：事実を明確に捉える＝3件」
　　　　　　　　　　「レベル2：事実と事実を関係づける＝2件」

図7　事実と関係性について図や言葉で書くこと（藤本・中山）

小学校低学年の時期に，図7に示した「事実と関係性を図や言葉で書くこと」の最も顕著な特徴は，表現内容と表現方法の両側面において，個人差が大きく発達途上にあるということである。また，この時期の子どもを対象とした評価ツールとしては限界があるとも言える。したがって，体験知をネットワーク化するための学習方略の発達の機会やその学習方略の使用の機会を子どもに提供する学習ツールとして活用することも，好ましい条件整備になる。

　知的な気づき・論理の質的高まりを，表1に示した3つの表現のレベル，すなわち「レベルⅠ：体験した具体的な事実を想起したときの言葉による表現」，「レベルⅡ：具体的な体験的事実と既有体験とが個人の中で結びつき，見直しと再構成が生起したときの言葉による表現」，「レベルⅢ：新たな活動に向けた意欲が顕在化したときの言葉による表現」で捉えることができる。

　小学校低学年の時期に，体験による学びを「言葉で書くこと」の最も顕著な特徴は，授業中の発言等で表現・表出された内容の中から，最も印象深く記憶に残ったことを1〜2件選び，そのままの形で書き写す方略を採るということである。言い換えれば，具体的な体験的事実と既有体験とが個人の中で結びつき，見直しと再構成が生起したときの言葉による表現が，必ずしも表出されにくい。つまり，言葉で書かれた内容が，直接体験と交流活動を通した経験の総体としての学習成果を，必ずしも反映しているものとは限らず，むしろ極めて限定された範囲内の学習成果だけがワークシートに顕在化していると判断した方が妥当かつ適切である。また，この時期の子どもを対象とした評価ツールとしては限界があるとも言える。したがって，まずは，自分が表現したい内容を，身振り手振りなどの動作や具体物などを用いて「言葉で話すこと」から始め，次に，その自分が話した内容を，写真・絵・図・地図・ジオラマなどの立体模型や広用紙に書いた言葉等を用いて表現することへと徐々に移行していき，多様な表現スキルの発達とその使用の機会を提供することが，好ましい条件整備になる。

　また，さらに，振返る活動の十分な時間の確保と体験と省察の往還サイ

クルの充実が必要不可欠となる。この点は，教師による評価方法と教授方略の視点，かつ学習者にとっての学習方略の視点として有用性をもつ。

表1　体験による学びと言葉による表現（中山）

体験による学びの3つの表現のレベル		子どもの説明の中で表出する文末表現
レベルⅠ 体験した具体的事実の想起	(1) 最も印象深かった断片的な事実のみを記載	（体験した事実の一部を記述する）
	(2) 体験内容を時系列で並べたストーリー性のあるもの	（体験した事実を並べて記述する） 〜をした，〜と思った，〜をびっくりした，〜をみつけた
レベルⅡ 既有体験の見直しと再構成	(1) 新たに分かったこと，できたこと	〜がわかった，〜を初めて知った，〜をみつけた，今まで〜と思っていたが〜だった，やっと〜できた，〜できるようになった，何だ〜だったのか，〜と考えた
	(2) まだ疑問や問題として残っていること	まだ〜わからない，もしかしたら〜だろうか，〜かも，どうして〜するのだろうか，なぜ〜だろうか，〜どうなるのだろうか，〜は，どうなっているのだろうか
	(3) もっと知りたい，してみたいこと	もっと〜してみたい，〜を確かめてみたい，〜を調べてみたい，〜を尋ねてみたい
レベルⅢ 行動化へ向けた意欲の顕在化	これから自分はどうするのか	〜しよう，これから〜するつもりだ，これからも続けていきたい，自分も〜してみる，もっと〜していく，〜を使っていきたい，〜に伝えよう，〜に教えよう

文献

中山玄三・藤本裕人（2012・2013・2014）．「生活科分科会報告」熊本大学教育学部編．『学習指導要領シンポジウム報告書』．

第2節　社会科教育

　　　　　　　　　　　　　　　　　藤瀬泰司・西澤　剛・佐伯綱義

(1) **主題設定の理由**

　社会科部会では，「子どもが論理的思考力・表現力を発揮して，身近な当たり前を吟味する社会科授業のデザイン」という研究主題を設定した。このような主題を設定した理由は，「論理的思考力・表現力」という本共同研究の鍵概念を次のような2つの考え方に基づいて定義したからである。

　第1の考え方は，「論理的思考力・表現力」を教科固有ではなく教科共通の概念として捉え，「子どもが三角ロジックを駆使できるようになること」として定義する，というものである。これまでの社会科教育研究は，思考力や表現力を教科固有の概念として捉えた上で，よりよい授業のあり方を提案することが多かった（小原他　2009）。しかしながら，思考力や表現力を教科固有の概念として捉えてしまうと，小中学校の教師は，思考力や表現力の育成に膨大な時間を割かなければならないのではないだろうか。なぜなら，小学校は，国語や算数等，社会科以外の授業も担当しなければならないし，中学校も，学級活動や道徳の時間等，教科以外の授業を担当しなければならないからである。そのため，思考力や表現力を社会科固有の概念として捉えると，その概念を教科や領域ごとに再定義しなければならないため，授業研究に膨大な時間がかかってしまう。そこで，本部会では，「論理的思考力・表現力」を，「子どもが自分の『考え（主張）』をもち，それを確かな『根拠（データ）』に基づいて，『理由づけ』できること」と定義した。このように「論理的思考力・表現力」を教科共通の能力として定義すれば，教科間や領域間で連携して「論理的思考力・表現力」の育成を図ることができるため，思考力や表現力の育成に膨大な時間がか

かってしまうという課題をよりよく回避できよう。

　第2の考え方は，平和で民主的な国家・社会の形成者をよりよく育てるためには，「論理的思考力・表現力」の育成を教育目的ではなく教育方法として定義する必要がある，というものである。小中学校の社会科では，子どもが日頃の生活で身に付けた常識や先入見に関わりなく，地理や歴史に関する用語や語句を教える授業が数多く作られ実践されている。しかしながら，このような授業では，平和で民主的な国家・社会の形成者を育成することは難しい。なぜなら，私たちは，家庭や学校，職場や地域で身に付けた様々な常識や先入見を通して国家や社会の現実を形成しているにも関わらず，それらのあり方を子どもに自覚させたり検討させたりしていないからである。したがって，平和で民主的な国家・社会の形成者をよりよく育成するためには，教師は子どもを取り巻く様々な当たり前を取り上げ，それを吟味させることを教育目標に設定して地理や歴史の授業を構成しなければならない（岡明　1991）。平和で民主的な国家・社会の形成者をよりよく育成しようとすれば，「論理的思考力・表現力」の育成を教育方法に位置づけ，子どもが三角ロジックを駆使することにより身近な当たり前を吟味する社会科授業を構成する必要があるわけである。

　以上のような2つの考え方に基づいて「論理的思考力・表現力」という本共同研究の鍵概念を定義し，本部会の研究主題を設定した。本節では，子どもが論理的思考力・表現力を発揮して身近な当たり前を吟味する社会科授業の論理と実際を明らかにしよう。

(2) 子どもが論理的思考力・表現力を発揮して，身近な当たり前を吟味する社会科授業の論理

　結論を先取りして述べると，子どもが論理的思考力・表現力を発揮して身近な当たり前を吟味する社会科授業は，次の2つの原理に基づいて構成する。第1の原理は，授業を課題探究学習として組織しなければならない，というものである。授業を課題探究学習として組織すれば，子どもは三角ロジックを使用せざるを得ない。課題に対する回答を自分の意見として発

表しなければならないし，その考えが正しいことを証明するためには，根拠となる資料を探し説得力のある理由づけを考えなければならない。授業全体を課題探究学習として組織すれば，子どもに三角ロジックを駆使させることができるため，論理的思考力・表現力をよりよく育成することができるわけである。第2の原理は，子どもが既に身に付けている常識や先入見に依拠しない探究過程を組織しなければならない，というものである。授業全体を課題探究学習として組織すれば，子どもは既存の常識や先入見に基づいて答えを予想し，その答えを裏付ける資料を探すことになろう。そのため，この場合，子どもは，身近な当たり前を吟味するどころか，それらを維持・強化することになってしまう。したがって，子どもに既存の常識や先入見を自覚させ検討させるためには，その常識や先入見では説明できない事実を示したり，それらと矛盾する資料を提示したりしなければならない。そうすれば，子どもは，既存の常識や先入見に基づかない答えを考え，それを裏付ける資料を探すことができよう。子どもは，既存の常識や先入見に即して課題の探究を行うことが多いため，こうした既知の情報に依拠しない探究過程を教師が組織してはじめて，子どもに身近な当たり前をよりよく吟味させることができるわけである。以上のような2つの原理に基づいて次頁の資料1「地域の発展に尽くした先人－犬童球渓－」という小学校社会科の単元を構想した。この単元計画を手がかりにして，子どもが論理的思考力・表現力を発揮して身近な当たり前を吟味する社会科授業の論理を具体的に説明しよう。

　「地域の発展に尽くした先人－犬童球渓－」という単元は3つの段階で構成されている。第1段階は「課題の設定」である。この段階では，犬童球渓が作った「旅愁」と「故郷の廃家」のCDを視聴させたり，これらの唱歌を作った新潟の女学校に勤務していた頃の写真を見せたりして，「犬童球渓はなぜ『旅愁』や『故郷の廃家』を作ることができたのだろうか」という学習課題を設定する。

資料1　小学校社会科「地域の発展に尽くした先人－犬童球渓－」の単元構想

段階		教師の主な教授活動	時間	子どもの反応や習得させたい知識
課題の設定		① 「旅愁」や「故郷の廃家」のCDを聞かせ犬童球渓の写真を提示して，学習課題を設定する。	2	1 「犬童球渓はなぜ『旅愁』や『故郷の廃家』を作ることができたのだろうか」という学習課題を把握する。
課題の探究	身近な当たり前に依拠する探究	② 学習課題に対する答えを，紹介パンフレットや副読本を使って予想・調査・発表させる。	3	2 「文才楽才があったから」「郷土思いだったから」「努力家だったから」等，球渓個人の資質に注目して学習課題の答えを予想し調べるだろう。
	身近な当たり前に依拠しない探究	③ 当時洋楽に日本語の歌詞を付した唱歌が数多く作られた事実を紹介し「球渓が生まれる以前に努力家はいなかったのか」という問いを考えさせる。	3	3 「『旅愁』と同じような曲が当時たくさん生まれたのはなぜか」「なぜそれ以前には生まれなかったのか」という問いを抱き，調べたことだけでは説明不足であることを実感する。
		④ 「当時，洋楽に日本語の歌詞を付けた唱歌が生まれたのはなぜか」という問いの答えを調査・発表させる。		4 明治政府が日本を西欧化して国民の自覚を培うために行った文化・教育政策の結果，唱歌が誕生したことを把握する。
探究のまとめ		⑤ 単元の学習課題に関する答えを個人の資質と時代背景の2点からまとめさせ，球渓が地域に与えた影響を考えさせる。	2	5 「球渓の努力もすごいけど，政府の影響も大きいな」「政府の影響もあるけど，球渓の作る歌詞はやっぱりすばらしい」

第2段階は「課題の探究」である。この段階は「身近な当たり前に依拠する探究」と「身近な当たり前に依拠しない探究」という2つのパートから成っている。まず，前半のパートでは，子どもたちが日頃，社会科で使用している副読本や人吉市が発行している犬童球渓の紹介パンフレットなどを使って，学習課題の答えを予想・調査・発表する。子どもたちの多くは，「球渓に文才・楽才があったから」「球渓が努力家だったから」「球渓が郷土思いだったから」等，個人の資質に注目して学習課題の答えを予想し，それを裏付ける事実を探す可能性が高い。なぜなら，歌手やスポーツ選手の活躍をテレビやネットで毎日見ている子どもたちは，「芸術やスポーツの世界では個人の努力と才能がものをいう」という常識を形成していると考えられるからである。このように，「課題の探究」の前半パートは，子どもたちが日頃培っている常識や先入見に基づいて課題の答えを予想させ，それを裏付ける事実を探させることによって，子どもたちが身近な当たり前を頼りにして三角ロジックを駆使するパートなのである。

　「課題の探究」の後半パートでは，まず，子どもたちが調べたことだけでは学習課題を十分に解決できないことを実感させなければならない。例えば，「旅愁」や「故郷の廃家」だけでなく，「蛍の光」「仰げば尊し」等，洋楽に日本語の歌詞を付した唱歌が明治・大正時代に数多く作られた事実を提示したり，「球渓が生まれる以前には楽才がある人や努力家はいなかったのか」という問いを投げかけたりする必要があろう。そうすれば，子どもたちは，球渓のもつ個人的な資質だけでは学習課題を説明し尽くせないことを実感して，「球渓が活躍した時代には，なぜ洋楽に日本語の歌詞を付した唱歌がたくさん誕生したのだろうか」という疑問を抱くことになろう。そして，この疑問は，子どもがもっている既存の常識や先入見だけでは解決できないので，子どもたちは，保護者に尋ねたり，図書室で文献や百科事典を調べたり，インターネットで調べたりすることになろう。そして，こうした調べ活動の結果，唱歌が誕生した背景には，明治政府が日本を西欧化するとともに，日本人の国民意識を高めるという教育・文化政策の影響があったことに気づき驚くことになろ

う（奥中 2008；前田 2010；山東 2008）。このように，「課題の探究」の後半パートは，子どもたちが身に付けている常識や先入見に依拠しない学習課題の答えを考えさせ，それを裏付ける事実を調査させることによって，子どもたちが身近な当たり前を頼りとせずに三角ロジックを駆使するパートなのである。

第3段階は「探究のまとめ」である。この段階では，単元の学習課題の答えについて犬童球渓の個人的資質と彼が生きた時代背景の2点から文章を作らせ，最後に彼が地域に与えた影響について考えさせる。唱歌を生み出した明治政府の政策に強い衝撃を受けた子どもの作文や，逆に時代の力の大きさを認めつつも球渓の才能や努力に尊敬の念を抱く子どもの作文などが見られることを期待したい。

以上のように，子どもが論理的思考力・表現力を発揮して身近な当たり前を吟味する社会科授業とは，身近な当たり前に依拠する探究から身近な当たり前に依拠しない探究へと子どもが使用する三角ロジックの質を段階的に高めることによって，論理的思考力・表現力の育成と民主的な国家・社会の形成者の育成の両立をめざす社会科授業論である。次項以降では，小学校と中学校の取組を具体的に示して，この授業論の妥当性を実験的実証的に吟味しよう。

(3) 子どもが論理的思考力・表現力を発揮して，身近な当たり前を吟味する社会科授業の実際
① 小学校の取組－単元「武家政治の始まり」の場合－
ア　単元の全体計画
本単元は，源頼朝が平家打倒の兵を挙げたころから鎌倉に幕府が置かれたころまでの時期のうち，源平の戦い，鎌倉幕府の始まり，元との戦いの三つの歴史的事象を取り上げ，これらを具体的に調べることを通して，武士による政治が始まったことが分かるようにすることをねらいとしている。そこで，本単元では源平の戦いから幕府成立までの歴史的事象を取り上げる中で，平清盛，源義経，源頼朝の3人の武将の功績を比較する単元

を構成した。

　平安時代後期，源氏・平氏が力を強める中，平家が政治の中核を担うようになる。しかし，それは貴族の政治と同じものだったため，源頼朝を中心とする東国の武士が立ち上がり，平家の政権を倒すことになる。源平合戦は，貴族中心の政治の限界と武士の政治の始まりを象徴する出来事であり，この時代の変革を理解する鍵になるものである。

　また，源平合戦に勝利した頼朝は，京都に呼ばれ朝廷から権大納言，右近衛大将の位を授かる。権大納言は政治に参加できる位，右近衛大将は天皇を守る位であり，どちらも上級貴族しかなれない位である。頼朝は，武士としては珍しい位を授かるのだが，すぐに返上し鎌倉に戻ってしまう。政治に影響を及ぼす権限が欲しかったわけでなく，御恩と奉公を確立し自分たちの土地を持つという武士の願いを実現することに，頼朝のねらいがあったのである。そのためにも，自分の土地鎌倉に帰り，そこで自分を担ぎあげた武士たちと結びつきを強める必要があったのである。

　源平合戦や3人の武将の功績だけを見るのではなく，貴族政治から武家政治に変わった大きな社会の変革と関係付けてそれらの出来事や功績を見ていくことで，御恩と奉公のしくみの確立により武家政権が誕生したことが本当に分かってくるのである。

　以上のような問題意識のもと，資料2のような単元計画を作成し実践を行った（井沢　2013；本郷　2012；山本　2013）。

資料2　単元「武家政治の始まり」の全体計画

段階	教師の主な教授活動	時間	子どもの反応や習得させたい知識
課題の設定	① 朝廷に近づいた藤原氏や平氏と違い，頼朝は都から離れた鎌倉に幕府を開いた事実を提示し学習課題を設定する。	3	① 「藤原氏や平清盛は都で権力を強めたのに，なぜ源頼朝は，鎌倉に幕府を開いたのだろう」という学習課題を把握する。
	② 学習課題に対する答えを，教科書や資料集を使って予	3	② 「貴族や天皇から離れて政治をしたいから」「鎌倉は海

課題の探究	想・調査・発表させる。	3	や山に囲まれ守りやすい土地だから」等，朝廷との関係，地形的特徴などに注目して学習課題の答えを予想し調査するだろう。
課題の探究	③ 源平合戦での，頼朝と義経の確執に着目させ，「頼朝はなぜ，大活躍した義経の謝罪を受け入れなかったのだろう」という課題を設定する。 ④ 「頼朝はなぜ，大活躍した義経の謝罪を受け入れなかったのだろう」という課題の答えを調査・発表させる。	3	③ 朝廷から官位を授かった弟・義経が頼朝に宛てた手紙を提示しその思いに触れさせ，頼朝の行為に問いをもつ。 ④ 頼朝が授かった征夷大将軍と，義経が授かった検非違使の違いを考えさせることで，朝廷の影響を受けず土地を所有することをめざしたことを把握する。
探究のまとめ	⑤ 単元の学習課題に関する答えを頼朝や義経，武士たちの思いという視点と，当時武士が置かれている立場という視点から振り返らせる。	2	⑤ 「朝廷と距離を置くためにどんなに低い位でも天皇から直接授かることを許さなかったんだ」「自分の土地を認めてもらうという武士の願いに応えるために，頼朝は義経の行為を許さなかったんだ」などと振り返る。

イ　単元の授業展開

あ)「課題の設定」の場面

　まず，朝廷支配に不満をもった武士の立場から追究すると子どもたちは共感的に追究できるであろうと考えた。政治に不満をもつ武士の立場，そこから生まれた平家政権の立場，また平家政権に不満をもつ武士というように，様々な人の立場から子どもたちは追究していくものと考えられるからである。

　そこで，単元の最初に藤原氏や平清盛が朝廷との距離を縮めて政治を動かしていったことをおさえた後に，源頼朝が都から離れた鎌倉に幕府を開いた事実を提示し「藤原氏や平清盛は都で権力を強めたのに，なぜ源頼朝は鎌倉に幕府を開いたのだろう」という学習課題を設定した。子どもたち

は以下のように反応した。

> けんじ：鎌倉は一方が海，三方が山という守りやすい地形だったから。
> 　　　　都の近くでも得することは何もないから。
> ゆうじ：朝廷から征夷大将軍という高い位に任命されたから
> てった：天皇から離れて一人で政治を行いたかったから。
> みちる：藤原氏のまねばかりだと，またみんなに何か言われると思ったから。
> ななみ：御恩と奉公で家来の武士をまとめて結びつきを強めたいから

　子どもたちは，朝廷と距離を取った意図を十分捉えていない。そこで，源平合戦での頼朝と義経の関係や平清盛との違いに着目しながら追究させ，朝廷に近づいた藤原氏や平家の政治とは違い，朝廷と距離を取り，自分たちの土地を守るために御恩と奉公のしくみを確立していったことを捉えさせたいと考えた。

　い）「課題の探究」の場面

　源平合戦の際，活躍した義経の指示を聞かないように頼朝が家来に指示した事実に疑問を持つ子どもたちは，義経と頼朝の関係に着目し始めた。

> なぎ　：頼朝と義経は協力して平氏を倒したのに，なんで，義経の指示に従わないように指示したの？
> りゅう：それは，義経が朝廷から官位をもらったからだよ。それに怒って……

　班で年表を見合う中での話である。なぎさんが活躍した義経が追われる身になってしまったことに疑問を抱いている。この疑問を子どもたちに投げかけると，以下のように反応した。

> なぎ　：分からない。だって同じ仲間なのに指示に従わないようにするのはおかしい。もし義経がいなかったら壇ノ浦で負けていたぐらいなのに。
> じょう：義経の活躍が気にくわなかったから。
> しゅん：義経が法皇から位や使命をうけたりしたから，義経をねたんだ。
> けんた：義経が法皇より検非違使任命を受け，その事に対して頼朝が義経に怒ったから。

> けんじ：義経が活躍したので念願の征夷大将軍の座を奪われそうだったから。

　義経が頼朝に追われる身になってしまったことについて，多くの子どもたちが「ねたみ」のような心情的なことを理由に挙げている。だから，武士中心の政治を目指す頼朝の真意に迫らせたいと考えた。
　そこで，「頼朝はなぜ，大活躍した義経の謝罪を受け入れなかったのだろう」と課題を設定し，年表をもとに話し合わせた。

> りかこ：義経に追いこされて従ったりしないといけなくなるから。
> けんじ：どっちかと言えば頑張ったのは義経のほうなので，嫉妬した。
> しゅん：多分，相談せずに位をもらったから。この時，頼朝は武士による政治を目指していたんだと思います。
> まさと：頼朝が欲しい征夷大将軍を取られるかもしれないよね。

　嫉妬やねたみという意見が出る中，まさと君は征夷大将軍という位に着目した。ここで，頼朝も朝廷から位をもらっているという事実を取り上げ，2人が授かった官位の比較をもとにして，課題について考えさせた。

> しゅん：検非違使は貴族を守る位で，それをもらえば貴族中心の政治に近づくことになるから追放した。頼朝は武士中心の政治をしたかったんだよ。
> あさひ：義経が検非違使についたってことは頼朝を裏切ったっていうことになってしまうと考えたんじゃないかな。
> さやか：貴族を守るってことは武士がその下につくってことで，武士の自由を奪ってしまう。それが嫌で頼朝は貴族を守る官位をもらわなかった。

　このような官位の比較（次頁の資料3）と年表の関連付けをもとにした対話を通して，位をもらったことは同じでも，朝廷よりの位をもらってしまった義経，朝廷とは距離を置き，自分たちの土地は自分で治める武家政治を目指した頼朝の姿を，子どもたちは捉えていった。

資料3　頼朝と義経が授かった官位の比較

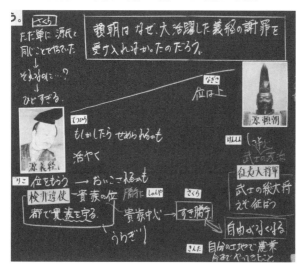

う）「課題のまとめ」の場面

以下のような学習のまとめが見られた。

> みらい：もともと武士がもっていた土地を支配する権利を認めてもらい，武士が思い通りにできるような政治を目指した。
> みらい：頼朝は有力農民や武士の自由のために関東を支配し，武士たちをしめつけず自由のある政治をしたかった。

　武士が単に武力で政治の中心に立ったのではなく，自分たちの土地を自分たちで治めることが目的で，それを守るために御恩と奉公のしくみなど確立されていったことを子どもたちは捉えたのである。

ウ　実践を振り返って

　頼朝と義経の確執は子どもにとって理解しがたい事実であり，ここに焦点を当て資料をもとに話し合わせたことは，武家政治のはじまりを捉えるために効果的であった。ただ，この課題を追究する上でどうしても感情論から抜け出せない子どもがいたことも事実である。資料をどのように見せていくか，何に着目させ，子どもたちの視点を転換していくかが今後の課題である。

② 中学校の取組－授業「廃藩置県」の場合－
ア 授業「廃藩置県」を開発した理由

　小単元「廃藩置県」を開発した理由は，明治時代を江戸時代と断絶した時代ではなく連続した時代として生徒に捉えさせたいからである。

　中学校の近代史学習の授業では，様々な出来事を国外情勢との関連で扱うことが多い。とりわけ，明治維新の授業では，その傾向が強い。例えば，「欧米列強に追いつくために明治政府が様々な改革を行った」という明治維新の教え方は，その典型であろう。しかしながら，国外情勢を殊更に強調して明治時代を教える授業作りの方法には，問題があるのではないだろうか。なぜなら，そのような教え方をする結果，明治時代を江戸時代とは全く異なる時代として捉える誤解を生徒に与える危険性が高いからである。国外情勢を強調する近代史授業作りの方法では，前近代史と連続した時代として近代史を捉えさせることが難しくなってしまうわけである。

　こうした近代史学習の問題点を克服するには，近代史上の出来事を国外情勢だけでなく国内情勢との関わりの中で理解させていく必要があろう。そうすれば，近代史を前近代史と連続した時代として生徒に理解させることができるのではないだろうか。今回，取り上げる廃藩置県という出来事を例にして，このことを考えてみよう。一般的な廃藩置県の授業では，「中央集権国家を建設するために，藩を廃止して府県を設置した」ということを生徒に学習させるため，政治体制が江戸時代とは全く異なる時代として明治時代を理解させる結果になっている。しかしながら，この出来事を藩主の立場から捉え直してみると，「廃藩置県で権力を失うにもかかわらず，なぜ藩主はその政策を素直に受け入れたのだろうか」という疑問が生じる。そして，この疑問を追究すると，戊辰戦争の戦費などで全国各地の藩の財政が極めて苦しかったこと，藩主を華族に編入して封建制の廃止を明治政府が図ったことなどがあったことが見えてくる。廃藩置県という出来事を当時の国内情勢との関連で追究する授業を作ると，旧藩主から明治政府に突然権力が移行したのではなく，漸次的に権力が移行したことを生徒によりよく理解させることができるわけである。

以上のような問題意識のもと，国外情勢ではなく，国内情勢に着目して廃藩置県を教える中学校歴史学習の授業モデルを開発した。

イ　授業「廃藩置県」の展開

開発した授業「廃藩置県」の展開は，資料4のように示すことができる（勝田　2000；松尾　1986）。

資料4　授業「藩主が素直に廃藩置県を受け入れたのはなぜか」の展開

過程	教師の主な教授活動	生徒に習得させたい知識
導入 15分	○「廃藩置県が行われると藩主は力を失うのに，なぜ素直に受け入れたのだろうか」という学習課題を設定する。	○「反抗しても明治政府に勝てないと思ったから」「藩主がやめさせられることを実感していなかったから」等と予想する。
展開 30分	① 資料1「島津久光に対し，5万石の家禄（給料）とし，従2位に叙勲したように，各藩主を東京に住まわせ華族とし，地位と家禄を保障した」から学習課題の答えを考えさせる。	① 華族制度を設けることによって，藩主の身分と給料が政府によって保障されたからである。
	② 資料2「戊辰戦争で諸藩の借金の平均は実収入の約3倍。特に小藩は約3.6倍」から学習課題の答えを考えさせる。	② 戊辰戦争の影響が大きく，各藩はほとんどが借金しており，藩の運営をすることができなかったからである。
	③ 資料3「反政府運動に対抗できる政府の直轄軍8000名の存在」から学習課題の答えを考えさせる。	③ 政府は本気で戦うつもりであり，また，各藩は財政難により政府に反抗できる状態ではなかったからである。
	④ 資料4「福井藩のお雇い外国人の手紙と細川藩主の辞職願」から学習課題の答えを考えさせる。	④ 藩主は，自分の領地や地位のこと以上に，日本の行く末を願っていたからである。
終結 5分	○ 本時の授業を踏まえて，学習課題に対する答えをまとめさせる。	○ 藩主が廃藩置県を素直に受け入れた理由は，①身分と給料の保障，②戊辰戦争による財政難，③新政府の軍事力，④日本の行く末を思う気概，の4つである。

「導入」では学習課題を設定する。「廃藩置県は何のために行われたか」「中央集権とは何か。国語辞典で意味を確かめてみよう」「中央集権の反対語は何か」「江戸時代の仕組みは中央集権的だったか，それとも地方分権的だったか」等といった問いを投げかけ，小学校の時に学習した廃藩置県のイメージを表出させる。その上で，伊藤博文の「封建制度（廃藩置県）は一個の弾丸も放たず，一滴の血をなさずして，１年以内に撤廃せられたり」という言葉を提示して，「廃藩置県が行われると藩主は力を失うのに，なぜ藩主は素直に受け入れたのだろうか」という本時の学習課題を設定する。そして，この学習課題に対する答えを生徒に予想させる。おそらく，生徒たちは，「明治政府に抵抗する力はもはやなかったから」「廃藩置県の意味を知らなかったから」「藩主がやめさせられることを実感していなかったから」などを挙げるであろう。

「展開」では，資料１から資料４の４つの資料を通して学習課題の答えを生徒に考えさせる。「展開１」では資料１として「島津久光に対し，５万石の家禄（給料）とし，従２位に叙勲したように，各藩主を東京に住まわせ華族とし，地位と家禄を保障した」を提示する。生徒はこの資料を活用して「藩主は島津久光のように華族になって地位が保障されていた」ことや「藩主は家禄も保障されていた」ことを読み取るであろう。資料１を提示することで，藩主の地位と家禄が政府によって保障されたことを理解させるわけである。

「展開２」では資料２として「戊辰戦争で諸藩の借金の平均は実収入の約３倍。特に小藩は3.6倍。財政悪化で城は無用なものであり取り壊したいと願う藩も出てきた。また，朝敵であった長岡藩は藩士に俸禄を払うことができなかった。つまり，藩の維持そのものができない藩もあった」を提示する。生徒はこの資料を活用して「各藩の財政が厳しかった。特に小藩はとても厳しい」こと，「戊辰戦争の影響は各藩にはとても財政面で大きかった」こと，「お城を取り壊したり，藩士に俸禄を払えなかったりするほどの財政状況で藩を維持することもできなかった」ことを読み取るであろう。資料２を提示することで，戊辰戦争の影響により藩を維持できな

いほどの財政悪化の状況に陥っていたことを理解させるわけである。

「展開3」では資料3として「反政府運動に対抗できる強力な政府の直轄軍8000名を政府は持っている」を提示する。生徒はこの資料を活用して「政府軍は本気で戦うつもりでいる」ことや「戊辰戦争で圧倒的な力を見せつけた政府軍に対して藩の勝ち目はない」ことを読み取るであろう。また，この資料と資料2を関連付けて「各藩とも藩士に家禄を支払えないほど財政が悪化しており，政府軍と戦う余裕もない」ことを読み取る生徒もいよう。資料3を提示することで，政府側は本気で戦う覚悟であったことと各藩は戦える状況ではなかったことを理解させるわけである。

「展開4」では資料4として2つ用意した。1つめは「天皇の命令を褒めている。それは福井のためでなく，国のために必要なことで国情の変化と時代の要求である。これからの日本はあなたの国イギリスのような国々の仲間入りができる。と福井藩の武士の中に異口同音に語った者までいた」（グリフィスの日記）である。2つめは「政府の権力を確立するためには官制の簡素化とともに人材登用が必要。そして特に各藩の知藩事が門閥層から任じていることが人材登用を阻んでいる。これを打破するために率先して自ら辞職し，賢才を抜擢してほしい」（熊本藩主細川護久の知藩事辞職願）である。生徒はこの資料を活用して「武士が廃藩置県という天皇の命令を褒めている」こと，「イギリスの仲間入りができると武士が述べている」こと，「政府権力の確立のために藩主が自ら知藩事を辞めると願い出ている」ことを読み取るであろう。資料4を提示することで，藩主や武士の中に自分の領地内のことだけではなく，これからの日本の行く末を考えていた者がいたことを理解させるわけである。

「終結」では，「展開」で生徒に理解させたことをもとに，「廃藩置県が行われると藩主の力がなくなるのに，なぜ藩主は素直に受け入れたのだろうか」という学習課題の答えをまとめさせる。「展開1」からは藩主を辞めさせられても華族としての地位と家禄を保障されたため廃藩置県を受け入れたこと，「展開2」からは戊辰戦争により財政悪化となり，藩主は藩を維持することが困難であったため廃藩置県を受け入れたこと，「展開3」

からは政府軍は本気で戦う気持ちがあり，戦ったとしても勝ち目もなく，それ以上に藩が戦う状況でもないと考えたため藩主は廃藩置県を受け入れたこと，「展開4」からは藩主は自分の領地内のことだけでなく，これからの日本の行く末を考えており近代国家としての日本を創り上げていくために廃藩置県を受け入れたこと，の4つがわかろう。

　以上のように，廃藩置県を藩の状況を中心に当時の国内情勢との関連で追究する授業を構想した。本授業の「展開1」から「展開4」のように資料を読み解きながら授業を行えば，廃藩置県を契機にして旧藩主から明治政府に権力が漸次的に移行したことを生徒自らが探究し，よりよく理解できると考えた。このような視点で授業を構想していけば，明治時代を江戸時代と断絶した時代ではなく連続した時代として生徒に捉えさせることができるであろう。また，これは明治時代だけでなく，ある時代からある時代へ変わるときにこのような視点で授業を構想すれば連続した時代として生徒に捉えさせることが可能であろう。

(4) 研究の成果と課題

　本節では，子どもに論理的思考力・表現力を発揮させて，身近な当たり前を吟味させる社会科授業を作るためには，どうすればよいか，という問いに答えるために，小学校社会科の単元モデルを提示するとともに，附属小中学校の取組を紹介した。「論理的思考力・表現力育成のためのカリキュラム開発」という附属学校園の研究主題からみた場合，本研究の成果と課題は次の通りである。

　研究の成果は，附属小学校及び附属中学校の社会科担当者が，子どもが身近な当たり前を吟味する社会科授業作りという共通テーマを掲げて授業研究に取り組んだことである。附属小学校の取組では，頼朝の嫉妬心によって生じた事件として子どもが思わず理解してしまいそうな，源平合戦における頼朝と義経の確執を教材に取り上げ，それを貴族の世か武士の世かという時代選択をめぐる争いとして理解させる授業が作られ実践されていた。また，附属中学校の取組では，武士の世とは全く異なる時代の幕開

けという生徒の明治時代観に揺さぶりをかけるために，国外事情ではなく国内事情に注目して廃藩置県の教材化を行い，旧藩主から明治政府に権力が徐々に移行する様子を理解させる授業が作られていた。子どもが身近な当たり前を吟味する社会科授業作りという共通テーマを掲げて授業研究に取り組んだことは，小学校と中学校を一貫する社会科カリキュラムを開発する上で極めて大きな意義がある。

　研究の課題は，子どもが論理的思考力・表現力を発揮して，身近な当たり前を吟味する中学校社会科の単元モデルを提示できなかったことである。附属小学校の取組では子どもが身近な当たり前を吟味する社会科授業が単元レベルで示されたが，附属中学校の取組では授業が単元レベルではなく1時間レベルでしか提示されなかった。中学校の取組が単元レベルで提示されなかった大きな要因は，中学校社会科の単元モデルを提起できなかったことにあるのではないだろうか。カリキュラムを開発する場合，どのような単元をいくつ構成し，それをどのように配列するか考えなければならないため，社会科授業の具体像を単元レベルで示すことが必要不可欠となる。今後は，子どもが身近な当たり前を吟味する中学校社会科の単元モデルを作成し，小学校だけでなく，中学校の取組をより充実させることで，小中一貫カリキュラムの開発に取り組んでいきたい。

参考文献
井沢元彦（2013）『日本史の授業3』PHP研究所
岡明秀忠（1991）「対抗社会化（countersocialization）をめざす社会科—F・M・ニューマンの場合—」『教育学研究紀要』第37巻第2部，pp.178-183
奥中康人（2008）『国家と音楽—伊澤修二がめざした日本近代—』春秋社
勝田政治（2000）『廃藩置県「明治国家」が生まれた日』講談社メチエ
小原友行編著（2009）『思考力・判断力・表現力をつける社会科授業デザイン中学校編』明治図書
山東功（2008）『唱歌と国語—明治近代化の装置—』講談社メチエ
本郷和人（2012）『"武士の世"の幕開け』NHK出版
前田紘二（2010）『明治の音楽教育とその背景』竹林館
松尾正人（1986）『廃藩置県』中公新書

第2章　各教科等における論理的思考力・表現力の育成（社会科教育）

山本博文（2013）『歴史をつかむ技法』新潮文庫

第3節　算数・数学科教育

佐々祐之・山本信也・余宮忠義・水上洋平・増藤孝成
宮脇真一・日方和光・坂口隆義・澤田昌宏・松永憲治

(1) 算数・数学科における論理的思考力・表現力育成のためのカリキュラムデザイン

　算数・数学科では，これまでの学習指導要領シンポジウムでの分科会を通して，小中連携による論理的思考力・表現力育成のカリキュラムデザインを模索してきた。それぞれの学校段階における学習環境デザインをベースに算数・数学科における論理的思考力・表現力とはどのようなものか，また，それらの力を育成するためには，どのような段階的なカリキュラムデザインが必要なのか，そのような課題意識に立ってこれまで研究を進めてきたと言える。

　本節では，特に第3回の学習指導要領シンポジウムで附属小学校，附属中学校から提案していただいたカリキュラムデザインの基本的な考え方を紹介するとともに，論理的思考力・表現力の育成に向けて，小学校中学校に共通する算数・数学科の教科特性を抽出し，小中連携カリキュラムデザインの構想を示すこととする。

① 附属小学校からの提案

　附属小学校ではこれまでの研究において，児童が学習活動において用いる「表現」を重視した学習環境のデザインと学習指導の工夫が行ってきている。ここでは，そのようなこれまでの取り組みを通して見えてきた，論理的思考力と表現力との関係を示すとともに，それらの力を育む具体的な学習指導上の工夫を提示した上で，論理的思考力・表現力育成のためのカリキュラムデザインの枠組みを提案することとする。

ア 「論理的に思考すること」と「表現すること」

　子どもたちが知識や技能を獲得していく際に，問題解決の手がかりとな

るものが表現である。子どもたちは自分なりの納得へ向けて問いを解決しようとするときに，様々な表現媒体を使って思考する。つまり，「論理的に思考すること」と「表現すること」は，表裏一体なのである。子どもたちは問題解決にあたり，どの表現媒体を使うと分かりやすいのか，どの表現媒体で説明すると相手が分かってくれるのか，一番分かりやすい表現媒体を使う。

　また，表現媒体は双方につながっており，異なる表現への変換や相互の関連づけを行うことにより，事象が一般化され，子どもたちはよりよく学習内容をつかんでいく。

　さらに，算数の学習では，学習内容とともに学び方や解決の仕方などの学習態度も獲得する。問題解決の糸口となった友だちの表現に着目することで，学び方を振り返ることができるのである。

　　イ　カリキュラムデザインにおける指導の工夫
表現媒体の工夫
　子どもたちは，問題解決をする際に表現媒体を用いて言語活動を行う。表現媒体を用いさせることで，他者と自分の相違点が明らかになるだけではなく，一人ひとりの子どもの思考そのものが明らかになるのである。表現媒体を介して明らかになった一人ひとりの思考そのものを協同で且つ論理的に見つめ直すことができるようにするため，図や式などの表現を具体的な場面と結びつけていく。

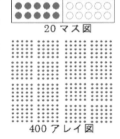

　アレイ図を例に挙げる。1年生の子どもたちは，20マス図を使って，10と10で20，20は18と2など，数を合成したり分解したりして数を数えていく。また，たし算やひき算をする際に，10のまとまりを作って10といくつとして数える。20マス図を使うことによって，視覚的に数の大きさをとらえることができ，正確に数を数えることができるようになる。400アレイ図は，100や10のまとまりを視覚的にとらえやすいという特徴がある。

　2年生では400アレイ図を使ってかけ算の理解を図っていく。縦をかけ

られる数，横をかける数と見なして，同数累加の考え方で積を求めることができるのである。

　中学年では2桁×2桁のかけ算を学習する。その際，このアレイ図を使って2桁×2桁のかけ算を行うことで，十進位取り記数法や乗法九九などを基に新しい筆算の方法を考えることができる。また，説明したり，計算の確かめをしたりするときにもアレイ図を使うことで，数の大きさをとらえやすくなり，実感を伴った理解につながる。

　高学年では，アレイ図を他の場面で生かしていく。例えば，比例の関係を考察したり，拡大縮小で用いて数が大きくなっていることを実感したり，かけ算の適用範囲を拡げていったりする。このように表現媒体の活用の仕方を工夫することで，子どもたちが論理的に思考し表現することにつながっていく。

飛躍やねじれを解消するための工夫

　子どもたちは問題解決を行い，分かったことを一般化してとらえていく。しかし，問題解決によって一つの事象を解決したに過ぎず，「ほかの数でもいえるのか」「ほかの場合にも同じことが言えるのか」などについて検討されていない。そこで，「What if not～？（視点を変えるとどうなるのか，状況を変えるとどうなるのか）」と視点や状況を意図的に変化させることで，分かったことの一般化を促していく。そのために表現媒体を変えたり，数値を変えたりして筋道立てて考え，飛躍やねじれが解消されていくのである。

わたしの分かり方の振り返りを促す工夫

　授業の終末には，学習内容を振り返るとともに，問題解決の糸口になった考えや，納得した理由をことばでまとめさせる。自分の考えのどこを修正していったのか，友達の考えのどこがよかったのか振り返ることで，分かったことやよく分からなかったことを整理していく。子どもたちは内容を振り返るとともに，学習態度を身に付けていく。

　さらに単元終末には単元レポートを書く時間を設定する。単元レポートではどのようにして問題が解決されていったのか，問題解決の場面の板書

や表現媒体を提示することで振り返る。自分がどのような表現媒体で理解していったのか，だれの考えが分からなかったのか，だれとつながり，どう学んでいったのかを記述する。子どもたちは問題解決するための学び方を身に付けていく。

　ウ　小学校段階におけるカリキュラムデザインの枠組み
　前述したような学習指導の工夫を通して，各学年段階における児童の特性等を踏まえ，「表現」という視点から考えると，算数科における論理的思考力・表現力育成のためのカリキュラムの枠組みとしては，例えば以下のようなものが考えられる。

表1：小学校段階におけるカリキュラムデザインの枠組み

視点＼学年	表現媒体の工夫（アレイ図の活用）	視点や状況を変える	単元レポートの内容
低学年	20マス図で数える 400アレイ図で数える	教師が視点や状況を変える	おうちの人に学習内容を伝える。……新聞作り
中学年	400アレイ図で説明する		
高学年	400アレイ図を他の場面に生かす	教師だけでなく，子どもたちから視点や状況を変えることがある	友達に学習した内容を活用して，新たなものを作る。……提案書作り，ゲーム作りなど

　低学年，中学年，高学年という段階に沿って，思考活動で用いる表現媒体が変化するとともに，低学年から中学年段階では教師が視点や状況を変える役割を担っているのに対して，中学年から高学年にかけて徐々に子ども自らが視点や状況を変えて考える活動を行うようになってくることが伺える。

　②　附属中学校からの提案
　附属中学校では，これまでレポート作成の活動を通して生徒の表現力の向上に取り組んできている。ここではそのようなこれまでの取り組みを

ベースとしながら，学習指導要領等に示されている「思考力」「表現力」に関する記述を分析することを通して学年段階別に「論理的思考力・表現力育成のための到達目標」を設定するとともに，それらの到達目標を達成するための学年段階を考慮した論理的思考力・表現力育成のためのカリキュラムデザインの枠組みを提案することとする。

ア 「論理的思考力」「表現力」の到達目標

中学校学習指導要領における数学科改訂の趣旨として，中教審答申の中に，思考力・表現力に関して次のような基本方針が示されている。
≪数学的な思考力・表現力は，合理的，論理的に考えを進めるとともに，互いの知的なコミュニケーションを図るために重要な役割を果たすものである。このため，数学的な思考力・表現力を育成するための指導内容や活動を具体的に示すようにする。特に，根拠を明らかにし筋道を立てて体系的に考えることや，言葉や数，式，図，表，グラフなどの相互の関連を理解し，それらを適切に用いて問題を解決したり，自分の考えを分かりやすく説明したり，互いに自分の考えを表現し伝え合ったりすることなどの指導を充実する。≫（文部科学省（2008b），p. 3）

この文中の「根拠を明らかにし筋道を立てて体系的に考える」の部分に着目してみると，中学校数学科では，論証の指導は中学2年生の「図形」領域から本格的に行われ，仮定と結論を明確にした，フォーマルな証明の手順を学習する。しかし，中学1年生の段階でも当然そのようなことを教師は意識して指導しなければならない。生徒が主張することに対する根拠を，既習事項などをもとに論理的に表現させる指導が必要である。

以上を踏まえ中学校では「論理的思考力」「表現力」の到達レベルを，第1学年と第2, 3学年の2つの段階に分けて設定するのが望ましいと考え，次のように目標を設定した。

表２：論理的思考力・表現力の到達目標

段階	第１学年	第２，３学年
到達目標	具体から一般へ帰納的に思考するなどの数学的な推論の基礎を身に付け，自分の考えを，文字や式，図やグラフなど数学的な表現を使って自分なりに表現することができる。	帰納，演繹，類推などの数学の推論を適切に使うことができるようになり，根拠を明らかにし筋道を立てて考え，数学的な表現を使って，簡潔，明瞭に表現することができる。

　第１学年においては，文字を使って一般化するという方法及び見方や考え方，関数を式で表現し具体的な事象を科学的にとらえるという数学を学習する上では重要なスキルやアイテムを手に入れる。よって，そのスキルやアイテムを適切に使いこなせるようにすることが論理的思考力・表現力の育成にとって重要であろう。

　第２，３学年においては，第１学年の基礎に立ち，数学的な推論により磨きをかけていくことを重視する。仮定と結論を明確にし，定理や既習事項を適切に関連付けながら推論を進める方法をきちんと身につけさせなければならない段階となる。

　このように，各学年の指導目標や指導内容によって，到達目標を２段階に分けているが，「第１学年はここまで」というように，必ずしも到達目標の上限を設ける必要はない。生徒の実態に応じた到達目標を設定することが重要になってくる。

イ　中学校段階におけるカリキュラムデザインの枠組み

　「論理的思考力」「表現力」を育成するために重要なことは，もちろん，日々の授業において数学的活動を充実させ，生徒の思考の過程を重視した授業展開を行うことであろう。それでは具体的にどのようなことを重点的に取り組めばよいか，附属中学校における，授業，レポート，テストの振り返りの３つの具体的な実践の中から紹介する。これも先と同様に，第１学年，第２，３学年の２つの段階に分けて整理した。

表3：中学校段階におけるカリキュラムデザインの枠組み

指導場面		第1学年	第2，3学年
授業	つながりをつくる場面	○小学校で学習したこととのつながりを意識させる。教師が意図的に問題の数値や形を変えた発展課題を与えたりすることによって，他とのつながりを発見させ，課題の本質に迫らせる。 ○面積図や折り紙などの具体物を使った操作活動を多く取り入れ，具体から一般へと帰納的に考えさせる。	○数学と社会一般の事象とのつながりをより意識させ，既習の数学を発展させる。「What if not」の考え方を指導し，自らの力で，他とのつながりを発見させ，課題の本質に迫らせる。 ○思考が困難な場合や苦手な生徒には具体物を使った操作活動を取り入れる。3年次では数学を体系的にとらえさせるために，学習内容同士の関連を整理させる。
	説明させる場面	○答えに至るまでの自分の考えを数学的な表現を用いて，自分なりに説明させる。その際，数学の用語を適切に使うことを重点的に指導する。	○仮定と結論を明確にさせ，仮定から結論へ導く数学的な推論の方法を習得し，洗練させる。また，筋道を立てて考えることを重視し，考えを簡潔，明瞭に説明させる。
	実感させる場面	○操作活動や問題の解決過程を振り返り，数学的活動の楽しさや数学的な見方や考え方のよさを味わわせる。	○問題の解決過程を振り返り，数学的な推論のよさを実感させ，他の問題場面へ利用できないかを追究させる。
数学レポート		○レポートの意義を伝えたり，書き方を指導したりする。 ○授業時間を多少利用し，リアルタイムでアドバイスを行う。 ○授業で学んだ内容がきちんとまとめられているか，本当に理解した内容なのかを評価する。 ○最初の段階では，類題の作り方，発展のさせ方の例を示し，模倣させる。	○年度初めのレポートは，書き方を再確認する。 ○授業で学んだ内容が，数学的な表現方法でより簡潔，明瞭にまとめられているかを評価する。 ○より発展的で創造的な課題を自らの力で設定し，どのように数学的にアプローチしているかを評価する。

定期テストの振り返り	○テストのやり直しの際には、間違えた問題に限らず、類題を作ってそれを解いたり、ある1つの問題を発展的に考えたりすることも行うように指導する。発展のさせ方については、教師の方でいくつか例を提示する。	○第1学年同様に、間違えた問題に限らず、類題を作ってそれを解いたり、ある1つの問題を発展的、創造的に考えたりすることも行うように指導する。発展のさせ方については、「What if not」の考え方を指導しておき、できる限り生徒に任せるようにする。

　小学校段階からの移行を重視した第1学年と、論証について学習する第2学年移行とで、授業、レポート定期テストの振り返りにおいて指導上の留意点が異なっていることが分かる。特に第2学年以降では、自ら課題に対する視点を変更したりして、創造的な学習活動を展開することが求められている。

③　**小中連携の視点から見たカリキュラムデザインの枠組み**

　ここでは、附属小学校、附属中学校から提案された論理的思考力・判断力育成のためのカリキュラムデザインの枠組みをもとに、小中一貫という視点から「算数・数学科における論理的思考力・表現力の育成」をどのように捉えるかということについて言及する。

　附属小学校、附属中学校からの提案では、学校段階の違いはあるものの、共通して見られる指導の枠組みというべきものが2つ見えてきた。1つは算数・数学という教科を学習する際の思考方法の特徴ともいえる「視点変更による思考の深化」であり、もう1つは思考を支える表現力を育成するための手立てとしての「レポートの作成」である。

　数学の学習とは、原理や法則の発見からそれらの抽象化・一般化、さらには発展までをも含む思考のプロセスであると捉えることができる。このような視点に立つとき、目の前の事象に見られた規則性や法則を抽象化し一般化していくためには、視点を変更して考えることは必要不可欠な思考方法であるといえる。また、そのような視点変更によって、当初は予想しえなかったような発展につながることも多い。したがって、「視点変更に

による思考の深化」は数学学習の根幹であり，算数・数学という教科の学習場面においては，これこそがまさに「論理的思考力の育成」につながるものであるといえる。

　また，「視点変更による思考の深化」のプロセスでは，他者の考えを参照したり意見を交わしたりすることを通して思考を深化させていくことが必要であるため，自分の考えを適切かつ簡潔に表現し他者に伝えるというスキルは，学習の上で必要不可欠な能力であるということになる。

　このように考えると，「算数・数学科における論理的思考力・表現力の育成」とは，視点変更による思考の深化というプロセスを意識した学習指導の展開と，それを支える表現力の育成という２つの側面から学習指導やカリキュラムを組み立てていくことが肝要であろう。視点変更による思考の深化という思考プロセスの中で，自ら深化させた思考を他者に説明するために表現し，また，他者が表現した思考の結果をもとに，さらに視点を変化させて自分の思考を深化させていくといった往還的なプロセスが重要なのであって，「表現力」を育成すれば自動的に「論理的思考力」が育成されるというものではないと考えられる。カリキュラム開発に当たっては，「論理的思考力の育成」と「表現力の育成」とが相補的に働きながら児童生徒の思考を深化させていくことができるようなカリキュラムの開発が望まれるであろうし，そのために，現在取り組まれている附属小学校や附属中学校の視点変更による思考の深化をねらった学習指導やレポート作成による表現力の育成は，大きな役割を果たすものであると考えられる。

(2)　「視点の変更による思考の深化」を取り入れた実践事例

　前述したように，附属小学校，附属中学校でのこれまでの取り組みをもとに提案された論理的思考力・表現力育成のためのカリキュラムデザインのための枠組みから，「視点変更による思考の深化」という学習プロセスが，数学学習の根幹であり，論理的思考力の育成のためのカリキュラムデザインの根幹となるということが浮き彫りとなった。つまり，論理的思考力・表現力を育成するためのカリキュラムにおいては，視点変更による思考の

深化という思考プロセスの中で，自ら深化させた思考を他者に説明するために表現し，また，他者が表現した思考の結果をもとに，さらに視点を変化させて自分の試行を深化させていくという往還的なプロセスが重要となるのである。

ここでは，このようなカリキュラムデザインの枠組みのもと，「視点変更による思考の深化」のための理論的基盤としてM. I. WalterとS. I. Brownによる「What if not？」という考え方を整理するとともに，この考え方の下で実践された附属小学校，附属中学校の取り組みを紹介する。

① 「What if not？」とは何か

「What if not？」とは，M. I. WalterとS. I. Brownによって提唱された「問題づくり」のためのストラテジーとして示された「What if not？ストラテジー」の中で用いられている言葉である。直訳すると「もし，○○でなければどうか？」ということになるが，つまりは，問題の属性を変更して新たな問題を作るための基本的な思考方法を指す言葉であるといえる。「What if not？ストラテジー」とは，以下の5つの段階から構成される。

第0水準：出発点の選択（原問題の選択）
第1水準：属性の目録づくり（属性のリスト化）
第2水準：属性の変更（What if not？）
第3水準：属性を変更した問題作り（変更した属性の当てはめ）
第4水準：問題分析（新しくできた問題の振り返り）

この中で，「What if not？」とは，第2水準において行われる属性の変更という行為のことであり，この言葉自体，問題づくりの文脈で用いられることが多いが，以下の文章からは，WalterとBrownは，「What if not？」という思考方法を，単に問題づくりの方法としてだけではなく，数学理解の基本的な思考方法であるととらえていることが分かる。

《もしかすると，最も基本的な問いは，人は，代わりの「モデル」を「提案する」という方法で，どのように「物事」の属性を「認識する」に

至るのか（いたるべきなのか）。というものである。》（M. I. Walter/S. I. Brown（1969），pp.38-45）

つまり、「What if not ?」という思考方法は、数学という抽象的な概念を理解するうえで基本的な思考方法であり、このような考え方に立った「視点変更による思考の深化」を具体化していくようなカリキュラムを構想することが、算数・数学科における論理的思考力・表現力の育成につながるのである。

② 附属小学校における実践事例
ア 視点や状況を変える

1つの問題を解決してもそこにとどまらず、「もしも数を増やしたらどうなるのだろう」「もしも図形を変えたらどうなるのだろう」「逆にしても大丈夫だろうか」などと粘り強く考える子どもを育てたい。

学習の中で子どもたちは問題解決を行い、分かったことを一般化してとらえていく。しかし、問題解決によって原問題を解決したに過ぎず、「ほかの数でもいえるのか」「ほかの場合にも同じことが言えるのか」など、もともと子どもたちはそのような発想をもっているが、検討されていない。そこで、「What if not ？（視点を変えるとどうなるのか、状況を変えるとどうなるのか）」と視点や状況を意図的に変化させることで、身に付けた知識や概念の深化を図る。子どもたちはこのような学習過程を通して、解決した事象が「よく分かる」ことにつながっていく。

イ 発達段階による「What if not ?」

2年「はこの形」の実践

低学年の子ども達にとって、自ら視点や状況を変えていくことは困難である。この時期の子どもたちに対して、視点変更させていくのは教師である。

例えば、「箱の形」第2時において、面が6つ、3種類必要なことが分かっているときに、「右図のような面の形でも箱の形を作る

3種類、3枚、2枚、1枚の面

ことができるのか」問うたときの子どもたちの発話である。

> いつ：バラバラの6枚はダメ。
> T　：それでは，どんな6枚なの。
> まな：（図を指しながら）もし，これが6枚あったとしてもバラバラの6枚だったら，普通に箱の形を作ったときに，正方形のパーツから1個飛び抜けるところが出てくる。
> みず：例えば三角形のやつとか六角形のやつとかいろいろな形をごちゃ混ぜにしても，いろいろな形を集めただけで，形としては長すぎたり，短すぎたりして箱という形ができない。

まなさんはもしこの1枚が6枚あったらという思考を使い，みずさんは例えばという思考を使い反例を挙げて説明している。つまり，子どもたちがもっている概念とは違う問題場面を提示することで，向かい合う面の形が同じであること，隣り合う辺の長さが合わないと箱の形にならないことが明らかになった。このように子どもたちがもっている概念のどこか一部を変更し，「もし，こうだったらどうなるのだろう」と視点や状況を変えることで，箱の形の面に対しての概念形成がより強固なものとなる。

また，この時期の子どもたちは「もし○○でなかったら」と仮定して物事を考える姿が見られる。以下の発話は「はこの形」第3時での記録である。本時は6枚の面をいろいろ並べて箱の形を作り，気付いたことを話し合っている場面である。

並べられた面

> りん　：ほとんどの箱をひろげた物と，今お友だちが作った箱をひろげた形は，縦に4つあって横に2つある。
> いくえ：理由です。そうじゃなかったら，もしもそんなんじゃなかったら，（前にでてきて，正方形を6枚描き）六角形になる。

正方形が6枚

りんさんの縦4つ，横2つに関して，いくえさんが図で示しながら説明した。いくえさんは，「もしもそんなんじゃなかったら」と状況をかえ，正方形を6枚描くことで縦4つ横2つになることを示した。このように，子どもたちは「もしそうでなかったら」という考えを元来もちあわせており，教師はそのような考えを称賛していかねばならない。

6年「組み合わせ」の実践

本実践では，青3面，赤2面，黄色1面の大小2つのさいころの，色の組み合わせで一番多くでるものを調べさせ，全ての起こりうる場合と，それぞれの組み合わせの数について，図や表などを用いて落ちや重なりなく調べる必要性をつかませていく場面である。

子どもたちは樹形図に表したり，表に表したりして青赤が一番でやすいことをつかんでいった。その際，手がかりとなったのは右図のような表であった。子どもたちは表を9分割してとらえ，式と結びつけて何通りあるのか考えている。本時は教師から「青4面赤2面のときはどの組み合わせが多くなるのか」と視点や状況を変えた。その時の発話である。

子どもたちの表

> ちせ：式で求めたんですけど青青は4×4で16通り，青赤が4×2で8通り，赤青が2×4で8通り，赤赤が2×2で4通り。
> しん：この式は表に表して，その数を数える式。

子どもたちは式と表を結びつけて考えることで青青と赤青のでる組み合わせが同じであることに気付いていった。表を4分割することで，1つ1つ数えなくても，落ちや重なりがないように組み合わせを見つけることができたのである。つまり，意図的に視点や状況を変えることで表で組み合わせを調べていくよさを実感することができたのである。

また，学習の振り返りでは，面の数をもしも赤3青3だったらと変更して考える子どもの姿が見られた。その際，「青青と赤赤が9ずつで，全体を考えると36だから同じ色の組み合わせをたして18，36から18をひいて青

赤が18」という発言があった。教師が意図的に「What if not?」を用いて思考する場を設定していくことで，子どもたちの中にもともとあった「でなければどうか」と考える思考の仕方が高まり，身に付けた知識や概念の深化につながっていくのである。

③ 附属中学校における実践事例

ア 第1学年の実践事例

> 2つの水そうA，Bがあり，Aには10cmの高さまで水がたまっている。今から同時に，Aには毎秒2cm，Bには毎秒6cmずつ水をためるとき，BがAの2倍の高さになるのは何秒後か？

【生徒の解答例】

x秒後にBがAの2倍の高さになるとすると，

$2(2x+10) = 6x$

これを解くと，$x = 10$

よって，10秒後に2倍の高さになることが分かる。

毎秒6cmを毎秒3cmに条件変更するとどうなるか。

$2(2x+10) = 3x$

これを解くと，$x = -20$ となり，問題に適さないことが分かる。

なぜ，2倍にならないのだろうか？

【生徒の探究活動】

◇表を用いた探究

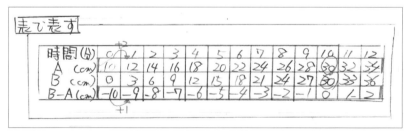

◇グラフを用いた探究　　　◇式を用いた探究

イ　第3学年の実践事例

円に内接する四角形の向かい合う角の和が180°になるのはなぜだろうか。

【生徒の解答例】
　　∠Aの中心角と∠Bの中心角の和は360°だから
　　$2∠A + 2∠B = 360°$
　　よって，
　　$∠A + ∠B = 180°$ となる。

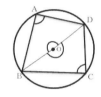

四角形を六角形に条件変更するとどうだろうか？

【生徒の追究】
　　内接四角形の対角の和は180°だから
　　$∠FAD + ∠E = 180°$
　　$∠BAD + ∠C = 180°$
　　よって，$∠FAD + ∠BAD + ∠C + ∠E = 360°$
　　ここで，$∠FAD + ∠BAD = ∠A$だから
　　$∠A + ∠C + ∠E = 360°$ となる。

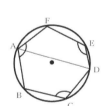

さらに，他の内接多角形ではどうだろうか。（生徒自身で条件変更）

【偶数角形】 【奇数角形】

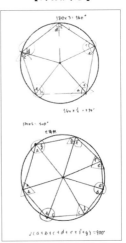

(3) まとめと今後の課題

　これまでの取り組みを通して，算数・数学科における論理的思考力・表現力の育成のためのカリキュラムデザインにおいては，「視点の変更による思考の深化」という思考プロセスが重要であることが明らかとなった。この知見は，附属小学校，附属中学校それぞれにおけるこれまでの教育実践を通して共通して浮かび上がってきたものであり，算数・数学という教科の特性を端的に表すものであるといえよう。

　具体的なカリキュラムデザインにおいては，「視点変更による思考の深化」という観点から，それぞれの学校段階，学年段階に応じて学習環境をデザインしていくことが求められるが，少なくとも小中一貫して共通性を持ったカリキュラムデザインの枠組みを抽出できたことは大きな成果であるといえよう。

　しかし，算数・数学という小中連携の視点からのカリキュラムデザインについては考察できたものの，教科間連携という視点からのカリキュラムデザインについては今回の研究を通して考察を深めることはできなかった。教科が異なれば，それに伴って論理的思考力・表現力の捉え方にも違

いが出るであろうし，到達目標に関しても方向性の異なる設定がなされることが予想される。そのような中で，いかに通教科的に共通性を見出し，論理的思考力・表現力育成のためのカリキュラムデザインの理論的枠組みを構築していくかが今後の課題といえよう。

参考文献
文部科学省（2008a）『小学校学習指導要領解説 算数編』東洋館出版社
文部科学省（2008b）『中学校学習指導要領解説 数学編』教育出版
M. I. Walter/S. I. Brown (1969) "What if not ?" Mathematics Teaching No.46, pp.38-45
S. I. Brown ／ M.I.Walter著，平林一榮監訳（1990）『いかにして問題をつくるか 問題設定の技術』東洋館出版社

第4節　理科教育

渡邉重義・飯野直子・正元和盛
原口淳一・井上竜作・谷口哲也・岩永　聡
野村恒平・坂田孝久・二子石将顕・田代博士・大山　寛・楠本功一

(1) はじめに

　教育研究とは，「古い問題の新しい解決法」（高久 1990）を追求するものであり，科学的思考力の柱の一つである論理的思考力の育成は，理科教育研究において問い続けられてきた課題である。近年，学習者の概念形成において協同的な学びが重要であるという見方から，表現力や表現を通したコミュニケーションに注目した教育実践や研究が増えている。学習指導要領（2008）が「思考力・判断力・表現力等の育成」を重点の一つに掲げたことにより，教科を超えて「表現する」「伝達する」「説明する」「伝え合う」活動に焦点が当てられるようになった。理科の授業研究では，児童・生徒の表現活動を導く発問や教材の工夫，表現活動を通した思考の深まりを導くための交流の場の工夫，概念図や描画など言語以外の表現方法の工夫などが実施されている。これらの授業改善のための方策は，教師から学習者へのアプローチであり，学習指導案の授業構想に記述できるものである。すなわち，すべて「導き」の段階の方策である。科学的な思考力あるいは論理的な思考力の育成という課題からみると，その「導き」によって生まれた学習プロセスと学習成果に注目することが大切であり，授業実践をデータとした分析が必要になる。これからの理科教育研究に求められるのは，学習指導案には記述できない学習者一人ひとりの表現活動を教師が受けて次の学習にフィードバックするための方策ではないかと考えられる。指導計画として教師が構想するものや教科書に示された学習内容は顕在カリキュラム，子どもの学びのネットワーク化によって構想される学習内容は潜在カリキュラムと呼ばれるが（森本 1999），論理的な思考力の育成は，

潜在カリキュラムに注目することから始まる。

　論理的な思考力の育成を理科学習における表現活動と関連づけて研究しようとすると，次のような課題が浮上する。

①児童・生徒の思考の根拠は何か

　理科学習は観察実験を伴う問題解決が基本であり，観察実験の結果（データ）が思考の根拠になることは言うまでもない。しかし，観察した事実の捉え方や信頼度は，観察者の視点や観察実験の方法の厳密性などの影響を受ける。したがって，観察結果を思考の根拠として用いるうえで，観察実験のプロセスの吟味が不可欠になる。また，観察実験のスキルが結果に影響することは，学習者全員が熟達したスキルを持っているとは言い難い理科学習の実態として考慮しなければならない。既有の知識や考え方が根拠として用いられることもあるが，観察実験のデータと混同しないように気をつける必要がある。

②説明における論理の信頼度は何で判断されるのか

　思考の論理性は，表現された言葉のロジックだけでは評価できない。理科では，言葉を裏打ちする事象やそこから得られたデータが論理性の信頼度に結び付く。十人中九人が賛成する考え方があったとしても，一つの実験結果が考え方を覆すこともある。協同的な学びにおいて，単純な多数決に陥らないためのコーディネートが必要になる。

③事実を説明するために適切な用語や表現方法を選択できるのか

　学習者は，自分の知っている言葉を使って考えを説明するが，ときには十分に理解していない言葉を用いることもある。自然の事象を説明するときに，ある学習者が表現した内容が他の学習者に別の意味で理解された場合，論理性を高め合うような交流は期待できない。しかし，理科では同じ事象の観察やデータを共有することで，表現がかみ合わないところを修正して共通の理解を図ることが可能になる。用語・表現に注目すると，空気を温めたときに児童が「大きくなる」と表現した場合，空気が入ったビニルなどの入れ物の変化を見て「大きくなる」と言っているのか，空気の体積が「大きくなる」と言っているのかでは，自然認識の程度が異なる。また，

「空気が増えた」と「空気の体積が増えた」では意味する内容が異なり，「空気が膨らんだ」という表現は結果から導かれる推論であることに注意しなければならない。つまり，理科では用語・表現に対する細心さが必要になり，教師による適切な指導・支援が重要になる。

以上のような課題の解決法は，理科教育の実践を通して探っていかなければならない。教師が理科の論理的思考力を高めるための授業デザインを考え，実践して，その学習プロセスと成果から「新しい解決法」を見出していく必要がある。そこで，小学校と中学校における実践研究の事例を提示して，論理的思考力を高めるための具体的な方策について考察したい。

(2) 子どもの表現から読み解く論理的思考力－附属小学校の事例より

熊本大学教育学部附属小学校の理科部では，児童の学習プロセスに注目した理科授業研究を行ってきた。理科の学習に取り組む児童の様子をビデオカメラで記録し，授業記録と照らし合わせながら，児童の実態を分析した。この授業実践のリフレクションは，児童がどのような学びを経て論理的思考力を育成するのかを調べるだけでなく，児童の学びの実態を捉える教師の力量形成にも結び付くと考えている。

理科部が学習プロセスを分析するときの視点は，「言葉」と「モデル」である。したがって，理科の授業デザインにおいては，「言葉」で考えを表出し，話し合う場の工夫を行うとともに，観察結果を考察するために事象を説明するための「モデル」を描画することを重視した。「言葉」と「モデル」を授業分析の鍵にした理由は次の通りである。観察した事実を「言葉」「モデル」で説明し，さらによりよく説明できるように，あるいは他者に考えが伝わるように適切な「言葉」を探したり，「モデル」をつくり変えたりすることが児童の「内省力」の育成に結び付く。「内省力」とは，自分の考えの不十分さや矛盾に気づいて修正する力である。そして，この「内省力」が論理的思考力・判断力・表現力につながるのではないかと考えられる。

さらに理科部が学習プロセスの分析において注目したのは，児童が言語

活動を通したかかわり合いの中で,どのように自然の事象を理解していくのかという「わかり方」である。そこで,授業デザインでは,特に観察実験後の考察の場面に注目し,児童が他者とのかかわり合いの中で認知的葛藤を抱き,「わかり直し」を行うようにした。考察したことを他者に伝え,他者の考察を聞くことによって,自然事象に対する自分の理解の不十分さや説明の未熟さに気づくことが期待される。このときのもやもやとした状態が認知的葛藤であり,自分の考えを見直す動機づけになる。そして,自分の自然事象に対する理解や,これまでの教材とのかかわり合い方(観察実験のプロセス)を見直すことが「わかり直し」になる。このような「わかり直し」を重視すると,計画的で意図的な授業設計では対応できないことが生じるため,複雑な学習プロセスに柔軟に対応していくことを前提とした授業デザインが要求される。例えば,授業中の児童の「思いがけない発言」を軸として,児童のかかわり合いを組織化することも必要となる。このような臨機応変で柔軟な対応を可能にするためには,ビデオ映像等の授業記録を用いた学習事例のリフレクションが有用ではないかと考える。

　理科授業研究の事例を以下に提示する。
□2011年度　小学4年「ものの温度と体積」
　児童は空気の入った試験管にゴム栓をして湯で温めた実験と,試験管の口に石けん水の膜をつけて湯で温めたり,氷水で冷やしたりする実験を行い,空気の温度と体積の関係について学習したあと,水の入った試験管を温めたり,冷やしたりする実験を行った。そして,教師は「試験管の中の水の様子を説明しよう」という発問を行い,児童はグループで話し合いを行った。児童は,温めたり冷やしたりしたときの変化の様子を図(モデル)に示して,自分の考えを説明した。そのときの児童の発話とモデルを分析した結果,次のような論理的思考力の育成に関係するポイントを抽出することができた。
①体積の変化を表す「言葉」の問題
　児童は話し合いの中で空気や水の体積の変化について表現していたが,

それらは実験結果に基づく体積の変化を認識して用いられた「言葉」なのかを確認する必要がある。説明の根拠となる事実についての説明なので，事象と説明の一致が必要であり，児童間の意見交換の鍵になる。

②圧力を表す「言葉」の問題

　児童の表現を分析すると，温度を下げたときに体積が小さくなる現象やその理由の説明に圧力を意味するような「言葉」が用いられていた。空気でっぽうや注射筒などを用いた実験で，ピストン等を押したときに空気が縮んだことからの類推が影響していると考えられる。手で力を加えて圧したときと同じように，温度を下げたときも体積が小さくなっていることを考えるうえで，圧力を意味するような表現は「わかり直し」に結び付く可能性がある。しかし，圧力は中学校理科における学習内容であり，小学4年生にとっては意味内容を十分に理解できていない「言葉」ではないかと考えられる。体積が小さくなる現象を説明するときに，児童が「圧力」を意味するような表現を用いた場合，どのような支援を行えばよいかが今後の課題になる。

③粒子モデルの描画の問題

　平成20年の学習指導要領の改訂で，理科学習内容の柱の一つに「粒子」が掲げられ，「ものの温度と体積」においても粒子的な考え方で事象を説明しようとする教科書も現れた。今回の実践研究では，「ものの温度と体積」だけでなく，その前に学習した「空気や水をとじこめると」の単元でも描画による事象の説明を求めた。その結果，「空気でっぽう」の現象を説明する場合は，空気の粒のすき間が変化するモデルがよく用いられ，温度による体積変化を説明する場合は，空気の粒の大きさが変化するモデルがよく用いられた。また，水の体積変化では粒を用いたモデルは少人数の児童しか用いていなかった。児童は，観察した事象に合わせてモデルを使い分けている可能性がある。

□2012年度　小学5年「もののとけ方」

　「もののとけ方」では，「溶ける」という現象を「粒子」的に捉えること

が重視されるようになった。溶解現象については，小・中学校を通じて理解することであり，小学校段階では「粒で考えると分かりやすい」というレベルの認識が大切ではないかと考えられる。例えば，食塩が水に溶ける場合，食塩は小さな粒の集まりで，水に溶けるとその小さな粒がバラバラになるという見方が求められ，教科書にもそのような図と説明がある。しかし，実際の授業では，児童はそのような見方には容易に到達しない。児童の溶解現象に関する考えをみると，食塩の粒が融けて液体になるという見方，食塩の大きな粒が分かれて小さくなるという見方，食塩が水に溶けて無くなるという見方などがある。教科書では，食塩の溶解について，シュリーレン現象／溶解後に水の体積が増える／食塩が溶解する量には限界がある／溶解後の食塩水の重さは食塩と水を足したものと等しい／食塩水をろ紙でろ過しても食塩を取り出せない／食塩水の水を蒸発させると食塩が取り出せる／などを学ぶ。児童は，これらの事実から水に溶けたあとの食塩がどうなったのかについて推論することになる。児童らの話し合いの一例を以下に示す。

　　児童A：「もやもや」は食塩がとけた液体だと思う。
　　児童B：液体になったら，たぶん，加熱したときに蒸発する。
　　児童C：液体になるんだったら，どれだけでも食塩が溶けることになる。
　　児童A：みんなが言っている小さな粒っていうのはおかしいと思う。家で料理とかするときに塩を使うとき，できあがった料理は，塩はガリッとした感じがない。
　　児童D：目に見えないくらい小さくなっているんだから感じない。

　児童Aの最初の発言は，シュリーレン現象の観察結果等の影響を受けた仮説である。児童Bと児童Cの発言は，食塩水の蒸発や食塩の溶解の実験結果を根拠にした反証に相当する。その反証に対して，児童Aは粒子的な考え方を用いた説明に納得がいかないことを，日常的な経験をもとにして反論している。そして，児童Dは児童Aの発言について，別の推論を示し，

粒子的な見方を擁護している。この児童の話し合いでは，固体の食塩が液体になることが溶解であるという考え方が示されたことによって議論が生まれ，いくつかの実験結果や日常経験を根拠にして，推論の正しさを検討し合うプロセスが見られた。

　食塩の溶解を説明するために，児童は溶けていくプロセスをモデルで表現した。例えば，ある児童は大きな食塩の粒が次第に小さくなっているような説明をしたが，ノートにも大きな粒が少しずつ小さくなっていく図が描かれていた。それに対して，「反対。実験で食塩の重さは変わらなかった。一つひとつがどんどんちっちゃくなるんだったら，重さがどんどん軽くなっていく」という反論があった。次に別の児童から一つの食塩が二つに分かれて，それが繰り返されて小さくなっていくという考えが示された。しかし，多くの児童が「重さが変わらないのはわかるが，実際に食塩を入れたときに二つに分かれていなかった」と反論した。このようなやりとりを通して，児童はモデルを修正し，再び食塩を水に溶かして観察することもあった。そして，食塩が粒からできていて，それが水に溶けるときには表面から小さな粒がはがれていくようなモデルを描く児童が表れた。このモデルでは，食塩水を蒸発させて出てきた食塩の形が元の食塩と異なることも説明できるようであった。児童のノートを見ると，食塩を粒の集まりとして説明した児童も最初は食塩が水に溶けるときに二つに分かれるようなモデルを描いていた。しかし，水に溶かしたときに塩の結晶は割れなかったという事実を根拠にして，食塩を粒の集まりとして考えるモデルを採用したようであった。今回の実践では，食塩が溶けるときの様子をモデルで表現することによって，児童の「わかり直し」が導かれたと考えられる。

□2013年度　小学6年「土地のつくりと変化」
　本単元では，野外における地層の観察と地層のでき方を調べるモデル実験を行った。野外で観察したのは砂岩泥岩互層であり，ペットボトルの実験では，礫，砂，泥の順で積もったことが確認できた。そして，単元の後半に「どうして実際の地層と実験の結果では，層の重なり方がちがうのだ

ろうか」という「対話」を導き，モデルによる説明を促す課題設定を行った。「言葉」を捉え，論理的な思考を促すための教師のはたらきかけとしては，次の４点に取り組んだ。

①小集団を中心にかかわり合いの場を組織する。
②板書を工夫し，子どもの「語り」を可視化する。
③子どもの「ことば」や解釈をきっかけにして事実に戻す。
④授業の前半と後半に自分の考えを書く場を設定して振り返りを促す。

　論理的な思考の根拠となる事実の層が厚くなるように，野外観察，ペットボトルを用いた堆積の実験，雨どいを用いた流水実験などの観察実験を積み重ね，夏休みには土地のつくりに関する自由実験にも取り組ませた。課題について話し合う場面では，これらの結果を思い起こすだけでなく，野外で観察した地層の写真，５年生で学習した白川の写真，豪雨災害のときの写真なども用いた。

　今回の実践における児童の説明の変化を以下に示す。単元の第６時において，児童Eは夏休みの自由研究の経験を根拠にして次のような発言をした。

　　　家で透明のバケツに砂と泥と石とを入れて実験した。そのときに，石→砂→泥の順に沈んでいって，大きいものから積もった。でも，実際の地層が砂→泥→砂→泥の順になっている理由がわからない。

同じ児童Eが第８時には次のように発言した。

　　　実際の地層は，砂と泥の切れ目がくっきりしていた。もし一気に流れてあの地層ができたのならば，全部混ざった状態で，きれいに分かれるのは無理がある。

　つまり，児童Eは，野外における地層の観察結果とモデル実験の矛盾について，野外の地層の場合は礫・泥・砂が混ざった土砂が一気に流れたの

ではなく，それぞれが順番に積もっていったと考えるようになった。

本単元の第10時における話し合いの場面では，児童Fが他の児童に対して次のような発言をした。

> ペットボトル実験では，一度しか流していない。実際の地層に礫の層がないのはわからないけど，何度も泥と砂と礫が流れてくるのが繰り返されたんだと思う。

話し合いに続いて，雨どいを用いて流水による土地のでき方を調べる実験を行い，再び話し合いを行ったときには，児童Gが次のような発言をしている。

> 実際の地層に礫がなかったのは，実験で雨どいに礫が残ったのと同じ。流れが速いときや水の量が多いときには礫が流れると思う。流れが遅いときには泥しか流れない。

以上の展開は，観察実験結果の矛盾を起点として話し合いが導かれ，自分の考えを説明する根拠が必要になるなかで，既有の知識や過去の観察実験結果を振り返り，説明に足りない根拠を求めるために新たな実験を行って，論理的な思考が高められることを示唆している。つまり，自分の考えを「言葉」で説明するときに，直感的・断片的な「言葉」を観察実験で観察した事実に照らし合わせて修正していくことが大切ではないかと考えられる。

(3) 論理的思考力を導く授業デザイン―附属中学校の事例より

熊本大学教育学部附属中学校の理科部では，科学的な論理的思考力の育成のための授業デザインに注目した理科授業研究を行ってきた。2010年度は，「知識の構造化」「科学概念の習得」「葛藤を生む課題」を柱とした問題解決学習を行い，その学習プロセスにおいて表現活動を充実させて，科

学的な思考の育成を図るための実践研究を行った。授業デザインの基本となる問題解決学習は，①課題把握，②解決方法の発想，③解決方法の実行，④結果の考察，⑤解決方法の見直し，⑥新たな解決方法の実行，⑦新たな考察の7段階に分けて，①～④を「試行の場」，⑤～⑦を「葛藤の場」に位置づけた。2011年度は，科学的な思考力・表現力を高めるための指導と評価を研究課題にして，①診断的評価による生徒の実態の把握，②授業実践における指導と評価，③総括的評価による生徒の変容の把握に取り組んだ。2012年度は，①問題を見出して観察実験を行う活動，②観察実験の結果を分析し解釈する活動，③科学的な概念を使用して考えたり説明したりする活動を重視して，論理的な思考力・表現力を育成するための教材の工夫，授業展開の工夫，発問の工夫などを行った。2013年度は，全教科に共通する課題として，①「論理的思考モデル」を用いた表現活動，②思考を促す課題，③思考を揺さぶる授業展開，④思考の質を見取る評価に取り組んだ。

この4年間の実践研究では，論理的な思考力を育成するための理科授業の構造化，論理的に説明することを導く「葛藤」のある課題づくりと教材の工夫，生徒が論理的な思考を習得するための評価と指導・支援が中心的な研究課題であり，生徒の表現活動に注目し続けてきた。理科教育で求められる科学的な表現とは，科学的な内容や見方・考え方について言及したり記述したりする際に，論理的に思考するとともに，科学的な言語を使用することである。そこで，「主張・根拠・理由づけ」というモデルを用いて，理科では，主張＝結論，根拠＝実験結果／既習事項／法則等，理由づけ＝比較／分類／関連付けなどを用いて思考を表現，と捉えて授業実践を行った。

　理科授業研究の事例を以下に提示する。
□2011年度　中学2年「雲や霧のでき方」
　生徒たちの科学的思考力・表現力の実態を明らかにするために，診断的評価，授業中の指導と評価（形成的評価），総括的評価を行った。以下に評

価の方法と評価によって明らかになった生徒の実態を示す。

　診断的評価に用いたワークシートは，学習内容に関する生徒の説明を学習の前後で比較できるようにしたものであり，「雲のでき方」や「雲と霧の違い」についての説明を求めた。その結果，雲の状態を「水蒸気」という言葉を用いて説明していたり，雲ができる原因として気温の変化を第一の理由にあげたりする傾向があることがわかった。

　授業展開は次の通りである。雲の発生についての学習を，導入→課題→予想→実験→結果という順序で行ったあと，考察を個人レベル，班レベル，クラスレベルの三段階で実施し，班やクラスでの交流活動を通して考え方の修正が行えるようにした。また，考察のあと，まとめを行い，さらに確認のための課題を実施し，そこで再び生徒が自分の考えを修正できる段階を設けた。論理的な思考力・表現力を導くために設定した課題は，課題1：「フラスコ内に雲ができる理由を説明しよう」，課題2：「炭酸飲料を開けると雲ができるのはなぜか」，課題3：「上昇気流が発生すると雲ができるのはなぜか」である。課題1は実験結果を根拠にした考察を求めるものであり，課題2では課題1で推論した結果を日常生活で目にする現象の説明に応用させている。課題3では，課題1と課題2の考察の結果を生かして，気象現象としての雲の発生を説明するという総合的な考察が必要になる。そして，考察の説明がしやすくなるように，ワークシートには図と文章で説明する欄を設けた。また，結果と考察を記述する欄を並べて配置し，記述した説明を比較できるようにした。このようなワークシートの工夫は，生徒の考え方を可視化するものであり，教師による指導と評価に有効に活用できる。

　ワークシートに示された生徒の記述をみると，雲の発生は複数の要因が関係する事象であるため，十分に納得のいく説明が行えず，混乱しているようであった。しかし，複数の実験結果についての考察が並べて記述されていたので，教師は生徒が理解できているところと，つまずいているところを把握することができた。例えば，水の断熱膨張による状態変化と温度による状態変化の関係が整理できていない生徒が少なくないことがわかっ

た。生徒の考察には，新たに生じた疑問が記述されていることもあり，そのようなときには教師がワークシート中にコメントして，思考を導くような指導を行った。生徒の説明が混乱している場合は，教師が付箋紙にヒントとなる情報を記して，ワークシートに貼るような支援も行った。このようなワークシートを用いた指導と評価は形成的評価に相当する。以上のようなワークシートを用いた指導と評価により，雲の発生の学習では，霧の発生を先に学習することと，上昇気流に関する説明が雲の発生の科学的な理解を導きやすいのではないかという知見を得た。

　総括的評価では，診断的評価で用いたワークシートを再び利用して，生徒自身が表現内容の変化に気づき，思考の変容を実感できるようにした。最終的に生徒の科学的な思考は，定期テストでキーワードを用いて事象を説明させる方法で確認した。

□2012年度　中学３年「力と圧力」

　「力と圧力」の学習において，生徒の論理的な思考と表現を導くために，浮沈子を用いた教材と課題設定の工夫を行った。最初に演示実験を行い，２種類の（タコとイカの形をしている）浮沈子の沈み方の違いを示す事象を生徒に示して，「タコとイカが同時に沈まなかったのはなぜだろうか，その理由を考えよう」という課題を提示した。生徒の予想には，「浮沈子の中に入っている水の量，空気の量が違うから」「浮沈子の中に入っている空気の量が関係あると思う」「（浮沈子の）中に入っている気体が違う」などがあった。本来，探究的な学習では生徒が自分で予想を確かめる実験を考えるのが望ましいが，今回の実践では浮沈子の沈み方の違いを解明する思考に集中できるように，教師が作成した教材で実験を行った。準備した実験装置は，軽く押すと浮沈子が沈むタイプ，強く押すと浮沈子が沈むタイプ，ペットボトルの上が空いているタイプ（開放系のため浮沈子は沈まない）の３種類である。

　生徒は，実験しながら自分の考えをつぶやき，浮沈子の沈み方の違いについての考えをまとめていた。まず，生徒たちは「○○○になった」「□

□□が見られた」などの具象的な事実を口にしていた。次にそれらの事実を比較することで，「○○○や□□□から●●●ということが言える」という結論が導かれ，理由付けをしていたようである。今回の授業事例では，「浮沈子が沈む／浮沈子の中の水が上がる」と「浮沈子が沈まない／浮沈子の中の水が上がらない」という事実を根拠にして，「圧力がかかり，中の空気が小さくなると沈む」という結論を導いていた。また，別の観察結果と比較することで「(浮沈子内の) 空気の体積が大きい分，より力を加えなければ沈まない」という結論も得られ，それらの結論をさらに比較することで，「浮沈子に圧力がかかり，空気の体積が小さくなれば浮力が小さくなり，浮力が重力より小さくなったときに沈む」という結論を得た。観察した結果 (事実) の積み重ねと比較が結論に結び付き，結論をさらに比較することで，より論理的な解釈につながったことを示唆している。しかし，最終的な結論の「空気の体積が小さくなれば浮力が小さくなる」という部分は，事象の説明としては不適切であり，「浮力」に関する正しい理解が必要になる。

　ある生徒が，ワークシートにタコ，イカの浮沈子の模式的な図を示し，次のような説明を行っていた。

　　　タコの浮沈子は，中の空気の体積が重さよりも小さくなるために必要な圧力は少しでよかった。しかし，イカの (浮沈子の) 空気は多く，大きい圧力が必要だったために，タコとイカは同時に沈まなかった。

　この記述より，浮沈子の沈み方の違いの原因として，空気の体積の違いによって圧縮のされ方が異なることに注目していることがわかる。しかし，浮力と重力のつり合いから，浮沈子の浮き沈みを解釈できているかどうかは判断し難い。このような説明をする生徒がより論理的に考え，つり合いに注目した説明ができるようになるために，どのような教材を用いて実験を行い，どのような交流の場を設定すればよいかを検討しなければならない。

□2013年度　中学2年「雲や霧のでき方」

　生徒の論理的な思考力・表現力を高めるために，①考えを「深める」，②考えを「広げる」，③考えを理科特有の表現で「活かす」ことを目的にした実践研究を行った。露点に関する2時間連続の学習において，1時間目にペルチェ素子を用いた露点測定を，実験室の室温と湿度という条件と密閉した容器の中に湯の入ったビーカーを入れたときの条件で行った。生徒は，霧ができやすいのは湿度が高く，気温が低いときという予想をもって実験を行い，ほぼ予想通りの結果を得た。揺さぶりの課題として，事前に撮影した動画を見せて，気温は提示せずに，湿度が高いときに露点が低く，湿度が低いときに露点が高くなっている実験結果を示した。そして，生徒が行った実験結果と比較して，動画で示した状況を説明するような思考を促した。生徒は，気温が違っていて，空気中に含まれる水蒸気の量が違うことで露点に違いが生じたのではないかと考えた。そこで，2時間目には，自分たちの考察がどうしたら確かな表現になるのかを考えさせた。生徒は，露点を示すグラフの曲線をもとにして，気温と飽和水蒸気量の違いから霧ができる条件を説明した。さらに霧ができやすい条件について理解したことを応用して，霧を発生させる方法を考えさせ，実験を行った。実験の結果は生徒がタブレットPCを用いて撮影し，その動画を用いて霧の発生にするしくみを改めて説明させ，最後のまとめを行った。

　実践研究より得られた成果は，第一に主張・根拠・理由づけの論理的思考モデルを用いたことによって，理科の授業スタイルを確立することで，思考・表現を深めるための授業が計画できるようになったことである。次に比較，分類，関連付けの考え方を用いた理由づけを行うことによって，生徒が意見を交換する中で表現しやすくなり，互いの思考を相互に評価し，個人の修正もしやすくなった。さらに論理的思考モデルを活用して回答するようなテストの問題において正解率が向上した。課題としては，論理的思考モデルの育成に適した内容の計画的な実践，思考・表現を助けるための科学的な用語や法則の適切な教授方法，論理的思考に適した場面の検討があげられる。

(4) 論理的な思考力を育成するための授業デザインに向けて

附属小学校と附属中学校の実践研究では，論理的な思考を導くための授業デザインのポイントとして，次の3点が共通していた。
①論理的な思考の材料（根拠）となる教材や観察実験を重層的に提示する。
②児童・生徒の知的な葛藤を導くような発問・課題や学習者の発言を思考活動の鍵にしている。
③学習者間の交流によって考えを修正し，わかり直しを行う。

①については，観察実験を通してデータを集め，そのデータから帰納的な推理を通して仮説を立て，その仮説を新たな観察実験によって検証するという展開が学習の基本となる理科学習では当然のことであるが，問題解決が単発で終わらないような単元構想の必要性を示している。授業時数が制限された中で，数多くの観察実験を積み重ねるのは容易なことではないし，観察実験の数を増やしても結果の分析や考察に十分な時間がとれなければ，観察実験が単なる作業になってしまう懸念もある。したがって，論理的な思考が深まるように，観察実験を組み合わせて構造化することが求められる。また，同じ材料，同じ方法で観察実験を行った場合でも，観察者（児童・生徒）の視点，事実の把握，表現力等の違いから，気づきや疑問の内容にばらつきが生まれることがある。教師は，そのばらつきを安易に収束させるのではなく，児童・生徒に吟味させ，納得のいく結論が得られないときは，次の観察実験につなげるようなコーディネートを心掛ける必要がある。

②については，附属小学校では思考のモデル化，附属中学校では思考の活用という方策を用いていた。モデル化は，事象の原理を一般化した仮説に相当するが，図や絵で表現することで言葉だけでは表現しにくい考えを具体化することができる。しかし，絵だけではうまく表しきれないこともあり，言葉による絵の解説も必要になる。つまり，描画でモデル化することが言葉による説明を導くことになる。このようなアプローチは，思考の論理性を他者が認識できるように表出させる点，および論理的な矛盾点を明らかにする点で有効ではないかと考えられる。しかし，児童の描いたモ

デルをみると,抽象化されて一般化されたものもあれば,観察結果を具象的に表現したものもあるので,適切な整理・分類が必要になる。思考の活用は,③で示した「わかり直し」にとっても重要なアプローチである。すでに学習した状況と条件を変えて考えたり,一見するとこれまでの考え方では説明が難しい事例について考えたり,実験室において条件制御された実験結果からわかったことが,日常的でより複雑な因果関係がある事象に当てはまるかを考えたりするような展開が考えられる。思考の活用は,「考え方が適切ではなかったのではないか」という揺さぶりになり,うまく説明できたときには論理性の確かさを実感できるような効果が期待できる。したがって,教師は発問や教材を工夫して,思考の吟味が十分に行えるような「活用」を構想する必要がある。

　③については,附属小学校では児童が思考を深められるようなコミュニケーションの場の設定,附属中学校では思考スキル（10の考え方）と思考のキーワードの利用を行った。理科学習における学習者間の交流は,仮説や予想の設定や観察実験後の話し合いの場面だけに限定されない。小学校では,観察実験中に児童が見たこと,考えたことを声に出すことは普通であるし,教師が児童と対話する様子を他の児童が聞くことも交流になる。しかし,児童が他者に伝えることを意識して考えを説明しようとすると,言葉の選択や説明の順序を考えることになり,他者の説明を聞くことが自分の考えの見直しになり,そのようなプロセスが思考の論理性の育成につながるのではないかと考えられる。また,附属小学校の事例からもわかるように,単に考えを言い合うのではなく,他者の説明を聞いて,その内容を評価し,適切に応答することが,論理性を高めるうえで重要になる。附属中学校の実践研究では,思考スキルとして「比較」「分類」「関連」「類推」「一般」「具体」「多面」「統合」「批判」「反証」の10の考え方を提示し,それぞれの考え方につながる発言のキーワードを生徒に示している。理科教育の歴史を振り返ると,1970年代に探究のための方法として13のプロセス・スキルが提示された（学校理科研究会編 1986）。10の考え方はプロセス・スキルに通じるが,言語による説明と学習者間の交流において活用すること

に重点を置いている点が新しい。探究学習の場合，①探究（科学）の方法の学習，②探究的行動の学習，③探究の構造（思考方法）の学習という観点（長尾 1974）があったが，①のスキルの習得が学習の主目的になり，③にまで到達しなかったという反省がなされることもある。同じ轍を踏まないように，思考スキルの学習を思考方法の理解に結び付けるための方策を検討しなければならないであろう。

文献
高久清吉（1990）『教育実践学』教育出版，pp.30-31
森本信也（1999）『子どもの学びにそくした理科授業のデザイン』東洋館出版，p.19
学校理科研究会（1986）『現代理科教育学講座 6 巻方法編（下）』明治図書，pp.40-44
長尾彰夫（1974）『問題解決の学習と探究学習』，理科の教育，23（10），pp.661-664

第5節　音楽科教育

山﨑浩隆・西　美穂・合志るみ子

(1) 音楽科における論理的思考力・表現力の育成

「共通事項」の各要素を観点とし知覚と感受のつながりを獲得させるために，そのつながりを思考・判断する能力を育成することは，子どもたちが主体的に音楽をかかわるようするためにも，各要素をもとに表現したり鑑賞したりすることができるようにするために必要なことである。

第8次学習指導要領で「共通事項」が設定されて以来，そこに挙げられている音楽の要素を変化させ子どもたちの思いや意図を表現させたり，音楽の要素に着目して楽曲を聴取させたりする鑑賞学習の実践も多くなってきた。しかし中には，子どもたち一人ひとりは音楽について思考・判断しているのだが，子ども同士で深め合うことにつながらない，つまり個別の活動に止まり「言語活動」にならないものも少なくない。音楽に対する自分の聴き方・感じ方，音楽の表し方を明らかにするとともに友達との対話によって音楽を主体的に思考・判断し，それらを深めることが大切である。

そのためには，授業づくりにおいてどのような点に留意すればよいだろうか。まず，表現および鑑賞のどちらの領域にも共通する点について，そして表現，鑑賞のそれぞれの領域について述べる。

① 表現および鑑賞における留意点

ア　要素の限定

表現学習では子どもの思いや意図を表現させるのだが，すべてを子どもに任せてしまうと子どもたちは混乱したり，思いや意図とはかけ離れた表現になってしまったりする。自分の思いや意図を表現させるといっても，すべてを任せるのではなく自由に工夫できる要素を限定することが必要である。また，鑑賞においても知覚・感受したことについて論点を限定して

話し合わせなくては，一人ひとりがそれらを発表するに止まってしまうことになり，言語活動で思考力・判断力を育成していくことにつながらなくなりかねない。

イ　対象の可視化

　自分たちの表現が思いや意図に即したものになっているかどうかを子どもたちが吟味したり，鑑賞したことをもとに議論したりする上で大切なことは音楽の可視化，つまり音楽をテキスト化することである。音楽のテキスト化は，楽譜を示したり楽譜に記したりすることだけではない。音楽に色や数字等の記号を付加し可視化することもできる。吟味や議論ができるようにするためには，比較検討できるようにしておかなくてはならない。そのためには，教材を提示する際にテキスト化しておく，あるいはテキスト化することが問いに含まれるようにしておかなくてはならないだろう。

　思考・判断するために類比・対比の比較が行われるのは，どの教科等も同じである。表現においても鑑賞においても音楽では比較がなかなかできない。それは音楽が不可視でありすぐに消えてしまうためである。したがって，音楽のテキスト化，可視化というのは表現を吟味する上でたいへん重要なことだと言えよう。可視化できるようにすると，根拠となる音楽の部分を指定し論点を明確にすることができるため，話し合いが活性化する。そのことによって，より明確に思いや意図に沿った表現であるか否かを吟味することができるのである。国語で子どもたちに根拠を述べさせる際，「○ページの△行目に□とあることから」と本文のどこからそのように解釈したり考えたりしたのかを言わせることがあるが，時間の経過とともに消えてしまう音楽では単に聞かせるだけではそれができない。だからこそ，集団で音楽について吟味したり検討したりすることができなかったと考えられる。しかし，音楽をテキスト化・可視化することで，音楽の学びも他教科と同じように思考・判断させることができるようになるのである。

②　表現における留意点

　表現学習では，どのような表現が自分たちにとってのよい表現なのかという評価規準を明確にしておくことが大切である。

子どもたちは，音楽の要素が限定されたことで考えやすくなる。そして，自分たちなりの「伝える表現」を完成させようとする。しかし，それはあくまでも自分たちで納得した「伝える表現」であり，それを今度は「伝わる表現」にしなくてはならない。表現者以外の人，グループで創作したのであれば他のグループの子ども，あるいは他学級，他学年の先生や子どもに「伝わる表現」になっているかどうかを吟味してもらわなくてはならない。

　吟味するためには，その可否を決められる評価規準が明確になっている必要がある。これが曖昧だとグループで吟味しても論点が不明確になり意見が噛み合わなくなってしまう。評価規準を明確にするためには，思いや意図が明確になっていなくてはならない。「感謝の気持ちを伝えよう」というだけでは，何に対する感謝なのか，だれに対する感謝なのかが不明確である。**伝える相手と目的を明確にする**ことが意欲を高めるとともに評価規準を明確にすることにもつながるのである。

③ 鑑賞における留意点

　鑑賞学習では，「感じたことを発表しましょう。」というような課題を設定することがある。この課題では，どの要素に着目して聴いてもよいことになる。そうすると，子ども同士がかかわり合うこともなく，積極的に発言する数名の子どもによって授業が進んでいくという授業になってしまいかねない。また，子どもたちに主体的に聴こうという意欲をもたせることも難しい。子どもたちが主体的に取り組むような課題が必要だろう。そこで，課題設定の条件として以下の2つを提案する。

ア　やってみたい，解決したいという意欲をもたせる　（解決志向）

イ　選択肢を限定し，立場を明確にさせる（意味理解志向）

　このような課題であれば，子どもたちは自分の考えをもつことができるだろう。アについては，155ページからその実践と効果を紹介している。そこで，ここではイについて述べる。

　音楽を直接，言語化することはたいへん難しい。そこで，色や形などの視覚情報に変換させることで，音楽をどのように聴き，感じたのかを言え

るようにする。これは，言語活動において非常に有効である。可視化には，聴いたこと聴いて感じたことを絵に描いたり，線で表したり，色や形を選んだりといくつかの方法が考えられる。しかし，どのように可視化させるかで言語活動は異なってくる。それは，可視化する際の情報の質と量に違いがあるためである。音楽鑑賞では，情報の質と量の少ないものに変換させることが，有効だと考える。情報量の少ないものに変換させることは，子ども一人ひとりが聴いたこと感じたことを抽象化させることになる。抽象化させるからこそ言葉でそれを補い，より具体化する必要が出てくる。また，友達の根拠を確認したいという意欲も高まる。そして，何より聴取の時間を確保することができるのである。

　変換させる際，選択肢を設けると，より思考・判断を容易にし言語活動の活性化につながることがある。選択肢の設定の仕方によっては，その違いから一人ひとりの考えの違いが明確になるのである。選択肢の設定では，子どもたちが比較検討できるくらいの選択肢の数に限定しておくことにも留意したい。

　課題設定では，もう一つ考えておくべき点がある。それは，子どもたちにとって実感を伴う課題を設定することである。実感を伴うためには，学習内容を自分に引きつけなくてはならなず，「分かったつもり」に止まらず「理解」させる上で大切なことである。子どもの会話を例に示す。

　「短調って悲しい感じがするだけじゃないんだよ。」
　「どうして？　ぼくには悲しい感じに聞こえるけど」
　「だって，先生がそう言ってたから悲しい感じだけじゃないんだよ。」
このように，教師の話や友達の発言をそのまま受け入れてしまうことが「分かったつもり」の状態である。

　「分かったつもり」から「理解」へと向かうようにするには「分かったこと」を自分に引きつけて解釈し，それが妥当かどうかを吟味するためには対話が必要である。解釈が対話における理由となることで，「分かったつもり」を「理解」へと向かわせる鍵となると考える。

(2) **論理的思考力・表現力を伸ばす表現（音楽づくり）の授業**
第4学年「6年生を送る歌をつくろう」

　本題材は，6年生を送る歌をつくる活動を通して，A→Bという旋律の変化が曲の雰囲気を変えたり盛り上がりのある音楽となったりすることに気付かせ音楽をつくる楽しさを味わわせることをねらいとした。

　そこで本実践では，子どもたちに旋律の変化について，「つばさをください」のA→Bへ変化する旋律とそうでない旋律を聴き話し合わせ，実感を伴ってその効果を理解し，自分たちの曲づくりに生かすことができるようにしたいと考えた。計画した指導内容は以下の通りである。

題材の指導計画（7時間取り扱い）

学習活動	論理的な思考を促すための教師の指導	時間
1．8小節の旋律に続く旋律を考える。	○　題材導入では，6年生を送る歌として提示した8小節の旋律から，続きの旋律をつくる活動を行う。その中で「6年生に感謝の気持ちが伝えたい」「中学校でも頑張って」などの発言を取り上げ，「6年生への感謝と励ましの歌をつくろう」という課題を設定する。 ○　自分はどんな音楽をつくりたいのか，そのためにはどのような工夫をしたらよいのか，シートに書かせる。	3
2．2種類の「つばさをください」を聴き比べ旋律の変化の効果に気付き，自分たちの旋律をつくる。	○　「6年生が覚えそうだけど，曲が盛り上がらない」など，旋律をつくる中で生じる疑問やつまずきを取り上げ，課題を設定する。 ○　旋律がAからBへ変化するときと変化しないときの「つばさをください」を聴き比べ，どのように聴こえたのか話し合わせる。 ○　旋律の変化の効果に気を付けて，自分たちのイメージした音楽になるよう旋律を仕上げさせる。	2
3　鑑賞会を行い，それぞれの曲に対する評価	○　自分たちがつくった音楽について，どのような曲をつくりたいと考えたのか，どんな工夫をしたのか振り返らせる。	2

155

を行ったり，旋律に歌詞をつけたりする。	○ グループの演奏を聴き，グループのよかったところを話し合うことで，旋律の変化の仕方やその効果を実感させる。

　ここから，感謝と励ましの旋律になるよう工夫していく第5時の様子について述べる。導入では，前時のゆう君とななさんの悩みを取り上げた。なお，児童名はすべて仮名である。

　　ゆう君　：「感謝の旋律はできたけど，2段目の励ましをどのようにしたらいいのか分からなくて進まない。」
　　ななさん：「『感謝・励まし・感謝』という旋律にしたいと思って2段目の音を高くしてつくってみたけど，今一つ盛り上がらない。」

図1　ゆう君のグループ

図2　ななさんのグループ

第2部 論理的思考力・表現力育成のためのカリキュラムの実際

　上記の2つのグループは1段目を感謝，2段目を励まし，3段目を感謝の旋律として表現したグループである。3段目は1段目の旋律のリズムを反復させながら終わる感じになるようにしている。2段目の励ましの旋律は，感謝の旋律より元気な感じにつくりたいと考えているため，それをどのようにしたらいいのか悩んでいるのである。

　そこで,「つばさをください」をもとにAからBへ旋律が変化した旋律（原曲）とそうでない旋律（3段目を教師が自作）の楽譜を提示し，3段目のリズムの違い確認させた後,「リズムが違うとどのようにきこえるのだろうか」と課題を提示し，曲を聴かせ話し合わせた。

譜例1　子どもたちに提示した楽譜

たかお：「あ」は，同じリズムが続くからなめらかな感じがずっと続くけど，「い」は3段目に8分音符があるからはずんだ感じにきこえる。
かこ　：「あ」に比べて「い」は覚えにくい。だって「い」は曲の盛り上がりがはっきりしてるけど「あ」は曲の盛り上がりの予想がつくから覚えやすい。
ひろこ：私は「い」の方が曲の盛り上がりが分かると思う。理由は，3段目が音が高くなってはやくなっているから。
T　　：はやいってどういうこと？
さくら：「い」の方が八分音符がたくさん入っているからはやく感じる。
なおこ：1小節に入っている音符の数が「あ」は5こで「い」は7こで，1小節にこの音符が入らなくてはならないからはやくなる。

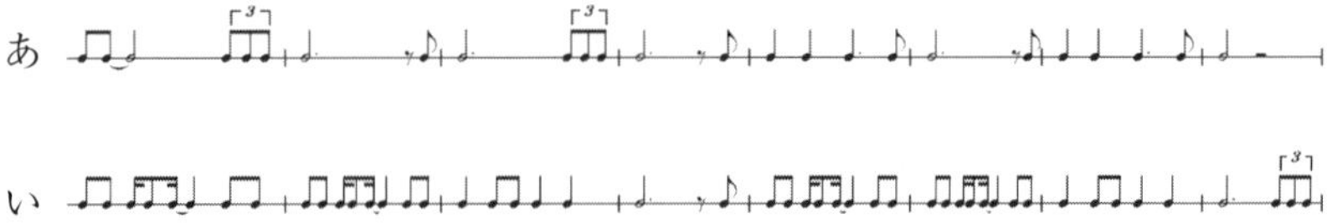

第2章 各教科等における論理的思考力・表現力の育成（音楽科教育）

譜例2　3段目のリズム譜

図3　話し合う前の旋律

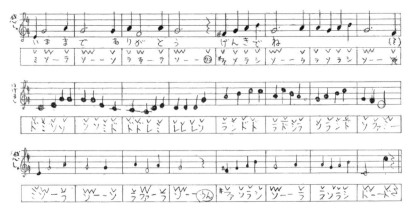

図4　話し合った後の旋律

ひろこさんは，曲を盛り上がらせるためには音の高さを高くすることで表現できることは理解している。しかし，速くなるということはどういうことなのか話すことができなかった。なおこさんが教師の提示したリズム譜をもとに，1小節の音符の数を具体的に話していったことで，ひろこさんも聞いている子どもたちも速くなるということがどういうことなのかが分かった。このように子どもたちの話し合いによって，音の高さを高くしてリズムを変化させると曲の盛り上がりがはっきりし，そのことが自分たちのいう励ましの旋律につながることに気付いていったのである。

6年生を送る歌をつくるという相手意識をもつことのできる題材にしたことで，6年生に感謝の気持ちや励ましのメッセージを伝えたいという思いが生まれ，そのためにはどのような旋律にしたらよいのか，子どもたちが工夫してつくる姿があった。

子どもたちのかかわり合いを促す工夫として，曲の聴き比べとリズム譜の提示を行った。つくった曲の長さがおよそ1分と3年生には長いと感じられる旋律であったが，曲の分析をした後に聴き比べたことで，リズムが変わるとどうなるのか課題意識をもって聴くことができた。また，リズム譜を提示したことで何を話したらいいのか話す内容を子どもたちが理解した上で話し合わせることができた。

(3) 論理的思考力・表現力を伸ばす鑑賞の授業開発
第4学年「音の重なりを感じ取ろう」 〜鑑賞教材『ファランドール』〜

「全く違う特徴をもつ2つの旋律が重なることができるのはなぜだろう」
このような課題を設定することで，子どもたちがより主体的に音楽その

表1　分割した位置とその特徴

	小節		調・拍子・速度・強弱
①	1〜9	冒頭からのtuttiによる旋律A	ニ短調 4/4 ♩=104 ff
②	10〜16	旋律Aが2拍ずれてカノン風に入る	〃
③	17〜116	フルート・クラリネットによる旋律B	ニ長調 2/4 ♩=176 ppp
④	117〜174	AとBが交互に出てクライマックスへ	ロ短調 2/4 ♩=176
⑤	175〜246	AとBが重なる終結部	ニ長調 2/4 ♩=176 fff

第2章　各教科等における論理的思考力・表現力の育成（音楽科教育）

ものとかかわろうとし，音楽の要素や仕組みについてお互いに考えたことを話し合い解決していこうとした。具体的に紹介する。
① 楽曲を分析的に聴かせるため表1に示した5つの部分に分けて聴かせる。
② 課題を提示する。

　異なる2つの旋律AとBの組み合わせ方を聴き取らせる。

　2つの旋律が重なって出てくる部分⑤は，それぞれ単独で出てくる2つの旋律をそのまま重ねたものではないことを部分①と部分③の2つの旋律を合成した音源を聴かせて確認させた。すると，子どもたちから「速さ」「拍」などの要素につながる発言が出てきた。「そろえれば」「合わせれば」⑤で重なることができるのではないかという考えが生まれる。そこで，次の課題を提示した。

譜例3　旋律A

譜例4　旋律B

「全く違うAとBの旋律がきれいに重なるのはなぜだろう。」
③ 解決のための情報を提示する。

　旋律AとBの図形譜と楽譜を提示した。

　以下は，子どもたちの発言記録の一部である。

C1	一緒のときのA（⑤）とAだけのとき（①）では，Aの速度が違う。
C2	合わせたことでここ（1小節目）の始まり（のタイミング）が合うのだと思う。
C3	Aを少し速くしてBに合わせるといい。
C4	速さも合わせて，4分の4拍子も合わせて，強弱も合わせて，これもこれも……というふうにあわせていくとぴったりなる（はず）。
T	AがBに合わせたり，BがAに合わせたりするといいってことなのか

> な。
> Ｃ５：③のときのＡは主旋律って感じだけど，⑤になるとＢに旋律が変わったって感じで，Ａが伴奏みたいになったから（２つが）合わさった感じになった。

　子どもたちは，２つの旋律を構成する音楽の要素を見つけ，比較し，「合わせる」「そろえる」「マッチさせる」ためには，強弱・数字（速さ）・記号（調）・拍子を変化させる必要があることを見つけていった。子どもたちの問いや疑問が，曲に積極的に関わり，要素や仕組みを意識することで，はじめて気付く聴き方を通して，「なぜ？どこから」を「なるほど」に変えることができた。

参考文献
田島充士（2010）「『分かったつもり』のしくみを探る　バフチンおよびヴィゴツキー理論の観点から」ナカニシヤ出版
小島律子（2011）「子どもが活動する新しい鑑賞授業　音楽を聴いて図形で表現してみよう」音楽之友社

第6節　図画工作・美術科

緒方信行・北野宏政・島﨑桂一郎・村田　崇

(1) はじめに

　美術教育部会は，熊本大学教育学部学習指導要領シンポジウムに2012年3月の第2弾より参加している。当初は大学から横出正紀そして附属小学校からは村上正祐，本山和寿また附属中学校から村田崇が研究を進めて来たが，現在は大学が緒方信行に，また附属小学校が島﨑桂一郎，北野宏政へと交代している。部会テーマも「スクリブルから始まる形と色の創造」から「子どもたちが論理的に思考し，表現する図画工作・美術科の授業デザイン」に変更した。これは，学習指導要領における図画工作科および美術科の[共通事項]の内容を意識したものから，本シンポジウムの総体的なテーマである「論理的思考力・表現力」の育成を意識したものへと移行したということであり，美術科特有という範疇から，より全体的視野から美術教育を捉えていくという強い思いへの展開を意味している。

　本節では，附属小学校および附属中学校の教師がそれぞれの所属の中で研究を進めてきたことと，大学からの一見解を紹介する。なお，ここでは小学校「図画工作科」と中学校「美術科」をまとめる場合に「美術教育」と表現している。

　「感性」や「創造性」そして「美」などは，一般的に説明しづらい概念的な言葉である。それ故に，教育現場においてこれらの言葉を使用して研究を進めようとすれば，他教科から疑問の声が上がる場合もある。しかし，実は最近取り沙汰されている「論理的思考力・判断力・表現力」という能力の育成にも，美術教育は大きく関係し，貢献している。キーワードは「イメージ」「デザイン」そして「感性」「美」「創造性」「ひらめき」などである。附属小学校・中学校の実践をもとに上記課題に迫っていく。

(2) 子どもが論理的思考力・表現力を発揮して，意味をつくりだす図画工作科授業の実際
　　　　　－単元「大きくそだてミニトマト」の場合－

① 単元の全体計画と授業展開
ア 題材について

　本題材は，人物を描く際に視線の向きを変えることで，その人物のおもいが表現できることを理解し，自分の表現に生かしていくことをねらいとする。

　子どもたちは，これまで，腕や足などの体のパーツの位置や向きを変えることで，人物の様子やおもいを伝えることができることを学習してきた。

　2年生になり，生活科見学でのどんぐりひろいの思い出を簡単なスケッチで表現させた際，多くの子どもたちが，体の向きや手足の描き方を工夫する姿が見られた。反面，顔の向きや視線は正面を向いているものが多かった。どうして瞳が真正面を向いているのか尋ねると，目は瞳が真ん中にあるものだからという言葉が聞かれた。1年生の時に描いた「いもほりをする自分」の絵を振り返ってみても，視線を工夫している子どもはいなかった。

　そこで，伝えたい様子やおもいは，記念撮影のように真正面から見た表情や手足の動きだけではなく，その活動をしているときの視線を工夫することで伝わりやすくなることに対話を通して気づかせ，作品イメージに近づけていくことを願いにもち授業を行った。

昨年度の作品例

イ 単元の構想について

　今回の実践では，次の二点をポイントとして単元を構想する。

第2章　各教科等における論理的思考力・表現力の育成（図画工作・美術科）

○　視線の効果に気づかせるために，人物の視線だけを変化させた4つの鑑賞作品を比較させ，感じ方の違いを交流させる。
○　自分の意図に応じた視線を表現できるようにするために，視線を自由に操作できる絵パーツを使って，表現効果を確かめる活動を取り入れる。

　子どもの表現したいという願いを大切にするために，第1次では，アイデアスケッチ後に，グループでの話し合い活動を行う。その中で，「何だか思い通りの作品になっていない。どうしたらもっとおもいや様子をうまく表せるのだろう」という切実感を表出させ，「どうしたら○○している様子や○○というおもいが伝わるのだろう」という課題を設定する。
　第2次では，この切実感を解決するために鑑賞の時間を設定し表現方法に着目させる。鑑賞教材としては，制作途中の段階にある作品を提示し，表現効果が感じられるところや改善した方がよいところに気づかせる。その上で「ジャックと豆の木」（右の絵）の1つの場面で，構図は同じであるが，視線だけを変えた4枚の絵を提示し，その表現効果の違いを話し合わせることで自分

鑑賞作品「ジャックと豆の木」

の作品に生かしていけるようにする。このような活動を通して，構図は一切変わっていないにもかかわらず，視線の変化だけでその時のようすの伝わり方は違ったものになってくることに子どもたちは気づいていく。その後，感じ取った表現効果に関して，実感を伴った理解を促すため，視線を自由に動かすことができる教具を使って，子どもたちに試行錯誤させるなかで，表現効果が感じられるポイントに気づかせる活動を設定する。このような単元構成によって，子どもたちは自分の作品イメージに近づけるための表現方法を理解し，表現に繋げていくことができると考えた。

ウ　授業の実際

ここでは，参考作品を鑑賞し，視線の変化による表現効果を考える場面（第3時，4時）を中心に述べる。

※　どうしたら「早く大きくならないかな」という気持ちが表せるか

第1時に，作品イメージをより明確にするために，生活科でミニトマトの苗を植えた経験をもとに，どんなことを考えながら，何をしている場面を描きたいのかを文章で書かせ，友だちと交流し合う活動を行った。その中で，動きだけではなく，おもいは表情でも表す必要があることを子どもたちは語りはじめた。

その後，アイデアスケッチを行う中で子どもたちの中から様々な悩みが出てきた。その中で，そうたくんは，早く大きく育ってほしいという様子や表情をどうしたら表せるのだろうという疑問をもっていた。多くの子どもたちも，ミニトマトの苗に話しかけながら水をやっている場面で，早く大きくならないかなというおもいを表現したいが，自分のイメージとは違うという悩みをもっていた。そこで，そのつまずきを全体の課題として取り上げ，みんなで解決していくことにした。

T：どうしたらそうた君の「早く大きくならないかな。」というおもいが表せるかな。

じろう：もう少しアップにすると表情が分かりやすくなると思います。

まゆみ：顔をトマトに近づけて，実のところを見るといいと思います。

さきえ：顔をかしげて目の向きを変えるといいんじゃないかなと思います。

みお：「はやく大きくならないかな。」と想像すると目は上に上がりますよね。前で発表していいですか。（黒板で絵を描いて説明）こんな感じで目がすこし傾いたようになって目の黒い部分は斜め上にきますよね。だからこんな感じに描くといいと思います。（瞳の上半分がまぶたに隠れているような感じ）

話し合いの後半で，視線の効果についての語りが聞かれた。その後，ペアになりお互いの作品についてアドバイスを行った。次時に，構図は同じだが視線だけに変化を加えた4枚の鑑賞作品を提示し，自分の表現に生かすために，その効果の違いについて考える場を設定した。

※　視線の変化で気持ちの伝わり方が変わる

視線①　　　視線②　　　視線③　　　視線④

視線の表現効果を感じとらせやすい場面が見られる「ジャックと豆の木」の読み聞かせを行い，ジャックが大男の家から逃げ出す場面の絵を提示した。以下が，その時の子どもたちの語りである。

　　しゅう：ぼくは，①からは大男が起きないように「そーっと」いこうという気持ちが，②からは「さっと」行こうという感じ。③は足音をたてずに行こう。④は普通に行こうという気持ちがします。
　　Ｔ：「普通に行こう」とはどういうことですか。
　　しゅう：目が動いていないです。だから真正面は何も考えていなくて普通な感じです。
　　みお：普通に歩くときには目が真正面を見ますよね。でも①は大男の方を向いているのですごく恐ろしさを感じていることが分かるし，③は見つかったときのことを考えているように思えるし，④は見つかっても平気だという感じで全然何ともないよという気持ちが伝わります。
　　ゆき：私は別の意見で，目が真っ直ぐに向いていますよね。物語には大男のおかみさんがでてきましたよね。私は目の向きで考えると，目の前に

おかみさんがいてそのおかみさんに「ありがとう。」って言っているんじゃないかなと思います。(おかみさんはジャックを助けてあげようとしていたから。)

　視線を変化させることによる表現効果を，それぞれの子どもたちが感じとったばかりではなく，今までは表現効果を感じて描いていなかった「真正面を見つめて描く意図」まで考える姿が見られた。また，まゆみさんは，この時のゆきさんの発言を受けて，「絵の中には描いていない人のことを見ているって考えたゆきさんはすごかったです」という感想を綴っていた。

※　鑑賞で感じた表現効果を作品に生かす

　鑑賞で感じとった視線の表現効果を自分の表現方法として生かし，実感を伴った理解にまで高めるために，一人の児童作品を使って，瞳だけを自由に動かせるようにした教具を提示し，グループ内で操作させた。自分たちのアイデアスケッチに立ち返って表現方法を変化させていった。少し悩んだ様子を表現したかったまゆみさんは，前時に出されたゆきさんの発言を受けて，次のように語った。

表現効果を確かめる

　　ゆき：目線を動かしたんですけど，これだけだったらただ茎の方を見ているだけにしか見えないから，じょうろで水をあげてるから斜め下を向いた方がいいかな。
　　じん：ぼくはトマトのことを考えているところを表したんですけど，体の角度というか首の傾きも変えるともっと伝わるかなと思いました。
　　ふゆ：私は，絵の中の私ではなくて，後ろの6人の友だちの視線を変えました。だってこの一番右後ろの友だちは，私を見て何をしているんだろ

うって思っている感じを表したかったし，私の隣の友だちは，私に話かけてくれているので，視線は私の方を向いているように描いてみました。一人ひとり考えていることが違うから。

まゆみ：私は，どうして視線がトマトではなく微妙にもっと右の方を向いているのかというと，この画面の中には描かれていませんが，私の隣には友だちのトマトが置いてあって，それと見比べてどうして私のトマトは葉っぱがざらざらしているのかなと悩んだ感じを出そうと思って，絵の外にあるものを見つめている感じに描いてみました。

　鑑賞作品を使って視線の表現効果について考え，対話を行ったことで今までは意識することがなかった瞳を真ん中に描くことの有用性にまで子どもたちは気づいていった。この活動を通して「悩んだ感じ」を表現したかったまゆみさんは，画面の外を見つめる表現効果を感じとり，自分の作品に生かすことができた。

② 授業実践の成果と課題

　多くの子どもたちが，友だちの悩みを解決したり，視線の効果を確かめる教具を使って試行錯誤したりしながら自分に合った表現方法を探る活動を行う中で自分の作品に新たな表現方法を取り入れることができた。まゆみさんの作品は右のように変容した。今後は，子どもたちの発達段階を考え，学年の系統性を踏まえて，取り上げる表現方法を考慮していく必要がある。

　図画工作科においては，イメージと表現方法を繋げる鑑賞，表現効果と表現方法の分かり直しをするモデル操作の有効性を生かして今後も研究を進めていきたい。

変容した作品

第2部　論理的思考力・表現力育成のためのカリキュラムの実際

⑶　感じたことを形や色などで表す過程における思考活動
① 　中学校美術科における思考力の育成とは
　美術科では創造活動の喜びを味わわせ，美術を愛好する心情を育て，感性を豊かにし，美術の基礎的能力を伸ばし，美術文化についての理解を深め，豊かな情操を養うことを目標に日々の授業を行っている。その中で，生徒は絵や彫刻などの作品で表現する時に，感じたことを形や色などで「どのように表現」していくのか考える。考えたことを様々な材料を用いて作品として具体化していく。また，美術作品を鑑賞するときには作品の中にある形や色などが「どのように感じられる」のか考える。つまり，生徒は美術の活動の中で絶えず思考している。この美術の活動の中で行われる思考活動に着目し，より豊かな思考活動が展開されることで，美術科の目標をより高次元で達成できるのではないかと考えている。しかしながら，思考活動は目に見えるものではなく，絵や彫刻などの表現においては，思考した結果として作品が出来上がってくる。作品を見て助言するときにはある程度，生徒の思考は完結していることが多い。そこから発想を再考したり，作品を作り直したりすることは大きな労力が必要で，生徒のモチベーションも下がることが多い。そこで思考活動が行われている最中に生徒の思考活動を適切に評価し，効果的に指導，助言を与えていくことが思考力の育成につながり，その結果，美術科の目標の達成にもつながっていくものだと考える。

② 　美術科における生徒の思考活動について
　本校美術科では生徒の思考活動がどのように行われるのかまずは作品を鑑賞する時の場合について分析した。美術鑑賞において，人は作品を目の前にしたときに，作品の形や色を見て第一印象を受ける。その印象はそれまでその人が経験してきたものから得られるものでもあるし，反射的に感じるものでもある。そしてじっくりと作品を見ていきながら，その人の知識や経験と結びつけながら作品の中にその人なりの価値を見出していく。
　また，絵や彫刻などの表現においては作品を発想したり，作品の構想を

第2章　各教科等における論理的思考力・表現力の育成（図画工作・美術科）

したりするときに鑑賞の時に形や色などと経験とを結び付けて考えていくような思考活動を展開する。それらのことをまとめたものが【資料１】である。

作品を鑑賞するときの思考活動と，作品の発想，構想を練るときの思考活動は似たようなものである。それらを関連させて繰り

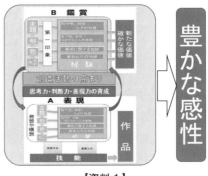

【資料１】

返し行っていくことは思考力の育成にもつながるのではないかと考える。

③　思考の見える化

生徒が作品をどのようなものにするのか考えていることや，作品を見て感じていることを見ることはできない。そこで，鑑賞においては，「鑑賞図」【資料２】を用いることで生徒がどのように作品を鑑賞する時に思考活動を行って

【資料２】　１年生の鑑賞図

いるのか「見える化」した。この指導については，１年時の初めての鑑賞の授業において，感じたことは四角枠で囲み，作品の中の形や色は丸で囲むなどいくつかの約束事を確認する。本校の他教科においても「図化」でまとめることが行われている。そこで得たことも反映できるように細かな約束事はあえて行わず，生徒自身がわかり易くまとめることを重視した。３年生になると視点ごとに区切りをつけてまと

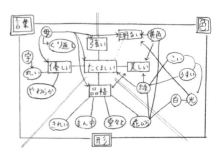

【資料３】　３年生の鑑賞図

める【資料3】など，生徒によっ
て工夫が見られるようになった。
工夫されたものは全体に紹介し，
お互いの参考にさせている。
　表現における作品の発想，構想
を練る段階でも思考活動が展開さ
れる。そこでは，主題をどのよう
な形や色で表現するのか相関図
【資料4】を用いて整理させる。

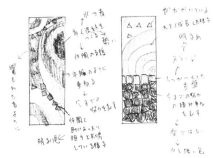
【資料4】作品の発想

発想した形や色がどのような意味があるのか生徒自身も再確認すること
ができるとともに，生徒がどのような思考をしているのか見取ることがで
きる。また，この相関図によって生徒間でお互いの考えを共有することも
安易になり，作品を発想する時や作品の構想を練る段階で質の高い生徒間
の情報交換も可能となった。

④　鑑賞と表現を関連させた取り組み　～写真による表現から～

　鑑賞における思考活動と，作品を発想したり，構想を練る段階での思考
活動は，形や色などと知識を含む経験とを結びつけながら行われる。そこ
で作品を表現するときに関連するような作品を鑑賞していくことで，より
豊かな表現が生まれてく
ることは学習指導要領解
説にも述べてある。本校
美術科では，1年生の取
り組みとして，自分で制
作した立体作品を制作し
た時の思い（主題）をよ

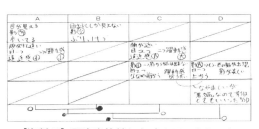
【資料5】写真を比較した時のワークシート

り効果的に伝えられる1枚の写真を撮るにはどのようにしたらよいかとい
う課題を設定した。生徒に「主題を伝えるにはどのようなアングルが良い
のか？」ということを考えさせて4枚の違ったアングルの写真を撮らせた。

その中で一番良いものはどれかということを導き出すために，4枚の中から2枚を比較させ優劣をつけさせた。【資料5】その時に必ず理由も考えさせる。良いと判断した写真とまた違う写真を比較させ，それを繰り返し最後に残った1枚の写真が4枚の中のベストショットとなる。【資料5】の生徒のワークシートでは，最終的に「D」の写真が一番良いと判断している。制作の主題は「なやましい猫」で，そのなやましさを猫のポーズで表現し，その意図が一番あらわれている写真が「D」の写真だと判断している。そこで新たに影の効果についても気づき，影の形によって立体作品の形を効果的に表現できることに気付いている。作品を比較しながら鑑賞していく中で，新たな写真による表現の方向性に気付いている。そこで考えたことを基に，本当のベストショットを生徒に撮らせる。

【資料6】の右の写真が4枚の違うアングルの写真から1枚を選ぶとい

【資料6】右の写真が比較鑑賞後に撮ったもの

う比較鑑賞後に撮った写真である。鑑賞において新たに見えてきた光の効果に着目し，作品の形をより鮮明に影によっても表現している。影を鮮明にした方がより主題を表現できるのではと感じたことを写真によって表現し，その効果を視覚的に確かめることができた。

　写真は，今や様々なものに付随し，身近なものとなっている。また，撮ったものをすぐに見ることもできる。今回の自分の作品を写真に撮って制作した時の思いを確認する課題において，生徒の積極的な授業への取り組み方，すぐに撮った写真を見て生徒自ら評価し，次に生かそうとする姿を見て，美術の題材としてこれから更に可能性を感じるものともなった。

(4) 美術教育が培う，瞬時に展開される論理的思考力

本項の冒頭で，「論理的思考力・判断力・表現力」という能力の育成にも美術教育は大きく関係し，貢献していると述べた。では，具体的にどのようなことが根拠になるだろう。論理的思考力を中心に以下記していく。

① イメージによる思考
　ア　記憶の追跡

人が記憶を追跡する場合，日記を読み返すように言葉を辿っていくだろうか。いや，どうやら人は記憶をたどる場合，イメージによる追跡を行っているようである。なお，ここでいうイメージとは主に心に描く画像のことを意味している。

例えば，探し物も人は言葉ではなくイメージで記憶を辿っていく。「どこにペンを置いたか」と探す行為において，人は最後にペンを置いた所を画像で思い出そうとする。果たしてそこにあれば良いが，無かった場合はさらにイメージを辿ることになる。そこでは瞬時に多くの場面が画像として脳裏に浮かんでは消え，やがて求める画像にヒットし（図1），問題は解決する。最終的には言葉も支援し，「そうだ，あの時ここに…」などと明確に思い出す。以上，瞬時に行われる作業である。

図1

　イ　画像は言葉を内包する

図1の場面において，探し物をしていた本人は「そう言えば，自分の机の片隅に…」などと記憶が蘇ってくる訳であるが，第三者がこの画像を見る場合は趣がやや変わってくる。例えば，「このペンは誰のだろう」「3つの鍵は何の鍵…」「机は…」「床がタイル，どんな部屋…」などと推理が行われて行けば，ここに一つの物語が文章として生み出されることとなる。

すなわち，画像は言葉を内包しているのである。

第2章 各教科等における論理的思考力・表現力の育成（図画工作・美術科）

② 「イメージの深化」理論

◇◇◇ **イメージの深化** ◇◇◇

▼ **イメージの深まりの過程への着目とパターン化**

　なかなかいいアイデアが出ずに困っている人がいます。また、浮かんだアイデアをすぐに下がきとして制作に入り、自分のイメージを深めないまま制作を進める人もいます。どのようにしたら、イメージの発想を抵抗なく、かつ、さらに発展させていくことができるのでしょうか。
　イメージの深まりの過程に注目してみました。

(1) **イメージ深化の基本構想**

　はじめから大きい画面でのイメージ創出では、修正が困難であるし、面倒さによる妥協が入ってしまいます。小さい画面から、イメージを確かなものにしていくのがいいでしょう。

図1

(2) **イメージ深化の具体的段階**

　深化パターンを図2のような4段階に考えました。CBS法などに似ていますが、まずは自由奔放に、そして質より量で、気楽にアイデアを出していきましょう。

図2　☆ 深化0（頭の中）を加えるとイメージの深化は5段階となる。

(3) **イメージの深まりのパターン化**

　深化の4段階の場を図3のように、それぞれクロッキー帳、イメージ発想カード、本番の素材へと割り当てました。常にこの4段階で考えてみて下さい。気がつくと、たくさんのアイデアがクロッキー帳に残ります。これは美術の自主的活動「アクティブ美術学習法」の一つです。

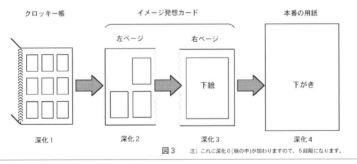

図3　注）これに深化0（頭の中）が加わりますので、5段階になります。

図2

図2は，中学生に「イメージの深化」と称して提案した一種のイメージ発想法である。子ども達は制作に対して，どのようなものを描こうか作ろうかとまず悩む。図中の「深化1」の段階において，ブレーンストーミング法のように質より量でクロッキー帳に小さく気軽に自分の思いを描かせていくと自由な発想がたくさん出てくる。要はそこからアイデアを絞っていけば良いわけである。大きな画面にアイデアを描かせていくと，修正したい場合に消したり描き直したりと抵抗が大きいが，小さい画面では，消すよりも新たに描いた方が早いということに気づく。たくさんのアイデアも残ったままとなり，将来他の目的にも流用可能となるのである。

また，深化の途中に全く新しいアイデアがひらめくことがある。たとえ最終段階の「深化4」が「深化3」と全く違っても構わない。それまでのイメージを覆してまでも価値あるものと本人が判断しているからである。その「ひらめき」が単なる思い付きでないことは，それまでの思考が裏付ける。少しの手直しを試行した上で最終画面に向かえば良いのである。

③ イメージで思考過程をデザインする

　ア　制作過程のデザイン

さて，アイデアが決定したら制作に入る。制作においては，また様々な要素が関係することになる。それらの要素は，例えば「道具」であり「技

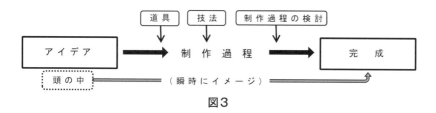

図3

法」であり「制作過程」そのものでもある。

なお，最初のアイデアは時に最終イメージであり，制作は，多くの場合その始めの段階において，頭の中ではすでに完成している。後はそれを形にして行くだけ（変更も有り得る）なのである。

第2章　各教科等における論理的思考力・表現力の育成（図画工作・美術科）

イ　学習過程のデザイン

　学習発表会なども制作と同じである。図4は，以前筆者が考案した総合的な学習の時間「絵本をつくろう課！」の学習過程である。

図4

　企画後，講師を呼んだり調査に出かけたりして内容を検討した上で，絵本を作成し，再び幼稚園などに出向いて検証を行い，その結果を発表するという学習過程である。この過程は全く異なる学習課題にも生かすことができる。学習過程の計画も一つのデザインであり，最終的には，学習（仕事）をイメージとして瞬時に企画し，過程全体やどのような結果となるかという最終イメージまでも抱くことができるようになるのである。

　初めに教師が準備した制作や学習の過程は，体験として学んだ子ども達がそれら過程を理解し，やがて創造し始める。過程を繰り返すことでイメージはより確実なものとなり，瞬時に先を見通す能力も身に付いていく。
　すなわち美術教育は，美術的技能・表現に加えて瞬間的な論理的思考の能力をも培い，子ども達の手を，目を，脳を育て上げていくのである。

(5) **おわりに**

　人間形成における美術教育の果たす役割は「感性を豊かにし，美術の基礎的な能力を培い，豊かな情操を養う」ことである。世の中には美術鑑賞に関するテレビ番組や，美術に関する趣味講座などが多く存在し，「美術」が人の心を豊かにする大切なものとして評価され認められていることは事実である。しかし，美術が持つ特有の曖昧さや不明瞭さが故に，時には美術教育の価値までもが疑わしいものになってしまう感も否めない。

　このような状況に際し，美術教育に携わる人達が子ども達の美的技能の伸長や，美を味わう場づくりに励んでいる。例えば本節における附属小学校では，人物の様子や思いを伝える手立てとして，パーツによる人体構成法や視線の工夫など，比較鑑賞法と具体教材を用いながら，より効果的に表現するための取り組みに挑戦したり，附属中学校では，表現における思考過程を明らかにするために「見える化」という言葉を用いて，表現と鑑賞を連動させたりしながら，美的能力をより高めようとする取り組みがなされている。共に，言葉による情報交換の場も重視しながら，子ども達のより良い美的表現や美的理解を目指しており，成長過程の子ども達の人間性の向上にも寄与しようとする強い意欲が感じられる。このようなことは，熊本県市の図工・美術研究会においても同様で，授業研や実技研に参加している先生達にも十分な取り組みと意欲が見られる。

　美術教育が「論理的思考力・表現力」の育成に大きな役割を果たしていることは本節の大学からの一見解として紹介しているところでもあるが，我々美術教育に携わる者が，より明確に美術教育の存在価値を世に知らしめながら，さらにより充実した美術教育を構築していくことが大切であると考える。

　本節の終わりに際し，熊本大学教育学部美術科が，附属小学校図画工作科，附属中学校美術科さらには附属幼稚園とも連携をとりながら，美術教育の真価を発信し，熊本の教育現場も交え，熊本そして日本の美術教育の発展に携わっていけるよう奮起することを誓いたい。

第2章　各教科等における論理的思考力・表現力の育成（体育・保健体育科教育）

第7節　体育・保健体育科教育

坂下玲子・西村正之・豊田誠一郎・岩根　元・前田路子

(1) 体育・保健体育授業における論理的思考力・表現力の育成

　平成20年に改訂された学習指導要領総則において，「生きる力」をはぐくむことを目指して，「基礎的・基本的な知識・技能を確実に習得させ，これらを活用して課題を解決するために必要な思考力，判断力，表現力その他の能力をはぐくむとともに，主体的に学習に取り組む態度を養う」ことが示され，言語活動の充実が謳われている。これを受けて体育科・保健体育科においても，教科の目標である「生涯にわたって運動に親しむ資質や能力」を育てるために，体を動かすことが情緒面や知的な発達を促し，集団活動や身体表現などを通じてコミュニケーション能力を育成することや，筋道を立てて練習や作戦を考え，改善の方法などを互いに話し合う活動などを通じて論理的思考力をはぐくむことにも資することを踏まえ，基礎的な技能や知識の確実な習得と，それらを活用して自らの運動の課題を解決するなどの学習をバランスよく行うことが学習指導要領解説（2008）に示された。体育授業における学習では感性的・感覚的なものと論理的なものの両面からのアプローチが重要になる。つまり，感性や感覚の悦びを大切にしながら，論理的思考力を身に付けさせていくことが大切である。

　運動学習において，運動の合理性や論理的な追求をねらいとしながらも，運動の感覚やイメージに働きかけていくことが多い。動きのリズムや力感など，運動には必ず身体を通した感覚が伴っており，感覚的なものを通らない限り，論理的な追求は難しい。「うまくとべた」とか「きもちがいい」というような感覚的なものが蓄積し定着したときに，子どもたちは感性をもとに論理的なものを身に付けていくようになる。運動が合理的で美的であるためには，感性的なものと論理的なものの両方が必要なことがわかっ

てくるのである。

　一方，話し合い活動やペアやグループでの活動においては，「根拠―理由づけ―主張」による論理的な交流が必要である。感覚的・感性的なことを論理的に伝えることが対話の生成につながるのである。ここで大切なことは，実践した感覚的なことを根拠となる事実として可視化することである。約8秒間で終わってしまう短距離走も10m毎のスピード曲線で示すことにより，走りの特徴や動き方の課題を見出すことができる。内観を伴った自己観察，運動の「何を見るか」を明確にした他者観察に加え，動画・静止画による提示，ゲーム中のゲームフリーズ等による事実（情報）の提示が有効である。さらに，相手に自分の意見（主張）に共感・納得してもらうためには，理由づけが重要になる。なぜそう考えるのか，なぜこちらを選ぶのかという理由を子どもたちに問うことにより，子どもたちは運動の意味や合理性について考えるようになる。そして，多様な理由づけが出されることにより，豊かな対話が生み出される。

　話し合いにおいて子どもたちが納得し，共通理解を持ったとしても，課題となる運動がすぐにできるようになることは難しい。子どもたちは対話で得たものを手がかりにして，再び課題や自分の身体と向き合うことになり，ここでまた，感覚的・感性的なかかわりが重要になる。ここでは，「わざ言語（The Languages of Craft）」と呼ばれるような修辞的な言語の使用や非言語的な「提示（showing）」も有効である（生田，2011）。また，言葉をかけるタイミングもポイントとなる。この「わざ言語」を通した学びには，その前提として「感覚の共有」や「共感」といった要素が働いていることが重要である。

　これまで述べてきたように，体育授業においては感性的な学習と論理的な学習の交互作用が求められる。しかし，そのような学びを成立させる前提にあるのが子どもが夢中になって取り組むことのできる教材であり，切実感をもった課題である。Siedentopは体育教材の素材となる運動遊びやスポーツについて，遊びは未組織な遊び（パイディア）から制度化された遊び（ルドゥス）へと発達するというCaillois（1959）の理論，子どもたち

はより充実した遊びを実現していくために「連続的な不調和」と「漸増していく複雑さ」を求めるというElis（1973）の理論に依拠しながら，運動の楽しさや感覚的な悦びを維持しながら，より高度なルドゥスに移行させることを重視した（和田，2013）。この連続体の考え方は，子どもの発達段階に応じた学習内容や教材の提示の必要性を示している。また，それぞれの遊びやスポーツには特有の方法やルールがあるが，その範囲内で各自が選び，変化させるなどの創意工夫が内容を豊かにし，楽しさの段階を増大させるのである。さらに，体育授業では競争や協同などの活動が中心となることから，対人的軋轢が生じることが多い。そこには，感情的なトラブルを話し合いによって解決することの実体験による学習の可能性がある（森，2012）。

　熊本大学教育学部附属小・中学校では，これまで，体育授業における論理的思考力・表現力の育成に取り組んできている。附属小学校では，ゲーム・ボール運動領域において子どもたちが全力でゲームに取り組めていない現実から，子どもが夢中になって競い合うことのできる教材づくりを行っている。そして，切実感をもった課題解決学習の場面において，根拠となる事実をしっかりつかませ，なぜそうした方がいいのかという主張の理由づけを考えさせることで動きの意味をわからせようとしている。附属中学校では，話し合い活動に論理的思考モデルや思考様式を活用しながら，自分と違った考えに出会うことで，新たな見方や考え方ができるようにしている。また，根拠となる情報を取り出すために，客観観察・自己観察を大切にしている。これらの実践は，運動の楽しさを実感できるように，子どもたちの切実な思いから出発し，子どもの分かり方に寄り添いながら，授業をデザインしてきたことの積み重ねによるものである。

(2)　論理的思考力・表現力を伸ばす体育科・保健体育科授業
①　学びに夢中になるスマッシュゲーム（附属小学校）
　ア　教材の概要
　スマッシュとは，「ボールを強く打ちつける」という意味である。スマッ

シュゲームは，低いネットで隔てられた2つのコートにおいて，常にワンバウンドさせてボールをつないだり，相手コートにボールを打ちつけて返球したりして，ラリーを続け勝敗を競うゲームである（図1）。そして，はじめのルールは，以下のようにした（表1）。

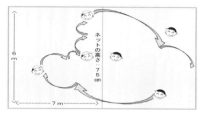

図1　スマッシュゲームのコート図

表1　スマッシュゲームのはじめのルール

○　常にワンバウンドしたボールを，パス，スマッシュする
○　スマッシュは，相手コートにワンバウンドさせる
○　キャッチせずに，常にボールをはじいて，パス，スマッシュする
○　1回までパスしていい
○　ゲームは，3対3で行う
○　サーブは，下か横から打つ
○　スマッシュが決まったら，アドバイザーと交代
○　ゲーム（5分）→交代，アドバイス（1分）→ゲーム（5分）

プレルボールと同じように，ワンバウンドしたボールをつなぎ，返球することに，本ゲームのおもしろさがある。ソフトバレーのようにボールを落とさないようにするおもしろさとは，質が異なる。そして，プレルボールとの最大の違いは，相手コートにボールを打ちつけるという点である。その際には，ハンドテニスのように平手で打ちつけてよいため，ボール操作が容易になるのだ。

1）　100円ショップのゴムボールの方が……

100円ショップのゴムボール（写真1）の評判がすこぶる良かった。子どもたちは，まずゴムボールを選んでいく。なぜだろうか。その理由が，子どもたちのプレーをじっと観察していて，やっと分かった。このボールの方が，よりコントロールしやすいのだ。まずは，重さ自体が150g未満

と軽い。そのため，スマッシュしやすいし，ボールのスピードも若干遅くなって，ラリーが続きやすくなっているのだ。また，大きさが一回り大きいことも，操作性を高めている要因かもしれない。そこで，スマッシュゲームにおいても，このゴムボールを使用していくことにした。

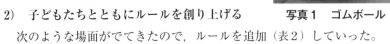

写真1　ゴムボール

2)　子どもたちとともにルールを創り上げる

次のような場面がでてきたので，ルールを追加（表2）していった。

表2　追加したルール

横からのサーブの勢いが強いため，サーブで簡単に決まってしまう。	サーブは，下打ちで，コートの真ん中（ネットから3m）から行う。
サーブをする際，ネットにかかったり，相手コートに届かなかったりする。	2回までサーブできる。
守りの体勢に入っていないまま，いきなりサーブをされる場合があった。	かけ声をした後，全員が合図をしたのを確認してサーブをする。
バレーのように，「3回までボールに触って攻撃したい」という声が出てきた。	2回までパスして，スマッシュできる。（自コートで3回ボールに触れる）
わざと足に触って，ミスにする場合があった。	ミスした場合も，相手に点数が入る。

3)　コート間を仕切るものの材質や高さの検討に，最も時間を費やした

子どもたちは，ハンドテニスの時に使用していたダンボールをとても気に入ったようで，これを二段に重ねてネットにしたいと考えた。このダンボールは，宅配便120サイズ（横：506mm，縦：340mm，高さ：339mm）という，最も一般的なダンボールである。二段に積み上げると，高さは70cm弱となる。4コート分設置すると100個近くになり，二段に積み上げられたダン

ボールは，壮観であった。子どもたちも，とても気に入っている。コート間を仕切るはっきりした障害物があることで，判定がしやすくなった。ギリギリの場合でも，「ダンボールに当たった時に音がするので，分かりやすい」らしいのだ。しかし，ゲームを進めていく中で，次のような問題点もでてきた。

> ダンボールだったらダンボールに近いところが見えないけど，ゴムだったら下が空いているから見えやすい。打った時の手のつき方で行く方向が違うから，見えないと困る。あと，ダンボールに当たった時に音で分かるということもあるけど，ゴムでもゴムが揺れるから分かる。

ダンボールの最大の欠点は，「向こうのコートが見えないこと」である。一段であったら見えるのだが，二段になった場合，子どもたちの身長では，特に手前が見えない。そのため，ボールをとらえた瞬間が見えずに，反応が若干遅れてしまうのだ。

写真2　2本のゴムと木の支柱

やはり，2本のゴムと木の支柱を仕切り（ネット？）とした方が良さようだ。その高さは，ゴムを結び直して75cmとした（写真2）。ダンボールの幅の分，少し高くした。子どもたちも，ちょうどいい高さと感じている。

イ　単元計画

学習活動	全員参加を保証する教師の支援	時間
1　ゲームと出会う。	○　ルールを確認し試しのゲームを行う。	1
2　ルールや場を工夫する。	○　ルールや場について，困ったことなどを出させ，楽しくゲームができるルールと場を全員で創りあげるようにする。	2

3　作戦を工夫する。	○　うまくいかなかった作戦と，その原因について考えさせる。	1
4　技能の向上を目指す。 (1)　トス (2)　スマッシュ (3)　レシーブ (4)　ボールを持っていない時	○　2つの動きを根拠に比較させ，よい動きの理由を明らかにさせる。 ○　試す場においては，動きの有効性を確かめるだけではなく，自分なりの動きのコツを見つけさせる。	4
5　スマッシュゲーム大会を行う。	○　学習の成果が現れている場面を取り上げ，自分たちの伸びを実感させる。	1

なお，5時間目以降の学習過程は，次のようにした。

① 子どもの切実な思いを見取り，課題を設定する。
② 子どもたちのつまずきの基となっている事実について，動画や演示を根拠として提示して比較させ，理由を考え合わせることで，よい動きが理解できるように支援していく。
③ 実際に動きながら繰り返して試す場を子どもたちに保障し，本当によい動きかを確かめさせ，具体的な動きのコツが実感を伴って理解できるように支援していく。
④ その動きのよさ及び動きのコツがゲームに生かされている場面を積極的に取り上げ，他の子どもたちにもそのよさを確認させる。

ウ　授業の実際（第8時）

1)「なるほどそうか」から「本当にそうだ」へ

　今回は，第8時を中心に述べる。前時までに，「左前の人が最初のボールを捕った時には，後ろの人がスマッシュした方が打ちやすいのだが，それでもスマッシュミスが起きやすい」というつまずきが生じていた。そのような切実な思いを見取り，次のような課題を設定した。

> 左前の人が最初のボールを捕った時,後ろの人は,どこに動いたらいいのか。

次の二つの事実(写真3,4)を動画及び写真で提示し,比較させた。

写真3　後ろの人が前に行かない場面

写真4　後ろの人が走りこんだ場面

解決策を検討させる中で,次のような意見が子どもたちから出された。

> ○ 左の写真(写真3)では,後ろの人が後ろのままだから,打っても届かないことがある。でも,右の写真(写真4)の場合は,後ろにいる人が前の方に行っているので,打ったら絶対届く位置にいるから。

そのような対話の中で,「後ろの人が,できるだけ前に走りこんで,右からのトスをスマッシュする」動きの大切さが「なるほどそうか」という「納得」へと導かれたのではないだろうか。

しかし,対話の中で出された考えを聴いただけでは,そのよさが実感を伴って体で分かるまでには届かない。そこで,写真4のような動きを試す場において,その動きのよさが「本当にそうだ」と「実感」できるようにした。

2)「でも,うまくいかない」から「できた」へ

本時までに,「後ろの人が,できるだけ左前に走りこんで,右からのトスをスマッシュする」動きの有効性を実感を伴って理解して,意図的に行っている子どももいた。そのような子どもたちの動きを見本としながら,上述した「納得」を「実感」へとつなげていったのだ。しかし,「前方のボールに追いつくために,走りながらスマッシュを決めたという成功体験」の

ない子どもにとっては,「なるほど……, でも, うまくいかない」と, 意識の変容が, 動きの変容までにはつながらなかった。そこで, 次のような課題を設定した。

> 後ろの人が, 走りこんでスマッシュを決めるための動きのコツは, 何だろうか。

子どもたちは, 次のような動きのコツを見つけていった。

> ○ トスが前に行くほど相手のコートが近くなって狙いやすいこともあるし, 入りやすくて勢いもつくから, トスが前に来たり走りこんで行ったりする方がいい。
> ○ スマッシュする人が後ろから前に動く時, トスする人が後ろにボールを上げちゃって, スマッシュする人は前に行って打とうとしたんだけど, ボールは後ろの方に行ったから打てなくなった。だから, トスを前に出した方がいい。
> ○ スマッシュする人は, レシーブする人とトスする人の邪魔にならないように, 後ろで待っておく。そして, 足が速い人はバウンドする直前に, 足の遅い人は打つ前に走りだす。

このようなコツを共有して後半の試す場へと向かうことで, そのコツが自分なりのものに近付いていったのではないだろうか。後半の試す場では, 友だちから聞いたコツを意識して, 後ろから走りこんでスマッシュする動きを繰り返していった。その中で,「でも, うまくいかない」という悩みが次第に解決され,「できた」という喜びに変わっていったように思う。

エ 成果と課題

1) ボールをつなぐこと

単元の初め, 子どもたちは, ほとんど1回で返球していた。しかし, 最後には, 1球で返球することは, ほとんど見られなかった(図2)。「速いスマッシュは, とりあえず軽く当てて上にあ

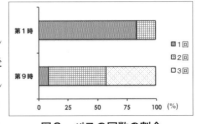

図2 パスの回数の割合

げてレシーブして，左前にいる人に柔らかくトスしよう」などと，状況に応じた判断をしながら，仲間とボールをつなぐようになったのだ。

2) スマッシュすること

単元が進むにつれ，高いトスを上から打ち付けるようなスマッシュが増えてきたのだが，「低い弾道にすると，アウトになりにくいし，相手も取りにくい」ことに，子どもたちは気付いていった。ネットの真下に打ち付けてし

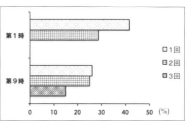

図3 パスの回数ごとのスマッシュ失敗率

まうと，たとえ左右にボールがいったとしても滞空時間が長くなり，レシーブしやすくなってしまう。そのため，横からのスマッシュが増えていった。そのスマッシュの決定率も，7.3%から29.2%へと，単元の初めと最後で変容が見られた。そして，大きく変容したのが，スマッシュ失敗率である（図3）。ネットの手前に落ちたり，コートに入らなかったりしてミスする確率が，大幅に減少した。特に，レシーブ，トスとボールをつないでスマッシュする場合には，ほとんど相手コートにボールをコントロールできるようになった。

② 附属中学校保健体育科の授業実践

ア 思考力・判断力・表現力をはぐくむ「話し合い活動」

保健体育科の思考力・判断力・表現力とは，自己の課題を明らかにし，その解決に向けて筋道を立てて練習の仕方や作戦・戦術を考えたり，修正の方法を工夫したりしていく力のことである。生徒は「自分の課題は何か」「効果的な解決方法は何だろうか」「何を意識して動けばいいのか」など，試行錯誤しながら学習を進めていく中で，この力を身に付けていく。このような力は，一人で学習を進めるだけでなく，様々な人と協力し合うことで，より確かな力へと高められていく。自分と違った考えと出会うことで自分の考えが揺さぶられて，新たな見方や考え方ができるようになるからである。ここでは，思考力・判断力・表現力をはぐくむために取り組んだ「話し合い活動」の実践について紹介する。

イ 思考の様式10の「考え方」の活用

話し合い活動に10の「考え方」を活用している(【資料1】)。この10の「考え方」は,思考の様式のことである。生徒は,話し合いの中で錯綜する情報を吟味,修正を繰り返しながら情報を集約して,個やチームの課題を明らかにしたり,その解決方法を導き出したり,約束事を確認したりする。このように情報を操作するスキルとして,10の「考え方」は機能している。そもそも,生徒は話し合い活動を行う場合に思考の様式

思考・表現の質を高める10の「考え方」	
考え方	思考のキーワード
比較	共通点は 相違点は
分類	この視点で分けると
関連	これらを関連付けると
類推	似たようなことから推測すると
一般	これらのことから
具体	例えば
多面	他の視点から
統合	まとめると
批判	本当にそう言えるのか
反証	反対の例を示すと

論理的思考
多面的思考
批判的思考

【資料1】

を意識せずに活用している場合が多い。しかし,本校保健体育科では,10の「考え方」を生徒に意識付けさせることで話し合い活動の効果を図っている。

10の「考え方」の育成には,話し合い活動の前に教師が発問をしながら生徒の考えを引き出したり,それを聞き返して更に考えを深めさせたりするなど情報を操作する訓練を行っている。この経験値を高くしていくことで生徒が活用する機会も増えている。また,10の「考え方」をより具体的な用語に置き換えて,生徒が活用で

【多面】「相手チームの動きは?」
【一般】「自分たちのチームのディフェンスは,どのような傾向かな?」
【関連】「ルールと関連させてみて」
【比較】「うまくいったときと行かなかったときを比較してみて」
【批判】「本当にうまくいくかな?」

【資料2】

きるように工夫している(【資料2】)。

ウ 10の「考え方」の実践例

1)「関連付け」の育成

教師が「なぜ」の問いかけをして,うまくいかない原因や生徒の考えの根拠を引き出したり,新しい情報を想起させるような言葉かけをしたりすることで生徒は自分の経験やルールと「関連付け」ながら,作戦を考える

ことができる。以下は,「関連付け」の指導場面である。

> T ：A班には,バレー経験者のAさんがいます。効果的に攻撃するためには,どこを狙えばよいですか。
> S1：A班には,バレー経験者のAさんがいるから,Aさんを避けて攻撃すればいいんじゃないのかな。
> S2：さっき,その作戦でいったけど,うまくいかなかったよね。
> T ：それはなぜだと思いますか。
> S2：A班の他のメンバーが,Aさんにつないで,最後はAさんがアタックをしたから,止められなかったのだと思います。
> T ：じゃあ,どうしたらいいのかな？
> S1：今度は最初にAさんを狙ったらどうかな。「3人全員がボールに触らなければならない」というルールだから,最初にAさんが触ったら,Aさんは攻撃できなくなるよ。
> S2：よし。今度はその作戦でやってみよう。
> T ：S2さんのように,相手チームの情報だけでなく,ルールなどを結び付けながら作戦を立てるとよいですね。このような考え方を「関連付け」といいます。
> 　　　　　　　　　　　　　　　　　　　　　　（T：先生　S：生徒）

2)「批判」の育成

教師の「批判」を活用した発問に対し,生徒が「関連付け」した情報をもとに自己の考えを主張しながら考えを深めていく場面である。

> T ：では,B班の「技能の高い人をねらって返球」の作戦について考えてみましょう。誰かこの作戦について考えはありませんか？
> S1：よい作戦ではないと思います。私たちも同じような作戦でやってみたのですが,うまくいかなかったからです。
> T ：どんなときにうまくいきませんでしたか。話し合ってみてください。
> 　　　〜　話し合い　〜

> S1：振り返ってみると，全員が返球できるようなチームには有効なのですが，そうでないチームには別の作戦を使った方がよいのではないかと思いました。
> T ：なるほど，相手によって作戦を変えることも必要なのですね。
> このように，自分や他の人の考えについて「本当にそうか？」「どんなときもうまくいくのか？」という視点で考えることを「批判」といいます。

指導のポイントは，「批判」的な見方を意図的に仕組み，そこから生徒が納得いくような答えが導かれることである。教師は，最後に「批判」的な見方も話し合いには重要な要素であることを確認すると共に，発言の際は，一方的な自己の考えだけでなく，相手の考えの「よさ」を認めた上で主張していくことが大切であることを確認しなければならない。

3) 具体的な取組み
a 球技領域「サッカー」1年男子の実践例

話し合いの中で得られた情報を「批判」的に捉えたり，「関連付け」たり，「多面」的な見方で意見を述べたりしながら戦術を修正する力の育成を目指した授業である。

授業を構築していく段階で意識したことは，生徒にただ戦術を考えさせても話し合いの視点を絞りきれなかったり，考えをまとめきれなかったりする。どのような10の「考え方」を活用すれば生徒の考えがまとまるのかを教師が事前に予測し，課題を設定して授業展開を考えることが大切である。ここでは，「今のトラップ技術で，戦術は機能するのか」と批判的な見方を提示し，10の「考え方」を活用しやすい条件を仕組んでいる。

以下は，話し合い活動の様子である。

A：次も僕がボールを出すね。B君とC君はサイドに広がって，D君がゴール近く（関連）に位置取りしたがいいよね。

B：しかし，ゴール前は，どうしてもD君に相手が付くからパスを出すのが難しかったね。やはり，前回のように少し下がった位置（関連）から走り出した方がいいと思うけど……。

A：でもトラップしてから奪われることが多かったので結果的に同じじゃないかな（批判）。

C：トラップからドリブルの時によくボールを奪われるから，直接ゴールエリアにパスを出す（多面）ようなイメージはどうかな。D君，この戦術はうまくいくかな。

D：ボールに追いついてトラップすることはできそうだよ。

B：僕がボールを受け取ったらD君にパスを出すからすぐに走ってね。もしも，C君にパスを出してもD君にパスが出るから（関連），同じように走ってね

（吹き出し）D君は，ドリブルの技能が低くトラップ後にボールを取られる場面が多かった。そこで，ドリブルの距離を短くするためにゴール近くの空間にボールを出すアイデアを出した。

（吹き出し）A君は，ドリブルをしてボールを奪われるリスクとディフェンスからボールをカットされるリスクを考えた。

（吹き出し）C君はゴールエリアが広いというゲーム環境を利用して，ゴールエリア内を移動してボールを受け取るというアイデアを出した。

（吹き出し）B君はこれまでの話し合いから，D君が相手を振り切れるように「すぐに走る」というチームの約束事をつくった。また，B君以外の人からも，D君へ直接のパスがあることを確認している。

b 球技領域「ハンドボール」2年女子の実践例

【資料3】は，自チームの特徴に応じた戦術や相手チームの特徴を考慮した戦術を考えさせる授業の単元計画である。

話し合い活動では，話し合いの根拠となる情報が明確でなければならない。根拠となる情報が不確かなものになると，曖昧な話し合いになるからである。

2次（単元計画）では，話し合いの情報として，ポジションの適性やカットインの仕方などの知識を与えた。生徒は，習得した知識と個人の特徴を「関連」付けることで，誰がどのポジションが適任か話し合いを行った。

また，カットインの練習を繰り返すなかで，「本当にチームに応じたポジションになっているか」と批判的な見方を大切にして，ポジションの決定に至っていた。

次	主な学習内容	時
1	オリエンテーション	1
2	自チームの特徴に応じた動きを考え，練習し実践する。（ポジション・パラレル・クロスカットイン）	3
3	自チームや相手チーム（対戦相手固定・5人1チーム）の特徴に応じた戦術を考え，練習し実践する。	3
4	自チームの課題に応じた練習をして技能向上を図り，ゲームを楽しむ。	2
5	学習したことを活かしてゲームを楽しむ。（評価）	2

【資料3】

3次では，相手チームの特徴も情報として収集しなければならない。そこで，タブレット型端末による記録映像や記録係のゲーム記録によって情報が得られるようにした。この情報は，生徒の記憶や印象など曖昧な情報ではなく客観的な情報なので，より確かな話し合い活動が行われていた。また，自チームや相手チームの特徴，ルール内容，ゲームの経験など，多様な視点から情報を出し合い，話し合い活動が進められたので，必然的に「多面」の考え方も活用されていた。

4次では，話し合いの力量も高まり，ゲームのなかで情報交換を行い，作戦や戦術の修正が行われていた。また，生徒の声にタブレット型端末より，作戦板の有用性を感じる内容が多かった。「手軽さ」が生徒のニーズに応じたものであったようだ。タブレット型端末の効果は実感しているので，今後は使用方法や機会等も検証していきたい。

　エ　成果と課題

アンケートによる意識調査では，全員の生徒が，10の「考え方」の活用の有用性や，技能の習得の向上，思考力の高まりを感じることができていた。以下は，生徒の感想である。

○「批判」や「関連」，「多面」的に考えることを意識することで，いろんなアイデア（情報）を出しやすくなりました。また，「批判」的な見方を大切にすることは，これまで「どうかな」と思っていた情報を再度確認できるようになりよかったと思います。

○試合をして，録画の動きと今までの技能の知識を比較しながら改善点を探したり，ボールを持っている人の動きや持っていない人の動きを，上手くいったときの動きと失敗したときの動きと比較したりして作戦を考えたので，どんどん上達しました。その作戦を，活かしたゲームができた事も満足感がありました。
○誰がどこに動けばよいかを考えたり，どのシュートの仕方がいいかや，どこにパスを出せば，ディフェンスに付かれる前にシュートやパスができるかを考えたりして，作戦を批判的な思考で修正を加えながら決定していきました。計算勝ちしたときはとっても嬉しかったです。
●話し合いで考えた戦術でも，ゲームでは機能しないことがよくありました。話し合いは「必要かな？」と思うときもあり「時間は短く確認だけでもいい」と感じることがありました。

　以下は，サッカーの授業後のレポートである。自分の動きや役割を明確にすることができている。技能のテストでは，レポートの内容が反映された動きで，ゲームを楽しむ姿がみられた。

> 最も有効だった動きは，味方のパスを相手の裏で受けとり，相手の動きを見て，ボールを戻したりもう1人の味方にパスしたり自分でゴールへ行ったりする動きでした。
> その中で私は，味方のパスを相手の裏で受けとり，もう1人の味方にパスをつなぐ役割をもっていました。
> 自分の役割で意識したことは，2つあります。1つは，相手のマークです。マークがしっかりつければ，自分は動けないと判断し，もう1人の味方へのパスを促しました。もう1つは，パスを受けた後の動きです。敵がよってになければ自分でゴールへもっていき，敵が集まってくれば，フリーになった味方へパスをすることにしました。

　10の「考え方」の活用について，その利便性を実感している。また，この実践を通して，話し合いで交換される情報の質が大切だと改めて痛感した。話し合いの根拠となる情報をどのように抽出していくのか，その手段

も今後は考えていく予定である。

引用・参考文献
生田久美子・北村勝則編著（2011）『わざ言語』慶應義塾大学出版会
和田博史・近藤智靖（2013）「Siedentopのプレイ体育論の特徴と課題」『日本体育大学スポーツ科学研究』Vol.2, pp.48-57
森勇示（2012）「体育科における『言語活動の充実』への懸念」『愛知教育大学保健体育講座研究紀要』No.37, pp.7-13

第8節　技術科教育

田口浩継・西本彰文・三浦寿史・萩嶺直孝

(1) 問題の所在

　新しい知識・情報・テクノロジーが社会のあらゆる領域での活動の基盤として重要性を増す「知識基盤社会」へとパラダイムシフトが進む時代が到来した。中でもテクノロジーの急速な進化による予測不可能な時代を生き抜くためには，将来，知的生産を担う生徒に「生きる力」や「21世紀型能力」をはぐくむことがますます重要になっている。しかし，全国学力・学習状況調査やPISA調査の結果から21世紀型能力の根幹をなす思考力・判断力・表現力等に課題があることが明らかとなっている。

　中学校技術・家庭科技術分野（以下，技術科）は，中学校のみに存在する教科で，次のような特徴を持つ教科である。

・芸術系科目以外で唯一"創造"を学習目標に設定している。
・知的技能だけでなく運動技能をも扱う側面を持ち，実践的・経験的で自身の経験をもとに帰納的に知識を構成する考え方を養う。

　現行の学習指導要領において，技術科の最終目標は「技術を適切に評価し活用する能力と態度の育成」であり，その能力や態度は，基礎的・基本的な知識および技術が土台となり，技術と社会や環境とのかかわりについての理解によって育成されるとしている。このような技術に関する理解やその評価・活用能力には，思考力・判断力・表現力等の「活用に関する学力」が必要とされ，それは最終段階においては高次で，かつ他教科横断的な知識の統合を伴うものとなる。本教科が担うべき「評価」や「創造」といった活動は，ブルームのタキソノミーから見ても，もっとも高次の概念である。このような思考力や実践力を育む評価・活用場面での指導には，実践的・体験的な活動を通して身につけた基礎力を土台とし，思考させ活用す

る場面の設定が思考・判断・表現力育成の基盤となる。しかし，その指導と評価は難しいとされる（橋爪　2011）。

そこで，本分科会では，論理的思考・対話・システム思考を核とした「思考を深める」ツール，「思考を広げる」ツールとに簡便にモデル化し，それらを用いた実践事例の提案を行う。主に「思考を深める」ツールである論理的思考とシステム思考は，全く違った考え方・手法であるが相互補完の関係にある。主に「思考を広げる」対話場面は，直接的な思考・判断・表現の場を提供するとともに，多様な他者の意見に触れ自身の思考の深化を促し，社会構成主義的な学びの場ともなる。

(2) 「思考を深める」ツール，「思考を広げる」ツール
① 主に思考を深める
ア　論理的思考（ロジックツリーおよびMECE）

日本人は古来より「ハイコンテクスト文化」をもち，言語のみに依存する傾向の「ローコンテキスト文化」ではなかった。しかし，前述のようにグローバルな知識基盤社会にあって，情報や思考を相互に伝える能力が求められている。論理的思考の育成には，例えば，技術・家庭科教科の特徴の1つである，実践的・体験的な学習や問題解決的な学習の中に実習，観察・実験，レポート，といった知識・技能を活用させる場面の設定が求められる。また，技術科において身につけさせたい視点として「批判的思考」，「トラブルシューティング」，「コスト・パフォーマンス」などが挙げられている（田口　2009）が，論理的思考は批判的思考の下位技能ともいうべき重要なスキルであり，還元主義に立脚するものである。さらに，問題解決局面においては，問題の根源を体系的に探索する必要があるが，トラブルシュー

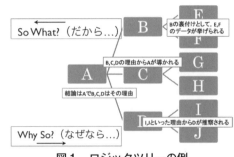

図1　ロジックツリーの例

ティングにより，問題の原因として考えられる可能性を排除する際に論理的思考は有効なものだと考えられる。

　ロジックツリーとMECEは，論理的思考の中でも，ビジネスで一般的に利用されている論理的思考の基本的なもので，構造化に適した有用な思考ツールである。MECEは，ロジックツリーを作成する際に必要な下位技能であり中心的な概念であり，MECEとは抜けや漏れがなく，かつダブリもない状態をさしており，物事をわかりやすく，単純に整理するための分析技術である。例えば，技術科の指導においても経済性の視点として用いられる「コスト・パフォーマンス（効率・効果）」はMECEの概念に沿ったものである。また，評価活用場面で用いられる「環境・経済・社会（安全）」といった視点もまた，一種のフレームワークと呼べるものである。ロジックツリーは，文字通り論理を構成する樹形図であり，論理的思考を外化するツールである。概念・事象間の論理的なつながりをツリー状に図示することで，相互関係が明確に把握できる。このようにばらばらのものを論理立てて整理し，さらに組み立てて一つに統合する情報の構造化が視覚的にも，思考的にも容易になる。

　また，MECE的な発想により足りない要素（視点や概念）に気づきやすい利点もある。さらに言えばワークシートなどでMECEの要素の一部を空白にし，生徒に記入させることで，常にMECEを意識させる実践が考えられる。

　表1に示す事例は，内容「C生物育成に関する技術」において，MECEを意識させるものである。栽培が終了した時点で作物の価格に注目させる

表1　栽培に必要な経費と単価

栽培に必要な経費と単価	年　組　氏名	
1．作物の袋栽培にかかった費用を算出する場合，どのような項目がありますか。主な項目をあげてみましょう。（土地代は含めません。）		
解答欄	①種の値段	④肥料の値段
	②袋の値段	⑤農薬の値段
	③土の値段	⑥栽培にかかった人件費
2．袋栽培にかかった費用を収穫した作物の個数で割り，1個の値段を計算してみましょう。		
解答欄	①かかった費用の合計金額（　　　）円 ②収穫した作物の個数（　　　）個 ③1個あたりの値段（　　　）円	
3．スーパー等で市販されている作物の値段と比較してみましょう。その価格差は，どのようなことが関係しているのでしょう。		
《解答例》種や肥料，農薬を大量に購入するため単価が安い，同一品種を大量に生産するために単価は下がる，農薬や除草剤を適切に使用することにより作業効率が高まる，機械化などにより栽培効率が上がり人件費が押さえられる，農家には栽培技術の蓄積があり確実で安定した栽培が行われる。など		

活動を行うもので，目標は「栽培した作物の価格を決定させることにより，経済的側面からの思考力を高める」となっている。価格を決める要因と，効率の良い栽培方法で栽培された作物との価格差にも気づかせ，さらに，適切な農薬や化学肥料の使用についても考えさせる。本事例は，本教科の特性である，現実社会を例に取りその現象を客観的に分析できる能力の育成場面として設定しており，真正な活動場面といえる。

イ　システム思考

技術と社会は，相互に影響を及ぼす共生成（平川 2010）の関係にある。また，技術科に関連する環境問題，エネルギー問題や食料問題，気候変動などに共通することは，問題を作っているのは個々の要素ではなく，様々な要素の相互依存的な関係であると言われている。

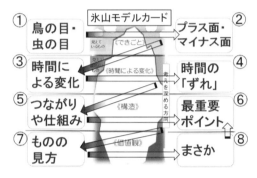

図２　氷山モデルカード（概略）

このような問題は，原因となる要素を特定して解決するアプローチでは，問題解決に至らない。問題の起きている状況をシステムとして捉え，システムそのものの構造変革を行うことが求められる。システム思考では，ひとつの現象を点として捉えるのではなく，全体における構成要素として捉えることが重要であり，学習のプロセスにあてはめる場合，システム全体への「波及効果」を理解することが必要である。米国では，K-12を対象とした「システム思考者の習慣」を導入した授業実践が行われている。ここでは，内田らが技術科教育向けに開発を進めている「氷山モデルカード」（内田ら　2013）を改良したツール（図２）について紹介する。本ツールは，思考過程を氷山に見立て大きく４層に分割している。１層目が見えているものとしての「できごと」，２層目〜４層目が見えていないものとしての「時間」「構造」「価値観」とに対応する。図中の矢印は，思考を深める方向として使用順序を示しており，各番号は，

各層に2枚ずつ配置したカードに対応しており，使用順序がある。このようなカード間の順序性からより深い思考過程をたどらせることで，活用に関する学力育成が図れると考えられる。その為，その効果を最大限発揮させるには，生徒に各カードの意味を認識させ，次に使用順序を確認させる必要がある。

② **主に思考を広げる**

評価・活用場面においては，評価する価値観につながる「技術と社会や環境とのかかわりの理解」を高める授業構想が求められる。この場面では，個人の中での思考の深化（自己内対話とも捉えられる）だけでなく，他者との対話が重要な要素となる。生徒は自他との対話の中から，思考を確実なものにするとともに，新たな思考を生み出すこととなる。この場合の「対話」とは，共有可能なゆるやかなテーマのもとで，聞き手と話し手で担われる，創造的なコミュニケーションの行為のこと（中原・長岡　2010）をさす。雑談では深まらず，議論では自由な発想が生まれない。別な分類から見ると「会話」は，お互いの思いや気持ちを通わせ，一緒に活動出来る関係を築く，家作りに例えると「土台を作る」段階にあたる。その後，柱を立てる段階が「対話」であり，「そもそも論」から始まり，対話の過程を通じて，一緒に本質を発見する段階である。それらの過程があり，「議論」できる関係が生まれる。ここでは，目標，行動，方策，役割分担など，具体的に何をするかを決定するに至る段階であり，家作りでは最後の屋根をふき，床を張る段階である。

河野や勝野らがが指摘するように，「対話・協調しながら生きていくための知識と技能」の獲得には，私と異なる他者に出会い，その他者の考えを一端受け入れ，しかし，流されるのではなく，思考し，判断し，吟味した結果，新たな知識・技術へと再構成するいとなみが言語活動として重要であるとしている（河野　2010；勝野ら　2013）。これは，認知主義的な知識の構成による「個人内での思考の深化」および社会構成主義的な「対話による知識の再構成」それぞれの往還がイコール言語活動として重視されるべき事を示している。このように，対話は，協働に欠かせないスキルで

あり，協働による多面的でかつ総合的な視点から意思決定を行い，付加価値を創造する学習活動を特徴としている本教科に合致する。

(3) 「評価・活用」場面の能力と態度に資する授業実践事例
① 論理的思考力・判断力・表現力等の育成に配慮したカリキュラム

技術科において製作題材は大きなウエイトを占める。製作題材には，終末の評価活用場面だけでなく，製作品の構想（改善）場面といった評価活用を育成する場面が考えられるが，これらの時間だけでは，十分な指導は困難な場合がある。そこで，坂西らは，日常の授業の場面からの継続的・系統的な指導を行う意図から，毎回授業にアイディア発見活動（田口ら2011）やラーニング・ジャーナル（川俣　2011）を取り入れ，さらに，以下の4点を勘案した表2に示す技術科3年間のカリキュラムを構築した（坂西ら　2013）。

　a.技術の評価・活用のための時数として約18時間以上必要である。しかし，十分な実習時間確保との両立は困難。b.「工夫発見活動」など時数に制約されにくい指導法，評価法の導入が効果的。c.技術科の内容A～Dの取扱い順序は，他教科等との関連に配慮し，技術科における系統に従うのが望ましい。d.工夫発見活動の題材は，学習の難易度への題材の適性，授業内容との関連に配慮し，吟味した上で配列することで一層効果的であると考えられる。

表2　カリキュラム案

年／時	1～5	6～10	11～15	16～20	21～25	26～30	31～35
1学年	A材料と加工 30h					D情報 5h	
2学年	D情報 12h		Bエネルギー変換 23h				
3学年	C生物育成 9.5h		D情報 8h				

② 主に対話を取り入れた「A材料と加工に関する技術」での技術の評価と活用実践

本実践では，対話の過程について，私と異なる他者に出会い，その他者

の考えを一旦受け入れ，しかし，流されるのではなく，思考・判断・吟味した結果，新たな知識・技能へと再構成する営みが，言語活動として重要であると考え，これらを意識した指導法について検討した。「評価・活用」の能力と態度を育成する主な場面は，製作品の設計場面と製作終了後の終末場面が中心となる。以下，それぞれの事例について述べる。

（製作進度表）　（ウレタン模型）

・手順，見通しを示す
・各自プレートを進めることで他の生徒の進度がわかる
・手順が視覚的にわかる
・軽くて持ちやすいので，細かい部分も説明しやすい

図3　対話を引き出す教材・教具

設計場面（2時間取扱い）では，第1次で「よりよい構想を考え，形状と寸法を決定しよう」を目標とし，製作進度表，製作工程を示す模型などの教材・教具（図3）を活用し，製作進度表は各学級に1枚製作して常時掲示した。製作品の完成及びその後までの学習の見通しを持たせるために効果的であるとともに，他の生徒の進度が一目で分かることから，「進んでいる友だちの意見を聞くことができた」などの

表3　「A 材料と加工に関する技術」

設計場面（2時間）の授業の展開		
次	段階	学習活動
1	導入	・目標（構想の注意点）の確認 目標：「よりよい構想を考え，形状と寸法を決定しよう」 ・設計から製作までの流れの確認（製作進度表・模型）
	展開	・材料取りを計画し適切な寸法に修正（模型，WS） ・必要に応じて構想を修正（模型，ワークシート，グループ）
	まとめ	・教師によるまとめ
2	導入	・目標の確認，課題の把握 目標：「製作品の構想を具体化し修正しよう」
	展開	・提示された架空の設計（叩き台）の修正点を考える（模型，WS） ・修正点を根拠にもとに説明（模型，WS，グループ）
	まとめ	・全体での共有後に教師がまとめる ・修正過程を実際の設計に応用
終末場面（1時間）の授業の展開		
1	導入	・アンケート結果の提示，課題の把握 課題：「ラーメン屋さんに入って，国産割り箸かプラスチック箸かを選ぶとしたらどちらを使いますか」 ・最初の意思決定（教材：2色カード）
	展開	・製造場面，廃棄場面を含めて両者を比較（教材：動画，写真） ・選んだ根拠を2色に色分けした付箋に記入 →4人グループで分類（付箋と台紙） →分類項目のタイトルづけ（サインペン） →板書
	まとめ	・全体で共有 ・再度意思決定（教材：2色カード） ・教師によるまとめと一般化

反応がみられ，生徒同士の対話につながったことがうかがえた。また，ウレタン模型については，けがきから組立てまでの製作工程のものを全グループに1セットずつ準備し，手に取って見ることができるようにした。特に設計の第2次では模型を手に取って自分の考えを具体的に説明する生徒が多数みられ，他者の考えとの出会い，自分の考えの吟味・再構成につなげることができた。限られた時間の中で高度な対話を促進させ，質の高い学習を進めるため，教材・教具の活用が有効であったといえる。終末場面（1時間取扱い）では，「ラーメン屋さんに入って，国産割り箸かプラスチック箸かを選ぶとしたらどちらを使いますか」を中心的課題として，実際に取材をして編集した動画・写真資料やグループ学習での付箋の活用によって対話を促進させた。課題設定の工夫としては，意欲を高め，共通認識のもとに学習が進められるよう，現実的な話題で明確に条件をつけて焦点化させ，選択肢の選択とその理由（根拠）を記述する欄をワークシートに設けた。これによって，自分の考えを明確に持たせることができた。また，動画資料や付箋の活用によって，対話を促進させることができた。特に，付箋についてはどの生徒も自分の意見が出しやすくなり，課題の解決が主体的なものとなった。ただ，1時間という時間の制約があったことから，異なる意見を吟味・再構成しておりあいをつける考えを生む段階への到達までは確認できなかった。以上の「対話」を意識した設計場面および終末場面の事例から，自分の考えを明確化させるためには，ワークシートや付箋に自分の考えとその根拠を定量的・論理的に記述させることが有効である。ワークシートは表形式など工夫し，思考過程を残せるようにするとよい。他者の考えとの出会いのためには，現実的で具体的な課題設定によって共通認識を持たせ，解決策が複数考えられるようなものが望ましい。また，対話の媒介物としての教材・教具（実物，模型，映像，写真，図，付箋等）が有効である。などの点が示唆された（坂西ら　2013）。また，設計・終末場面だけでなく，日常的な指導の継続が必要であると考えられる。さらに，高度な思考力を育成するためには，思考ツール等の活用についても検討する必要があると考えられる。

③ 自動ドアを題材とした「計測・制御学習」におけるシステム思考を用いた実践

教科書に記載されている「センサカー」や「温室の計測・制御システム」の内容は，生徒と実社会との関わりという視点から考えると，ややかけ離れており，生徒の生活体験を生かしにくい。また，各学習内容の終末で行う「技術を多様な視点から適切に評価し活用する」授業に対しても，その連動性が保たれないという懸念があった。そこで本実践では，前述のシステム思考

表4　指導計画

次	学習内容（4～10次は実習含む）
1	家庭生活や身近な社会生活等で利用されている計測・制御の技術を知る
2	計測・制御システムの基本的構成と仕組みと流れを知る　　　　　　　　　　　　　　（⑦）
3	プログラムの役割と機能を知る　　　　（③，④）
4	自動ドア教材をプログラム通り動作させる　　　　　　　　　　　　　　　　　　　（②，⑧）
5	
6	簡単な自動ドアプログラムの作成　　（①，⑤）
7	
8	自動ドアサンプルプログラムの作成
9	課題を解決するプログラムの改善
10	（プログラムの⑨評価⑩活用）
11	計測・制御の技術の評価・活用

教材「氷山モデルカード（図2）」を用いることを前提とした，自動ドア模型と既存の車型の制御教材（ヤマザキ教育システム製）による，自動ドア教材を開発した。生徒には開発者の立場をとらせ，自動ドアの「利用」者と「運用」者の立場の違いからニーズ等を思考させ（評価），2者にとって「おりあい」をつけた改善プログラムを作成させる（活用）という実習を行わせた後，この体験（思考過程）が，終末の計測・制御技術の評価・活用の授業につながるようにデザインした。表4に指導計画「みんなが幸せになる自動ドアのプログラムを考えよう」（11時間取り扱い）を示す。2次から7次のカッコの中の数字は，使用した氷山モデルカードの番号に対応する。本実践は3年生を対象とし，自動ドアの問題について氷山モデルカードを用いて思考を深めるもので，自身の経験や他者の意見を基に，立場の違いから思考させ，その成果をプログラムの作成・改善に反映させる学習活動となっている。プログラムの作成・改善場面では，開発した自動ドア教材を手元におき，試行錯誤をしながら思考を深めさせる。以下，1

〜3次，4〜8次，9〜11次とチャンクごとに詳細を述べる。

1次では，身近にある計測・制御システムを挙げ，自動ドアや自動掃除ロボット等の例をもとに，生徒に計測・制御の定義づけを行った。その後評価・活用に関するワーク

図4 「⑦ものの見方を変えるカード」の導入

シートに，「自分なりに考えた，『計測・制御の技術』のプラス点とマイナス点」について，家庭や社会生活で見られる，計測・制御システムの技術について，その評価をプラス面，マイナス面に分け記入させた。生徒への発問を「＋と－の『おりあい』をつけた『計測・制御の技術』の上手な活用の方法」とし，前述の計測・制御システムの技術のプラス面，マイナス面について，おりあいをつけた活用方法について記入させた。2次では，エアコンを例に計測・制御システムを構成する4要素（センサ，インターフェース，コンピュータ，アクチュエータ）の役割を押さえ，どのような流れで情報を処理していくのかを確認した。ここでは，「⑦ものの見方を変えるカード」に沿って説明を行った(図4)。3次では，プログラムの役割（定義）について確認させ，その後，情報処理の具体的な手順である「順次・分岐・反復」について確認した。

4次で，自動ドア模型と制御教材，パソコンを接続・転送操作を行い，教師側で作成したサンプルプログラム通りに自動ドアシステムの模型を動作させる手順を確認し，5次では，基本的な情報処理の手順となる順次命令を使用した，自動ドアを時間設定で単に開けて閉めるプログラム作成を行わせた。6次では，5次の授業で用いた順次命令プログラムの代わりに，光センサを用いて開閉を行わせるプログラム作成を行わせた。7次では，前回の分岐命令による，2つの流れを作る復習課題や，発展課題として，3つの流れを作るプログラム作成に取り組ませることとした。その後，授

業内容と関連させた導入方法では,これまで学んできた8枚のカードの使用順を確認する統合例題を教師主導のもと行った。8次では,生徒が改善策としての工夫・創造の力を発揮するための準備段階と捉え,これまで習得した,順次・分岐・反復命令を組み合わせた一般的な自動ドアのプログラム作成を行わせた。具体的には,これまで秒数指定で設定していたドアの動作を,接触センサで反応させる等,本教材で対応できる範囲内で実際の自動ドアに近い形のプログラム作成に取り組ませた。

　9・10次は,これまでの学習活動を土台とした,工夫・創造の能力を発揮する活動とした。まず,「子ども用品店」と「アーケード街のコンビニ」という,条件等の異なる2つの課題を提示した。生徒は,どちらか一方について,その条件下での自動ドアに対するニーズ等を思考する。次に,前時のサンプルプログラムで動作する自動ドアが,この課題の状況において設置されたと仮定し,比較することで評価しながら課題の発見を行う。氷山モデルカードの3層目までの使用順序で発問が配置され,最終的には,便利さや安全面等の4つの視点間の相互関係性,依存性を捉え,そのバランスを取ろうとすることを目的とした改善策を個人内で思考することとなる。前時に思考した改善策についてより最適なプログラムに工夫・改善させることとした。プログラムを改善する場面では,まず,前回の授業で考えた個人での解決策を,他方の課題に取り組んでいる生徒から別の視点でアドバイスをもらい,その中で価値観を広げる。この活動が,氷山モデルカードの4層目の「価値観」の思考に該当する。その後,プログラム改善を行い,動作確認をしながらさらに改善策を練る。そして,ワークシートに最終的な改善策に至った意図を明らかにする。ある生徒は,「アーケード内コンビニの課題」として多くの人が自動ドアの前を通ることにより,店に入る意思がなくても開いてしまい,店側のコスト増となってしまうことをあげている。その改善策として,人感センサを接触センサに変更や,ドアの開放時間を短くする等の改善策を思考した。その意図としては,過剰反応を防ぎ,電気代を押さえるだけでなく,環境面にも好影響を与えることを挙げている。このように,「どうやったらうまくいくか」と考え,

おりあいをつけ，最適解を求める思考過程を，氷山モデルカードによって習得することとなる。この思考の経験は，「自動ドア」という限定的なものであるが，この学習プロセスが生徒の思考の1スキルとなり，11次の評価・活用場面との連動性が生まれると考えられる。11次は，「これからの計測・制御の技術を考えよう」として，今後の計測・制御の技術の在り方について，具体的な活用方法等を考えさせる授業をもってまとめとした（内田ら　2013）。

④　「経験に注目した」場面設定による「D情報に関する技術」の実践事例

本事例は第3学年の「自動灌水器のプログラム作成」題材において取り組んだ。生徒が自動灌水器のプログラム作成を経験した後，その経験を生かして自動灌水器（図5）が製品として生活に利用される場面を授業に設定し，さらに，「製品化されたら社会や生活にどのような影響があるか」「マイナス面の影響を最小限にとどめる方法はないか」といった自動灌水器を評価する場面を設定した。これらの思考フレームワークとして，「社会的・経済的・環境的側面」，「プラス・マイナス面」

図5　自動灌水器

や「フローチャート」を用いた。「社会的・環境的・経済的側面」を判断するための基準として，表5に示した「技術を評価し活用するための判断基準」を作成し，それを思考の根拠にした。本実践の流れは，a. 製品化された場合を様々な側面から考える，b. マイナス面の影響を最小限にするためプログラムを改良する，c. 製品化による社会や生活の変化を根拠とともに考えるとした。まず，aの場面では，自動灌水器をプ

表5　技術を評価し活用するための判断基準

社会的側面	準備（開発・建設），使用中，使用後，万が一の場合の安全に対する影響
	使用する（しない）場合の社会生活（企業活動），家庭生活に与える影響
環境的側面	準備，使用中，使用後，万が一の場合の環境に対する影響
経済的側面	準備，使用中，使用後，万が一の場合の経済に対する影響

ログラムによって動作させ，自動灌水器が社会・環境・経済に及ぼす影響を，それぞれプラス面とマイナス面についてワークシートに記入させた。まずは，個人で記入を行い，その後，4人1班やクラス全体での対話を行い，そこで新たに考えたことや他者の意見については，色を変えて記入したり，関連するものは線でつないだりするように指示した。例えば，社会に及ぼすプラスの影響として「(自動灌水器を使うと) 他のことを同時にできる」という記述に対して，経済に及ぼすプラスの影響からもアプローチしている。また，環境にマイナスの影響として「音がうるさい」という記述については，次の思考へとつながる要素となった。次にbの場面では，場面aで出てきたマイナスの影響を最小限に抑えるために，これまで習得したプログラムの知識を活用することによって改良させた。実際には，ワークシートにマイナスの影響を最小限にする方法を文章化し，考えたことがプログラムによって解決できるか，動作に反映されるかということを，自動灌水器を実際に動作させながらワークシートにまとめさせた。例えば，「(動作) 音が大きい」ということについて，「(動作の) 速度を落として動かす」「(動作に必要な) 上下移動の時間を短くする→ (そのためにプログラムには) 上下移動の間に停止 (の命令) を入れる」という記述が見られる。ここで出てきたことを，フローチャート化したり，プログラム入力によって動作に反映したりした。具体的に改良する場面では，最初は個による思考活動であったが，自動灌水器の動作に反映させる場面になると，自己による思考の深化と他者との対話を双方向に行き来している状態となり，深化した対話ができた。最後にcの場面では，根拠をもとに社会や生活への影響を評価しワークシート（自動灌水器を使用することによって，社会や生活がどのように変化するか考えよう。）にまとめさせた。この場面でも，主張と根拠を明確にさせ，論理的な思考ができるように意識した（萩嶺ら 2009）。以上の実践から，「生活を工夫し創造する能力」を育成するためには，「根拠→主張（理由付け）」のモデルを用いて対話をさせると効果的であること，思考を深めるには，「自己による思考の深化」と「他者との対話」が必要であり，双方向を行き来することが効果的である事が伺えた。

参考文献

内田有亮，西本彰文，田口浩継（2013）「技術科教育における，思考力・判断力・表現力等の育成のためのシステム思考の導入について」，日本産業技術教育学会九州支部論文集，Vol. 21, pp.15-22

勝野頼彦（研究代表者）（2013）「社会の変化に対応する資質や能力を育成する教育課程編成の基本原理〔改訂版〕」，平成24年度プロジェクト調査研究報告書，教育課程の編成に関する基礎的研究報告書5，pp.26-29, 国立教育政策研究所

河野順子（2010）「新学習指導要領キックオフシンポジウム資料」，熊本大学教育学部

川俣純（2011）「『ラーニング・ジャーナル』で毎時5分の言語活動を，技術・家庭科における『言語活動の充実』実践事例集」，茨城県教育研究会

坂西法和，西本彰文，田口浩継（2013）「製作品の構想場面における思考力・判断力・表現力等の育成(1)－日常の授業からの継続的・系統的カリキュラムの開発－」，日本産業技術教育学会九州支部論文集，Vol. 21, pp.97-103

田口浩継，竹野英敏，佐藤文子編著（2009）「平成20年改訂 中学校教育課程講座 技術・家庭」，ぎょうせい

田口浩継（2011）「事例4 生活の課題を解決するロボットを動かそう」，評価規準の作成，評価方法の工夫改善のための参考資料（中学校 技術・家庭），国立教育政策研究所教育課程研究センター，pp.69-74

中原淳・長岡健（2010）「ダイアローグ 対話する組織」，ダイヤモンド社

西本彰文，田口浩継，萩嶺直孝（2013）「技術科における思考力・判断力・表現力等の育成を目指したカリキュラム開発－論理的思考・システム思考・対話を核として－」，日本産業技術教育学会技術教育分科会「技術科教育の研究」，Vol. 18, pp.9-18

橋爪一治（2011）「技術科に求められる思考力・判断力・表現力等の評」，日本産業技術教育学会技術教育分科会「技術科教育の研究」，Vol. 16, pp.17-23

萩嶺直孝，田口浩継，山本利一（2009）「身近な課題を解決するための模型を題材とした制御学習」，日本産業技術教育学会誌，51, pp.277-284

平川秀幸（2010）「科学は誰のものか―社会の側から問い直す」，日本放送出版協会

文部科学省（2008）「中学校学習指導要領解説技術・家庭編」，教育図書

第9節　家庭科教育

八幡（谷口）彩子・恒松真穂子・廣瀬文子・松原三也子

(1)　家庭科，技術・家庭科（家庭分野）における研究の概要

　本節では，平成22年度～平成26年度にかけて，「児童・生徒の思考のプロセスに着目した小・中学校家庭科のカリキュラム開発」のテーマのもと，熊本大学教育学部教員と同附属小学校・附属中学校の教員が連携して取り組んできた家庭科，技術・家庭科（家庭分野）の授業作りに関する研究の一部を紹介する[1]。

　これらの研究には，附属小学校，附属中学校における家庭科の理論と実践に関する研究のほかに，熊本大学大学院教育学研究科2年生，教育学部4年生がそれぞれ修士論文，卒業論文の作成のために取り組んだ教材開発・授業作りに関する研究も含まれる。

　その中から，本節では，①恒松真穂子（平成22年度まで附属小学校勤務）による平成22年度附属小学校研究発表会での公開授業「第5学年　快適！住まいフェアを開こう（快適な衣服とすまい）」[2]，②廣瀬文子（平成23年度より附属小学校勤務）による平成24年度附属小学校研究発表会での公開授業「第5学年　わたしはこうします！「物」や「お金」の使い方」[3]，③松原三也子（附属中学校）による平成24年度附属中学校研究発表会での公開授業「洗濯実践を振り返ろう（C　衣生活「生活の課題と実践」）」[4]を研究テーマに関わる実践例として取り上げる。

　これらの実践・研究では，家庭科において，児童・生徒から発せられる「ことば」を通して，児童・生徒の思考のプロセスを見取りながら，問題解決的な学習過程や思考力・判断力・表現力の育成，小学校と中学校を見通した家庭科のカリキュラム開発に生かすことを目指した。

(2) 家庭科における思考・判断・表現のプロセス

① 家庭科に「ことば」を導入する意義

これまで家庭科では,実践的・体験的な活動を通してどのような「概念」を獲得したのか,充分な確認が行われないままに授業が進められてきたのではないだろうか。恒松は,家庭科に「ことば」を導入し,子どもの「認知」と「思考（思考・判断・表現）」のプロセスを明らかにすることにより,子どもの学びを見取りつつ授業デザインを行った。「生活の技能」「生活に関する科学的認識（事実認識）」「生活の価値認識」に関する子どもたちの「気づき」を通して学習題材に関する概念化[5]と論理的思考を促している。

後述の恒松実践では,「わが家にあったあたたかい住まい方を見つけよう」という題材のもと,ソーラーバルーンを使った「暖かい空気は上に行く」という「科学的認識」をもとに冬暖かく過ごすための暖房器具の使い方という「生活技能」に結びつける授業の提案が行われている。

② 家庭科における学習過程と思考・判断・表現

家庭科では,1980年代頃までは,教科内で既習得事項を応用・発展的に「活用」する題材がカリキュラム上に配置されていた。ところが,中学校技術・家庭科における男女共修の導入や,「総合的な学習の時間」の導入に伴う授業時間の削減等により,「活用」型のカリキュラムを家庭科の教科内で設定することは難しくなっている。「総合的な学習の時間」や中学校における選択教科の時間数が削減された現行学習指導要領においては,習得した基礎的・基本的な知識・技能を活用するとともに,問題解決型の探究の場として,実生活（特に家庭科では家庭・地域）が想定されている。

家庭・地域を問題解決を目指して探究する場ととらえる時,課題となるのは,児童・生徒の実生活（とくに家庭）には実にさまざま状況がある,ということである。すなわち,児童・生徒がそれぞれの家庭の実情（状況）に応じて習得した知識と技能を「活用」できる力がはたして身に付いたのかを見きわめた上で,家庭実践に取り組ませる必要がある。

③ 家庭科における「状況」の設定

このような背景のもと,廣瀬は,児童の実生活と近似する「ある家庭の

状況(京町君)」を設定し,その「家族の状況」にふさわしい生活の仕方(生活問題の解決方法)を考える問題解決的な学習の提案を行っている。

例えば,衣服の洗濯方法について学習した後,「ある家庭の状況(京町君)」と関わらせることで,その家庭にあった洗濯の仕方を考えさせ(判断①),その思考・判断のプロセスをふまえて,児童自らの家庭実践に取り組ませる中で,自分の家庭にあったやり方を考える(判断②)。習得段階と習得した知識・技能を活用する段階において,それぞれ思考・判断の場面を設定し,児童の思考力・判断力を段階的に高めていけるよう,学習過程を工夫した。また,衣食住に関する基礎的・基本的な知識・技能を生活時間や金銭管理等の視点と関わらせることにより,実生活と近似する総合的な「状況」を家庭科の授業に導入した。

④ 「生活の課題と実践」における問題解決スキル

「問題解決的な学習」の中学校版が,平成20年改訂の中学校学習指導要領より導入された「生活の課題と実践」である。松原は「洗濯」(内容C(1)ウ)を題材とした「生活の課題と実践」の指導に取り組み,効果的なプレゼンテーションの方法とワークシートを提案するとともに,技術・家庭科(家庭分野)の学習で習得した基礎的・基本的な知識・技術を活用して,家庭生活の問題解決に取り組む生徒の思考の状況を把握・分析した[6]。

さらに,中学生の発達段階をふまえて,「メタ認知能力」(自分の思考や行動そのものを対象化して認識することにより,自分自身の認知行動を把握することができる能力;自己モニター力)を育成し,自己評価力の向上を目指した。すなわち,課題解決の方法について,何が「わかればよいのか」,何が「できればよいのか」がわかれば,学習者は目的実現のための方法を考え,課題解決に取り組むことができるのである。

⑤ 小・中学校の連携によるカリキュラムの設定

附属小学校と附属中学校における児童・生徒の思考のプロセスに注目した一連の研究により,小学校第5学年から中学校第3学年までの5年間の家庭科の学習に問題解決的な学習過程を位置づけた家庭科のカリキュラム(熊大プラン)を設定した[7]。

(3) 小学校家庭科における授業実践
① 第5学年「快適！住まいフェアを開こう！」
ア 求められる家庭科学習

これまでの家庭科学習では，一般的な仕事の仕方（みそ汁の作り方，掃除の仕方等）を一斉に指導し，その後の家庭での実践については，子どもたちに任せるといった傾向が強かった。しかし，実際は各家庭の実態が違うため，一般的な仕事の仕方は生きて働くものとはなり得ず，実践されることは少なかった。つまり，子どもたちは状況に応じて仕事をする機会はあまりなかったと言える。こうした実態を鑑み，小学校の家庭科学習においても，具体的な家族の生活場面を設定し，どのように仕事をするのか考えさせるなどの学習改善の工夫が求められている。

そこで，ある子どもの家庭を取り上げ，実際にその家庭での仕事を共通体験させることで，家庭の状況に応じた様々な工夫に出会わせる。様々な状況に応じて思考し，判断する力を子どもたちに付けたい。子どもたちが，自分のもつ知識や家庭での経験にもとづく考えを出し合い，試したり確かめたりする中で，家庭での実践も図られると考える。

イ 家庭の仕事の知恵や工夫を明らかにする課題の設定

日常は意識していない家庭の仕事の知恵や工夫について，「なぜそうしているのか」という「問い」をもたせたい。だからこそ，子どもたちは，学習対象を詳しく見るようになり，「～するのは～だから」と，自分なりに家庭の仕事の知恵や工夫について考えをもつことができる。第5学年「快適！住まいフェアを開こう！」では，次のような手立てをとった。

> ○「暖房機器をつけても，部屋がなかなか暖かくならない」というある子どもの悩みを取り上げ，解決法を考える場をもつ。

子どもたちが考えを出し合うと，それぞれの家庭の工夫について「本当に暖かくなるか」という「問い」が生じた。この「問い」を取り上げて課題を設定すると，考えのもとになる各家庭の知恵や工夫について，試したり，確かめたりする必要性が出てきた。

ウ　家庭の知恵や工夫に気付くかかわり合い

　ある子どもの悩みを解決するために考えたことについて，「本当にそうか」を子どもが一人で判断するのは難しい。そこで，比較を取り入れた実験・実習を行い，友達とのかかわり合いを促した。

　子どもたちが考えた方法を取り上げ，その有無による違いを比較する実験・実習では，この時，「～するのは～だから」など，知恵や工夫の効果について語る子どもの「ことば」を見取り，どのような事実がもとになるのかを考えさせるようにした。例えば，第5学年「快適！住まいフェアを開こう！」では，プチプチシート（断熱シート）を窓に貼るというある家庭の工夫について，断熱シートを貼った容器に入った湯と断熱シートを貼らない容器に入った湯の温度変化を比較する実験や，冷たい空気と暖められた空気の動きを比較する実験（写真）を取り入れた。

写真　ソーラーバルーンの実験

　子どもたちが家庭の仕事の知恵や工夫に気付くようにするためには，考えの相違点に着目させることが大切である。しかし，実験・実習では，他のグループの様子や，完成の状態などを見るのが難しく，結果をもとにした考えが友達に伝わりにくい。そこで映像や写真を提示したり，図やモデル化したものを使い，子どもたちが考えを整理できるようにした。

エ　本実践の成果と課題

　ある子どもの悩みを取り上げ，その解決をめざすことは，子どもたちが各家庭の仕事の知恵や工夫に気付くきっかけとなった。第5学年「快適！住まいフェアを開こう！」では，自分の家庭の部屋を暖かくする工夫について，暖かい空気の流れを意識するようになった子どもの姿をノートの記述に見ることができた。

　しかし，実験・実習では，悩みの解決からそれることがあった。今後，子どもたちに目的意識を明確にもたせるための手立てを工夫していきたい。

オ　第5学年「快適！住まいフェアを開こう！」家庭科学習指導案
（本時の学習）
○目標：暖かく過ごす住まい方について，調べたことをもとに話し合うことを通して，日光や空気の流れなどの，自然の力を効果的に取り入れるよさを理解することができる。
○展開

時間	学習活動	子どもの思い・姿
5分	1　前時までの学習を振り返り，本時の課題をつかむ。	○部屋を仕切っているのが，ふすまと障子だと，風通しがよすぎるのだろう。 ○暖房機器を増やせば簡単に暖かくなると思うけどなあ。
25分	2　暖房機器を増やす以外に，暖かい住まい方ができないか話し合う。 (1)　グループで話し合う。 (2)　学級全体で話し合う。	○暖房機器があっても暖かくないのだから，数を増やさないと無理じゃないのかな。 ○無理じゃないと思う。ふすまや障子を開ける回数を減らすのはどうだろう。 ○僕の家は，日光が当たる部屋はすごく暖かくて，暖房機器をつけなくてもいいよ。 ○日光が入ると暖かいから，できるだけ長く日光が当たるように，カーテンを開ける。 ○南向きの窓が大きいから，天気のいいときは，カーテンを開けて，床を温めるといい。 ○カーテンを開けると，日光が当たって，床が温まって，そこから熱を取り入れる。 ○でも，暖かい空気が逃げないように，空気の流れを一方で止める工夫もいると思う。
10分	3　自分にできる暖かい住まい方を考える。	○暖かい空気は上にたまって下が寒くなる。だから足元を暖かくする工夫がいるのではないかな。 ○座布団などを日光に当てるといいと思う。 ○夕方はすぐにカーテンを閉めて，暖かい空気を冷やさないようにするのはどうかな。 ○ふすまを開け放しにしたり，両側を一緒に開けたりしないようにする。
5分	4　本時の学習を振り返る。	○自分の家で試してからもう少し考えてみたい。

第2部　論理的思考力・表現力育成のためのカリキュラムの実際

　　子どもたちは，暖かく過ごすために，部屋の温度，空気の流れ方，日光の当たり方などを調べています。本時では，暖房機器を増やさず，暖かく過ごすためにはどうすればよいか，調べたことをもとにした話し合いを通して，日光や空気の流れなど，自然の力を取り入れるよさをつかんでいきます。

みんなで伸びるための教師の指導（発問・指示，教材・教具，評価）

○例として挙げた部屋の間取りや窓の位置などを，子どもたちに尋ねながら，丁寧に確認する。
○部屋の間取り図などを提示し，資料としてグループにも配布する。

【教材・教具】
○間取り図，配布資料

| 暖房機器を増やさないで，もっと暖かく過ごすことはできないだろうか？ |

○暖房機器を増やすという考えの子どもに，なぜ増やすしかないと考えるのか尋ね，空気を温めることに焦点化していく。
○これまでの実験・実習の資料や実物は，必要に応じて提示できるようにしておく。

【教材・教具】
○実験・実習の写真
○温度計　○湿度計
○照度計　○布
○部屋の簡易模型
○白熱灯

○自分の家で調べたことについては，具体的な根拠を挙げて説明することができるように，資料や写真を用意させる。友達に伝わりにくい場合は，板書などで補足する。
○日光を取り入れるよさを考えさせるために，次の例のような実験を行う。
　例１：簡易模型の窓を布で覆った場合と，覆わない場合の温度を計る。（右図）
　例２：日光に当てた布などを簡易模型に入れ，温度を計る。
○部屋の中の空気が，床からの放射熱で対流を起こすことをつかませる。

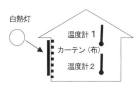

| 話し合いで分かったことをもとにして，自分にできる暖かい住まい方を考えよう。 |

○例として挙げた部屋について，自分にできることを考えさせる。
○自分の考えを話す際は，図や写真，資料を指し示しながら説明させる。
○友達との話し合いをもとにして，自分の家庭でもできそうだと考えていることを数名の子どもに尋ねる。
○次時に向けて，調べたいことや疑問に思っていることを，記述させる。

【評価】
日光や空気の流れを取り入れた，暖かい過ごし方を理解している。
（発言，ノート）

② 第5学年「わたしはこうします！「物」や「お金」の使い方」
　ア　本実践のねらい
　正月にお年玉を手にした子どもたちは，何かのために，貯金をしたり，かねてから欲しかった物を購入したりと上手に使おうと考えている。ただ，見た目に惹かれ，その場の思いだけで購入してしまい，本当に欲しい物が買えなかった等，後悔した経験をもつ子どもも多い。このような子どもたちに，小遣いを含め，家庭生活における金銭や物は，家族の労働で得られた大切なものであると実感をもって理解し，購入する物を必要性や目的，品質等を吟味して選択し，状況に応じて金銭を計画的に使えるようになってほしいと願う。
　そこで，本実践では，「複数の欲しい物がある京町君に，お金の使い方，物の選び方を提案する」ことをテーマに，京町家の家計のやりくりを体験することや，京町君が購入したい物が本当に必要なのか，目的に合った物はどれなのか等を判断することを活動の中核に据える。
　本時の学習では，「欲しい物が増えたが，自分のお金で買うことができるのか？」という課題を提示し，小遣いの使い方や現有物，経験等を根拠や理由づけとして，必要性や優先順位を判断させていく。京町君への提案を通して，自分の生活を振り返り，適切な金銭の使い方や物の選び方を実感をもって理解し，よりよい生活を創る実践力と態度を身に付けることを目指す。
　イ　題材について
　本題材は，ある小学5年生の物や金銭の使い方の追究を通して，状況に応じて金銭の使い方を工夫したり，物の選び方を検討したりして，物や金銭の大切さに気付くようにするとともに，身近な消費生活をよりよくしようとする能力と実践的な態度を育てることをねらいとしている。
　家庭生活は，家族が働くことにより得られた金銭をやりくりすることによって支えられている。子どもたちはこのことを自覚できていないために，無駄な買い物をしたり，金銭や物の大切さを感じることができなかったりと計画的な金銭の使い方の必要性に気付いていないことが多い。子どもた

ちと等身大の京町君へ，小遣いや欲しい物とその金額，目的，現有物等の状況に応じた計画的な金銭の使い方や，適切な物の選び方を提案する本題材は，購入の必要性や，限られた予算で何に価値を置き，選択するのかを主体的に思考し判断する力を育むのに適した題材である。

　ウ　指導上の留意点

　題材の導入では，「京町君のお金の使い方と物の選び方」を提示し，京町君への提案書を作成させる。「無駄遣いをしているのでは？」「買うならこれでしょう？」等の問いをもとに，「京町君が納得してくれるようなお金の使い方と物の選び方の提案を考えよう」という主題を設定する。

　エ　題材の目標

○物や金銭の大切さに気付き，状況に応じた金銭の使い方や物の選び方を追究し，生活に生かそうとする。

○既有の経験や設定された状況をもとに，状況に応じた金銭の使い方や物の選択の仕方を工夫し，提案書や消費生活の計画を立てることができる。

○状況に応じて，金銭を計画的に使ったり，品質や価格等の情報を集め，適切に物を選択したりすることができる。

○状況に応じた計画的な金銭の使い方，適切な物の選び方，買い方を理解することができる。

　オ　指導計画（6時間取り扱い）

学　習　活　動	時間
1　京町君のお金や物の使い方から，主題「京町君が納得してくれるようなお金の使い方と物の選び方の提案を考えよう」をつかむ。	1
2　京町君の課題を解決するために，お金の使い方や物の選び方について話し合い，それをもとに京町君への提案書を完成する。	4 本時 3／4
3　自分の消費生活の計画書を作成する。	1

カ 第5学年「わたしはこうします！「物」や「お金」の使い方」

家庭科学習指導案（本時の学習）

○目標：京町君が自転車をどのように購入するのかを検討する活動を通して，限られた予算の中でやりくりすることを知り，状況に応じた金銭の使い方や物の選択の方法を工夫することができる。

○展開

時間	学習活動	子どもの思い・姿
5分	1 京町君の状況を把握し，本時の課題をつかむ。	○京町君は自転車を買いたいんだね。 ○自転車は持っていないし，習い事や友達の家にも自由に行けるようになるから，買うことには賛成。 ○私は家の人に頼んで買ってもらったから，京町君もそうしたらいいよ。 ○自分のお金では無理かも。自転車は高すぎるよ。
15分	2 自分のお金で自転車を買うことができるのかについて話し合う。 (1) 自分の考えを書く。 (2) グループで話し合う。 (3) 全体で話し合う。	○自転車は買えない。5つも欲しい物があるのに。 ○そうだよね。今持っているお金に対して，自転車は高すぎるよ。マンガ本くらいは買えるけど。 ○できると思うな。お小遣いと貯金を合わせたらどうだろう。お小遣いを無駄遣いしないといいよ。 ○私もお小遣いをためて買った経験があるよ。 ○キャラクターペンやシャープペンは既に持っているから，買う必要はないよ。消しゴムと赤ペンだけでいいはずだよ。 ○それに，消しゴムも赤ペンもキャラクター付でなくて，普通の物で十分だよ。
20分	3 1か月のお金の使い方をどのようにすればよいのかについて話し合う。 (1) グループで購入計画を立てる。 (2) 全体で話し合う。	○一番安いA（右表：京町君の状況参照）の自転車だったら，貯金だけでも十分に買えるよ。 ○そうだね。でも，貯金は少なくなるよね。昨年は貯金から1万2千円位使っているから，困ることになる。毎月のお小遣いで無駄遣いしなかった分を貯金にしたらどうかな。 ○本当に必要なのは消しゴムと赤ペンで，勉強で使うわけだから，キャラクター付でなくていいね。 ○メモ帳等は持っているから，今は必要ないね。 ○毎月の楽しみのマンガ本は買いたいなあ。 ○貯金が貯まるまでは，我慢することも大切だよ。 ○長く使うためには通学とかに使えるBの自転車がいいよ。Cのマウンテンバイクは高いけど，Bは貯金と小遣いで半年はして買えるよ。 ○どの自転車を買うのかも問題だね。
5分	4 次時の予告を聞く。	○やっぱり，マウンテンバイクをおすすめしたいな。 ○予算との関係を考える必要があると思うよ。

第2部 論理的思考力・表現力育成のためのカリキュラムの実際

「京町君のこれまでのお金の使い方」を見直した方がよさそうだと考えている子どもたち。新たに欲しい物が増えたことで、本当に必要な物は何か、お金をどのように使うとよいのかを、現有物や価格、目的、自分の経験等を根拠に判断していきます。この学習を通して、状況に応じた金銭の使い方や物の選び方を実感をもって理解させていきます。

論理的な思考を促すための教師の指導（発問・指示，教材・教具，評価）

○京町君が新たに自転車の購入を検討していることやその理由を知らせ，自分ならどうするのかを交流させた後，3種類の中から選び，自分のお金で買おうとしている状況をとらえさせる。その中で「自分のお金で買うのは無理ではないか」という問いを取り上げ，課題を設定する。

家族構成	父，母，京町君（小学5年生），妹 ＊両親共働き
家計収支	収入：両親の給料　支出：食料，住まい，光熱・水道，被服，保健，交通，通信，教育，遊びや楽しみ
手持ちのお金	毎月の小遣い：1300円（内300円はノート等の文具代）　貯金：30,000円　昨年は貯金から12,000円使用　貯金は，欲しい物や，家族や友達への誕生日等のプレゼント，旅行のお土産を買う時に使うため，ある程度残高を残しておきたい。
両親の教育方針	金銭を上手に使ったり管理したりできるようになってほしいと，毎月定額の小遣いを渡している。自分で欲しい物はできるだけ自分で買わせるようにしている。
京町君の買い物の傾向	休日にお菓子やマンガを買ったりするので，小遣いは使い切っている。あまり深く考えずに買うために，しばらくすると使わなくなったり，結局は使わなかったりした物がある。また，他の物にお金を使いすぎ，欲しくなった物が買えなくなったこともある。
欲しい物	マンガ本420円，キャラクターメモ帳189円，キャラクターシャープペン840円，消しゴム157円，赤ペン126円，おかし
新たに欲しい自転車の種類	自転車A：子供用20,800円　自転車B：耐久性タイヤ使用・学生用22,800円　自転車C：マウンテンバイク29,800円

京町君は，自分のお金で自転車を買うことができるのか。

【教材・教具】
○京町家の家計の収支
○京町君の小遣いや貯金，お金の使い方

○京町君は自転車を買うことができるかどうかの立場を明確にし，自分の考えを書かせる。
○欲しい物の価格，機能等の情報を提示し，根拠や理由づけとして挙げられるようにする。
○発言を整理したり，次の活動を設定したりして，これまでの小遣いの使い方に話し合いを焦点化する。

　○5つの物の購入の必要性を現有物の有無によって判断させる。
　○それぞれ3種類の中から選ぶとすれば，どれが目的に合った物なのかを判断させる。
　○既習の家計のやりくりや自分の経験を発表させる。

○京町君が自転車を買うために，これまでの金銭の使い方をどのように改善するのかを，1か月の金銭の使い方を具体的に示しながら話し合わせる。
○他の5つの欲しい物を「必ず必要な物」「余裕があれば買う物」「今はいらないもの」に表を使って分類させ，優先順位とその理由を明らかにさせる。

【教材・教具】
○欲しい物の実物
○購入計画書
○実物投影機

○表にまとめた事柄（購入の優先順位や1か月に使うお金，貯めるお金，貯金）や，自転車の価格，既習事項や生活経験を根拠として，自転車購入に向けた小遣いの使い方を判断させる。

【評価】
状況に応じて金銭の使い方や物の選び方を工夫する必要があることを理解する。

○提案書に書けそうなこと，納得した友達の意見をまとめさせる。
○次時は，どの自転車だと納得してもらえるのかを検討し，提案書を完成することを知らせる。

(4) 中学校技術・家庭科（家庭分野）における授業実践
「洗濯実践を振り返ろう」（C(3)イ衣生活「生活の課題と実践」）

①本実践について

現行学習指導要領で新設された「生活の課題と実践」について，生活の中から課題を設定し，実践したことを評価して改善につなげる問題解決的な学習のあり方について研究を行った。本時は言語活動を工夫して取り入れ，夏期休業中に行った「洗濯実践」を他者と共有し，評価して新たな課題を把握する授業を提案した。

②題材について

ア　題材観

家庭分野では，これからの生活を展望して，課題をもって生活をよりよくしようとする能力と態度を育てることを最終的な目標としている。しかし，家事労働等に対する関心の低さや，多忙な生活状況を理由として，生徒が学習内容を家庭や地域で実践する機会が極めて不足している。そのような状況に対して，あえて実践の場を仕組むことにより，生活を工夫し創造する能力を育成する必要がある。また，その実践が単なる課題消化にならないようにするためには，生徒自身が「何が問題か」をつかみ，意欲をもって取り組む必要がある。現行学習指導要領では，内容A～Cに「生活の課題と実践」が設定されており，生活の課題を主体的に捉え，実践を通してその解決を目指すことにより生活を工夫し創造する能力や実践的な態度を育てることが期待されている。これまでこのような「学び方」について時間を設定して指導することはあまりなかった。

本題材は「衣生活」における「生活の課題と実践」として行う。生徒が生活の場面で工夫して解決できる課題を適切に設定し，実践を再評価してさらに次の実践に取り組もうとする能力と態度を育てることを目標として，設定した題材である。

イ　系統観

1年次にA(1)「自分の成長と家族」，B「食生活と自立」を学習し，学年始めの休業期間の実践課題として「しょうが焼き実践」を行い，レポー

トにまとめている。2年次の1学期に，C(2)「住居の機能と住まい方」及びC(1)「衣服の選択と手入れ」を学習した後に，「C衣生活」における「生活の課題と実践」として，「衣服の洗濯」について課題を把握して実践の計画を立てた。2年次の夏季休業中には，それぞれの計画に従って実践している。それらの実践に共通している手順や手立てを確認させることで，生活に対する総合的な実践力の育成につなげていく。

また，本題材は，D(2)ア「環境に配慮した消費生活の工夫と実践」と結びつけた展開を工夫することで，持続可能な社会の実現を目指した意欲の涵養につなげることができる。

ウ 思考力・判断力・表現力を育成する授業の工夫

本時では，「質の高い思考を促す題材や教具の工夫」と「思考・判断の見える化を促すワークシートの工夫」の両方に取り組んだ[8]。

〇「高橋メソッド」を参考にして，簡潔なキーワードを用いて短時間に自分の実践について紹介する活動を全員に行わせることで，思考力・判断力・表現力の質を高めることを試みる。

〇他者の発表についての評価を複写式の付箋紙に書かせてワークシートに貼らせる。他者からの評価を参考にすることによって自己評価の精度を高めると共に，他者の実践と自分の実践を比較することによって，次の課題を把握しやすくする。

③**題材の目標**

〇「衣服の洗濯と手入れ」で学んだ知識・技術を活用して，実際の生活をよりよくしようとする意欲と態度を育てる。

〇問題解決的な学習における，計画，実践，評価，改善の一連の学習活動を行う能力と態度を育てる。

④**題材の指導計画と評価**

次	学習活動	学習内容	時間
1	1 課題の設定（実践の計画を含む）	・「衣服の洗濯」について，課題を設定する手順と手立てを学ぶことを通して，自分の課題を設定する。	2

2	2	課題の実践（計画の修正を含む）	・各自の計画に基づいて夏期休業中に家庭で実践する。 ・実践の内容をワークシートに記録する。	（夏期休業中に実施）
3	3	実践のまとめ	・実践の成果と課題についてグループや学級で発表して確認することで，成果を共有する。 ・実践内容の設定からまとめまでを自己評価し，次の生活への課題につなげる。	3（本時 3／3）
4	4	実践の確認	・新たに設定した課題についての実践状況を確認することで，継続的な実践につなげる。	1

イ　評価計画

観点	評価規準		学習内容	評価の方法
生活や技術への関心・意欲・態度	自分や家族の衣生活をよりよくすることに関心を持ち，課題を主体的にとらえ洗濯の計画と実践に取り組もうとしている。	A	自分や家族の衣生活をよりよくすることに関心をもち，自分の課題を主体的にとらえてより質の高い成果を得るための計画と実践に取り組もうとしている。	ワークシート　観察
		B	自分や家族の衣生活をよりよくすることに関心をもち，自分の課題を主体的にとらえ洗濯の計画と実践に取り組もうとしている。	
生活を工夫し創造する能力	①自分や家族の洗濯について課題を見付け，その解決を目指して計画を自分なりに工夫している。	A	自分や家族の洗濯について課題を見付け，その解決を目指して具体的な計画を自分なりに工夫している。	ワークシート　観察
		B	自分や家族の洗濯について課題を見付け，その解決を目指して計画を自分なりに工夫している。	
	②洗濯の実践の成果と課題についてまとめたり，発表したりして，改善点を見付けている。	A	洗濯の実践の成果と課題について他者にわかりやすくまとめたり，発表したりする活動を通して改善点を見付け，新たな課題を作り出している。	
		B	洗濯の実践の成果と課題についてまとめたり，要点をとらえて発表したりする活動を通して改善点を見付けている。	

⑤「洗濯実践を振り返ろう」（C(3)イ衣生活「生活の課題と実践」）技術・家庭科（家庭分野）学習指導案（本時の学習）

○目標：「洗濯実践」について振り返り，自分の実践について新たな課題や改善点を見付けることができる。

○展開

第2部　論理的思考力・表現力育成のためのカリキュラムの実際

過程	配当	学習活動	授業形態	指導上の留意点・評価場面	備考
導入	5分	1　本時の流れを確認する。	全体	○前時と同じように「ブース型プレゼンテーション」（他の班員の発表を計画に従って聞いて回ること）や，複写式付箋紙を用いて評価し合うことを伝える。	ワークシート 複写式付箋紙
展開	15分	2　実践の振り返りを発表する（一人2分以内）。他者の発表を聞いて評価する。	グループ	○「高橋メソッド」を参考に，簡潔に発表させる。 ○具体的な視点をもって適切に評価し合う必要性を伝える。	
		課題1：簡潔に実践のまとめを発表しよう。他者の発表を聞いて評価しよう。			
		(1)アピールカードの内容をもとに発表する。 (2)他者の発表を聞き，複写式付箋紙に気づきを書く。 (3)付箋紙を交換し，ワークシートに貼る。		○前時に作成したアピールカードの項目に沿って発表させる。実践がうまくいかなかった場合も，どうすればよかったかなどを発表することを確認する。（評価）	タブレット型端末 複写式付箋紙
				【アピールカードの項目】 ①自己評価点（8点満点） ②実践結果についての見出し（どういうことをして成功（失敗）したか） ③自分の実践と発表についてのアピールポイント	
		3　自己評価を再検討し改善点を把握する。	個人		
		課題2：新たな課題や，やってみたいことを宣言しよう。			
		(1)他者からの評価を参考にして，前時までの自己評価を再検討する。 (2)他者の実践と自分の実践を比較して，改善点を見付ける。	葛藤の場 グループ	○自己評価の視点は適切か，甘すぎたり厳しすぎたりしないか再検討しワークシートに記入させる。 ○「次はこうします」という表現で，改善カードを記入するよう確認する。（評価） ○班の中で宣言させる。	ワークシート 改善カード
まとめ	10分	4　学習を振り返り，今後の実践に向けて見通しをもつ。	個人 全体	○本時の授業で得たことは何か，ワークシートにまとめさせる。 ○数名の生徒に3つの視点で発表させる。 ①自分の発表をどう評価するか。 ②自分の実践をどう評価するか。 ③次の課題（改善点）は何か。	ワークシート

(5) 成果と課題

本研究では，児童・生徒の思考のプロセス（思考・判断・表現）に焦点をあてて実践・研究を進めてきた。小学校から中学校にかけて，児童・生徒の発達段階をふまえつつ，問題解決的な学習に取り組み，「最適解」を導き出す思考・判断・表現のプロセスを検討した[9]。

附属小学校における「ある家庭の状況」に寄り添いながら問題解決の方法を考える学習，附属中学校における「生活の課題と実践」の指導と評価の取組については，すでに公立小・中学校において導入が図られつつある。

なお，児童・生徒の学びの状況を見取る評価のあり方については本節で紹介できなかった[10]。引き続き研究を進めていきたい。

参考文献
1）熊本大学教育学部（2011）『新学習指導要領キックオフシンポジウム』pp.58-69，同（2012）『同　第2弾』pp.94-115，同（2013）『新学習指導要領シンポジウム第3弾』pp.62-67，同（2014）『学習指導要領シンポジウム第4弾』pp.61-66
2）恒松真穂子「第5学年1組家庭科学習指導案」，熊本大学教育学部附属小学校（2011）『学習指導案〈2年次〉』pp.70-73
3）廣瀬文子「第5学年2組家庭科学習指導案」，熊本大学教育学部附属小学校（2013）『学習指導案』pp.66-69
4）松原三也子「第2学年4組技術・家庭科（家庭分野）学習指導案」，熊本大学教育学部附属中学校（2012）『平成24年度研究紀要』pp.173-176
5）八幡（谷口）彩子・恒松真穂子（2012）「家庭科における概念の形成（第2報）」『熊本大学教育実践研究』29，pp.59-67
6）松原三也子・八幡（谷口）彩子（2014）「「生活の課題と実践（洗濯実践）」における中学生の問題解決力」『熊本大学教育実践研究』31，pp.17-23
7）前掲『新学習指導要領シンポジウム第3弾』pp.66-67
8）熊本大学教育学部附属中学校（2012）『平成24年度研究紀要』p.105
9）熊本大学教育学部附属中学校（編著）（2014）『教えたいのは「考え方」です。』学事出版，pp.70-73
10）山口佳代・八幡（谷口）彩子・廣瀬文子（2015）「小学校家庭科における「パフォーマンス課題」導入の試み」『熊本大学教育実践研究』32，（印刷中）

第 10 節　英語科教育

Stan Pederson・前田陽子・栗原佳代・島谷　浩

(1) Developing logical thinking in language classes

　　Developing logical thinking and expression in language classes presents some special problems, namely the subject of study, language, is itself the mode of expression. In other words language users must look back on the language they use. In modern language teaching we can see a number of promising approaches such as Focus on Form in which learners, with some structured guidance, are encouraged to make their own rules and discoveries about L2 grammar. Discourse and genre-based writing activities also develop logical expression through developing awareness of organization and through shaping one's own ideas to the established frameworks. Such approaches are dealt with in the second part of this chapter, dedicated to junior high school.

(2) Working with young beginners

　　In designing instruction for younger beginners, we face, in addition to meeting the metalinguistic requirements, two additional challenges, 1) dealing with concrete operational thinking, and 2) making due with the limited resources of beginning language learners.

　　When Yoko Maeda, the teacher then in charge of English at our university affiliated elementary school first contacted me some five years ago, she was concerned about the nature of her lessons. Where did they fit in the overall curriculum? Were they achieving valuable results? Did they have any theoretical backing? When she explained her approach of having children think for themselves, search for their own words and talk about language itself, I was doubtful that much could be expected of such grand designs. However, she brought along her lesson plans, her notes and samples of student work, which quickly convinced me that she was achieving impressive results. I could assure her then that her work had theoretical backing in sociocultural learning theory, cooperative learning and, to a large extent, in problem-based learning. I investigated her next project in detail and classified the outcomes into three major categories: learning strategies, pragmatic awareness, and metalinguistic awareness (Pederson 2010).

In that project, built around making a quiz for international students, pupils developed awareness of the deficiencies of direct translation in their efforts, not only to convey meaning, but also to use the correct level of politeness and to sound natural. The task itself stimulated them to pay attention to pragmatics due to their natural concern, especially keen for Japanese, to treat guests politely. They also developed a number of learning strategies under the modeling and guidance of their teacher. These included: making a plan, consulting each other, searching for information using experts, dictionaries, and the Internet, conducting discussions around common notes and finally, evaluating progress and making a new plan. But the most impressive results centered around metalinguistic awareness. They made a variety of realizations (concrete insights) along the way regarding pronunciation and differences in Japanese and English grammar. But the area of greatest engagement was at the level of the word, in what I call *lexical puzzles*.

Some of these involved English words of which the students had some knowledge--*homeroom teacher* and *eggplant*. Homeroom teacher in Japanese has no relation to home, and eggplants have nothing to do with eggs. So, pupils were naturally curious about how they are connected to the things they denote. They speculated about how words came to be, a sort of reverse engineering. Another type of lexical puzzle involved pupils coining their own words for some common object in Japanese life that has no equivalent in English, a generative task. Examples are *kotatsu*, a low, heated table surrounded by quilting, and *okonomiyaki*, a savory pancake-like dish containing cabbage and usually seafood or pork. Students demonstrated creativity in their solutions and revealed their thought processes in class sum-up sessions and in written end-of-class comments.

Of greatest interest is how lessons were designed to achieve such outcomes. First, each project was built around group work. The teacher would pose a problem, sometimes in conversation with the ALT, modeling the interactive thinking process. She would then set a problem for the whole class. Groups were instructed to record their thoughts and prepare to report later. During group reports, the teacher emphasized the thinking process and the variety of approaches and ideas presented. The next step was asking groups to set their own problem, which would be taken up in the next lesson. The facilitated process of setting a problem, making a plan, group problem solving and evaluation of results resembles problem-based learning.

Two additional aspects of the design deserve note, first; the discussions were among peers, not with more powerful adults, and second; the problems admitted multiple solutions.

Thus, with careful selection of tasks and well-planned teacher modeling and facilitation, even pupils at the beginning of their language learning careers were able to engage in higher-level thinking in English classes.

①子どもの論理に着目しメタ言語意識を養う外国語活動
ア「わたしの言葉」でつながる喜びを味わわせたい
　英語教育改革実施計画を受け，文科省は今年（2014年）から有識者会議を行っている。第3回の会議において次のような課題が資料の中で提示された。

> 小学校高学年は，抽象的な思考力が高まる段階であるにも関わらず，体系的に学習を積んでいないがために，学習内容に飽き足らない児童が見られる。

　これは，単に中学校の外国語を5年生から前倒しすれば解決できるようなものではない。子どもたちが，英語の言葉をどのようにとらえ，相手とのコミュニケーションの中で使おうとするのか，小学校高学年の子どもたちの事実を見ようともしてこなかった指導者側に責任がある。
　これまで，歌やゲームを中心に活動の楽しさのみを体験させるものが多く，「楽しければ英語が好きになる」，「歌やゲームであれば担任でもできる」等，安易に考え取り組まれてきた授業が多かった。目標には「言語や文化の体験的な理解」が挙げられているが，言葉への気付きを促す活動が十分に行われていないのである。活動の楽しさを求めるだけでは，高学年の子どもにはもちろん飽き足らず，しかも，外国語をコミュニケーションに大切な役割をもつ「言葉」としてとらえさせることは難しい。
　そこで，外国語を使う体験で，日本語との共通点や相違点から言葉の面白さや豊かさに気付かせ，コミュニケーションにおける言葉（英語と日本語）について「考える」活動が必要となる。これからの外国語活動では，相手と積極的にコミュニケーションを図ることを目指す中で，子どもたち自身が，何を，どのように表現するかを思考する過程において，言葉への意識を高め，言葉への気付きを促す活動が求められている。
　「わたしの言葉でつながる」とは，何気なく使っていた言葉そのものを意識し，言葉が示す意味合いと伝わり方に関するとらえを再構成しながら，自らの言葉で人とかかわっていくことである。

子どもたちは，外国語を未知なる言葉ととらえ，「全く分からない」ものとして緊張しながら学習を始めることだろう。しかし，ALT（外国語指導助手）や教師から与えられた「未知なる言葉」をただ真似たり，覚えたりするだけでは，コミュニケーションにおいて「通じた！」という喜びを実感することはできないだろう。自分が使う言葉の意味が分かり，言いたいことをその言葉にのせて使い，相手の反応を見て初めて「通じた！」「通じなかった！」と心が揺さぶられるのである。

　「わたしの言葉」として使うことができるように，未知なる言葉を既知の言葉とつなげて考えたり，友達と話し合いながら自分たち自身で言葉を創り上げたりする中で，言語によって多様なものの見方・考え方が異なるという言葉の面白さや豊かさに気付かせていきたい。そうすることで，言葉をメタ的に見つめ，自ら言葉について体系化していくことで「英語って，こんな風に創られているのか」「日本語もこんな見方・考え方で創られていたのだ」と実感を伴いながら言葉について学ぶことができるであろう。このようにして，自ら考えた言葉を使いながら通じ合える感動体験こそ，「わたしの言葉でつながる喜び」となる。

　これまで，交流を続ける外国人に，日本ならではのものごとを英語で紹介する中で，「自分が相手に伝えたいことを，どんな言葉で説明するか」という過程において「言葉」をメタ的に思考していく子どもの姿を確認してきた。相手に伝わる言葉を精選するためには，何を根拠に，どんな理由でその言葉を選ぶのかを説明する必要がある。互いの説明を語り合い，聴き合う中で，そのものごとを自分たちがどうとらえていたのかを見つめ直しながら，より相手に伝わる言葉を選んだり，伝え方を考え直したりすることができるような授業のあり方を探っていった。

　研究の視点は次の３点である。

　○　言葉への疑問を生み出す単元の開発
　○　言葉の面白さや豊かさへの気付きを促す課題設定の工夫
　○　子どもの事実から次の学びにつなげるためのリフレクション

イ　言葉に関する「なぜ？」にみんなで立ち止まる

例えば，5年生の好きな野菜を尋ね合う授業において，次のような子どもの疑問があった。
「'なす'の英語に'egg'が付いているのはどうして？だって，エッグって卵のことでしょ？」

高学年ともなると，これまでの生活で様々な英語に由来する言葉に触れている。'egg'は'卵'を表すことは，既有の知識なのである。質問した子どもにとって，'なす'はどう考えても'卵'とはつながらないのである。

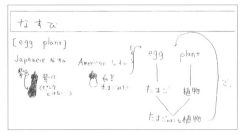

「振り返りシート」の記述

だからこそ生じた疑問を素直に授業中につぶやいていたのである。この場合は，ALTとの対話により，子どもたちが納得した上で，'eggplant'を使う姿があった。

しかし，子どもたちの「なぜ？」はこのレベルにとどまらない。これまでの活動において見取ることができた言葉に関する疑問は，多岐に渡る。

○「担任の'homeroom teacher'って家庭教師みたい。だって，ホームって家のことでしょ。なんで，担任の英語に使われているの？」
○「'よろしくお願いします'って言いたいのに，それを言い表す英語がない。なんと言えばこの気持ちを伝えられるのだろう？」
○「こたつはkotatuで伝わるのかな？だって日本にしかないのだから。」
○「目玉焼きを英語にしたら……，怖い言葉になっちゃうよ。どうする？」

それぞれに，相手に伝えるために「言葉」を探る中で生まれた問いである。これらの「問い」を解決する過程において，子どもたちが自ら言葉を創造していこうとする姿を見取ることができた。まさに，言葉を生成する「思考回路」が創り出されていく姿である。また，言葉を精選するためには，

何を根拠に，どんな理由でその言葉を選ぶのかを互いに説明し合う必要が出てくる。さらには，考えを聴き合う中で，そのものごとを自分たちがどうとらえていたのかを見つめ直しながら，より相手に伝わる言葉を選んだり，伝え方を考え直したりすることができるようになる。相手とのコミュニケーションを大事にしたいからこその姿だと言える。

　ウ　ものの様子から言葉の成り立ちを考えようとする子どもの論理
〜「剣玉がcup and ballっていうのは見た目からそうなるのだろう」〜

　留学生に日本文化を紹介しようと「剣玉」を表す英語（cup and ball）を調べていた子どもたち。ある班における疑問から考えを出し合う中で，他の子どもたちが新たな疑問を生じていく場面があった。下に話し合いの様子を示す。

けんた：カップアンドボール。なんでそうなのかな？剣玉は日本古来のものだから，KE-N-DA-MAと思ったんですけど。（自分の予想と比較して生じた疑問）

かいと：多分なんですけど，剣玉の形で見た場合に，剣玉をやる時って大体この赤い玉をこの皿にのせるから，この皿がカップみたいになってるから，カップにボールをのせるということでカップアンドボールなんじゃないのかな。

たろう：カップアンドボールだから，前の（授業で学習した）目玉焼きのサニーサイドアップ，味噌汁のミソスープから考えて，絶対的に，まあ，その一番似てるものでおにぎりがライスボールだから，見たものをそのまま英語にしたっていうか，外見から見て特徴的なものを英語にしてあったでしょ。だから，剣玉も同じ考え。

　子どもたちは，予想したり，前に学習した英語の表現から類推して考えたりしながら発言していることが分かる。上の話し合いからは，更なる言葉の疑問も生まれている。それは，「玉を示す'ボール'と調理で使う'ボウル'のどちらなのか」というものだった。子どもたちは，これまでの経験してきたことを根拠に「手持ちの言葉」で比較しているのである。その

後，和英辞典や，インターネット，などを使い「カップ」や「ボール」，「ボウル」，「剣玉」を調べていく中で，それぞれの言葉の意味や使い方だけではなく，外国にある「カップアンドボール」と日本の剣玉の違いなどにも目を向けていく姿があった。

エ 「中間日本語」を媒介に思考し言葉を創造しようとする子どもの姿

日本ならではのものごとを外国人に紹介しようとする場合，日本語の発想ではそのまま英語に移行できず，それを英語で言い表すつなぎ目の世界が必要となる。その際，子どもたちは一端「中間日本語」（外国語に移行可能な程度に最小限に整理された日本語）に置き換え，英語の言葉を創造しようとする。このつなぎ目となる「中間日本語」にその子どもなりのものの見方・考え方が表出される。

インドネシアの中学生に伝えたい熊本のものごとについて，どんな英語で言い表せばよいかを全体で考えさせていた時のことである。光輝くんが「'ゆるキャラ'の意味が分からん」とみんなに問いかけた。すると良樹くんが「'ゆるキャラ'という言葉は，'ゆるい'と'キャラクター'という二つの言葉が組み合わされてできている」と話す。授業の終わりに寛太くんが「ゆるいって調べると何が出るんだろう」とつぶやいていた。

そこで次の時間に，寛太くんの疑問を取り上げることから始めた。この時間の課題として，「'ゆるキャラ'という日本語をどんな英語で言い表せば，インドネシアの中学生に伝わるのだろう」を子どもたちに問いかけ，自分の考えを学習シートに記入させた。その後，4人グループで話し合わせ，全体で交流した。すると，次のような発言があった。

> 礼子：「ゆる」っていう言葉の意味が，そのままだとあまりはっきり分からない。だから，やさしいキャラがゆるキャラだとして，「やさしい」を英語にしてマイルドキャラにしたらどう？でも，やさしいとゆるいは違うからそこは調べないと分からない。
>
> 夕子：真美さんが前に言ったように熊本イメージングキャラクターにする。それとも「ゆる」だけを謎にしておいて「ゆる」は日本語のままキャラクターをつなげてごまかしておくのか……，迷うね。

礼子さんと夕子さんは、ゆるキャラがもつイメージを根拠に、別の英語で言い表すか、日本語のまま伝えたらどうかと話す。

そのまま英語で表さず、他の伝え方を工夫すればよいと考える子どもたちもいた中、良樹くんや久志くんたちは、インドネシアの中学生に何とか伝えたいと「ゆるキャラ」に使われている「ゆるい」の意味合いにぴったり合う英語を探ろうとしていたのだ。

グループでの話し合い

次時の始めに、改めて「ゆるキャラ」をどう伝えるか問いかけた。すると、真澄さんが家で調べたことをもとに「ゆるキャラ」が「ハートウォーミングキャラクター」と説明されていたことと、「ハートウォーミング」とは「心が和む」という意味だったことを発言した。それまで、英語でいうのをあきらめようとしていた子どもたちや、「締まりがない」「だらけている」というマイナスイメージでとらえ、「ゆるキャラ」にはしっくりこないと考えていた子どもたちも、真澄さんが提示した「心が和む、ゆったりとする」という言葉に納得する姿が見られた。

  オ 成果と課題

日本語と英語が単純に一対一で結びつくものではないということから、伝えたいことを日本語から英語にするときのずれを意識させる中で、子どもたちは英語だけでなく日本語も見つめ直すことができたと言える。また、そのずれがどこから生じ、何を根拠に解決すればよいかを明らかにしようと互いの考えを聴き合う対話を取り入れることで、メタ言語意識を養い自ら言葉を創造しながらコミュニケーションを続けていこうとする態度につなげていくことができると実感できた。

一方、どのような言葉の面白さや豊かさが、子どもたちのメタ言語意識や論理的思考力を支える言葉の力につながるかを検討し、系統的な指導を行っていく必要がある。

(3) 中学校での論理的思考力・表現力を伸ばす英語授業の実践

①「論理的思考モデル」の活用について

附属中では,「論理的思考モデル」を活用した表現活動として,パラグラフ・ライティングに取り組んだ。「パラグラフ」とは,書き手が主張したい1つのアイディアについてその主張がはっきりするように,論理的展開によってサポートするもの(大井, 2010)で,結束性の強い英語文章のひとかたまりと言え,それはトピック・センテンス(主張文),支持文,結論文からなる。特に支持文は,トピック・センテンスを支える重要な部分であり,具体的な理由や例示,経験や事実等が含まれる。まとまりのある英文を書く上で,また相手意識のある表現力の向上を目指す上で,パラグラフ・ライティングという一つの型を習得することはたいへん有効である。

②「論理的思考モデル」を使った表現活動

知識・技能を活用できる場面を設定し,パラグラフ・ライティングの手法を使うことで,自分の主張がよく伝わり,より納得させることができる。

そこで2年生,3年生の教科書の各単元の学習終了後に,まとまりのある英文を書かせる取組を学期に数回設定した。資料1は,その実践内容であるが,これまでに取り組んできた実践のうち,2つの授業実践を「論理的思考モデル」を活用した表現活動例として紹介したい。1つ目の授業実践は3年生を対象に行った「尊敬する人物紹介」で,2つ目は2年生を対象に行った「日本文化紹介」である。

学年	タイトル	内容
2年	自分史エッセイ	小学校時代からの変化をエッセイにする。〔教科書Mini-Project〕
	熊本の食自慢をしよう	県外の人に対して,熊本の特産品や名物料理を紹介する。
	将来の夢を語ろう	自分の将来の夢や就きたい職業についてスピーチ発表する。〔教科書Mini-Project〕
	人気があるものは何?	選択したテーマに関してクラスで調査活動を実施し,その結果をグラフ資料と英文で発表する。

2年	行ってみたい国はどこ？	自分が行ってみたい国について調べ発表する。〔教科書Mini-Project〕
	薦めるならどっち？	県内有数の観光地である阿蘇と天草のどちらを薦めるかを納得いくように説明する。
3年	日本の文化を紹介しよう！	「日本は〜の国である」というテーマについて，来日予定の留学生に説明する。
	世界の家	世界の家について調べたことを英文でまとめ発表する。
	尊敬する人物紹介	尊敬する人物（日本人）について調べたことを英文でまとめ発表する。〔教科書Mini-Project〕
	手紙を書こう	今の自分を見つめ20歳の自分に手紙を書く。〔教科書Mini-Project〕

資料１：まとまりのある英文づくり

③３年生を対象とした実践：「尊敬する日本人」

ア　題材

３年生の教科書（三省堂）のLesson 6には，I Have a Dreamという単元がある。アメリカの公民権運動やキング牧師について知り，人権の大切さを考えるには適切な内容でありアメリカの歴史について理解を深めることができる。この単元では，言語材料としては後置修飾が扱われている。

次	学習内容	時
1	後置修飾の用法と教科書の内容を理解する。	3
2	接触節の用法と教科書の内容を理解する。	2
3	Reading（ローザ・パークス，キング牧師，公民権運動，キング牧師の演説，オバマ大統領）の内容を理解する。	3
4	Readingのまとめと要約をし，口頭で発表をする。	1
5	尊敬する人物についての原稿を作成，原稿の吟味・修正，発表をする。	3

資料２：Lesson 6の指導計画

Lesson 6の題材を資料２のように構成した。尊敬する人物について「あなたが尊敬する人物（日本人）をALTのマイク先生と中学生に紹介しよう」というゴールを決め，生徒は原稿を準備し，最終的にスピーチにつなげることとした。

イ　「尊敬する日本人」の授業実践

生徒に尊敬する人物を少なくとも３人あげさせた。学級と学年間で生徒

が同じ人物を選ばないよう調整した。その方法として，資料３のように教師が１人の人物に絞ってワークシートの人物名に丸をつけ生徒に返却した。

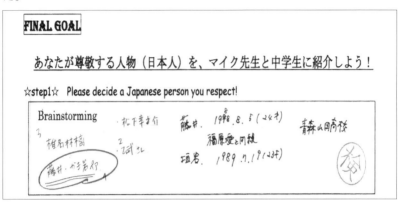

資料３：尊敬する人物選び

　これは，生徒が互いの作品を聞いたり，読んだりすることで，より多くの日本人について知る良い機会になると考えたからである。

　ある生徒は2012年に行われたロンドンオリンピックでバドミントンに出場した「藤井・垣岩」ペアについての情報を集め，アウトラインを①～④のように考えた。①Introduction，②人物紹介ア）出身地・年齢，イ）ペア結成までの経緯，ウ）オリンピック決勝戦での姿勢，③尊敬している理由，④Conclusion。　合わせて，原稿を書くために必要な情報を英語で文章化しペアで確認させた。

　この生徒は，資料４にある"What did that person do?"という質問に対し最初は，"They joined the Olympic games in pairs. They won a silver medal."と答えていた。ペアで確認・吟味させたところ，情報が十分でないことが指摘されていた。この２文の間に１文入れ，内容を具体的にした修正後の文は次の下線部である。"They joined the Olympic games in pairs. They are badminton players. They won a silver medal."

第2部　論理的思考力・表現力育成のためのカリキュラムの実際

> ☆Step3☆　その人に関する情報を英語でまとめよう！
> ①When and where was the person born?
> Mizuki Fuji was born on 1988 August 5th. Reika Kokima was born on 1989 July 19th. Both of them born in Kumamoto.
> ②What did that person do?
> They are badminton players
> They joined the Olympic Games in pairs. They win a silver medal.
>
> ③Why do you respect that person?
> They never gave up. When 23-22, Japanese had less score, they didn't give up the rally. Both played lots of long rallies. Finally, Japan won a point and became 23-23. In the end, Japan lost the game 25 to 23, but I like their fighting spirit.

資料４：尊敬する人の情報，尊敬する理由を文章化したもの

　その後，読み手を意識し，適切な情報が適切に伝わるようにアウトラインをもとに，原稿を書くようアドバイスした。特に同じ学級の生徒が読み手・聞き手であること，原稿作成者のみがその人を知っているだけかもしれないので，より具体的な情報を書くことを伝えた。原稿はJTE（日本人英語教師）とALTの文法とスペル確認を経て，再度４人グループで確認・吟味する時間をとった。生徒は互いにアドバイスをし合ったり，意味が通じないところを共有したりし，修正に生かしていた。

　修正される前の文 "This is the reason why I respect them. I want to model the fighting spirit." は，最終的に次のように修正された。"This is the reason why I respect them. I want to be like them who have great fighting spirits." 修正前の文のmodelという動詞は未習語であり，日本語のモデルという単語からは，名詞としての意味が強く若干連想しにくい。修正後の文にある前置詞のlikeは，テキスト本文に何度も出ており，読み手・聞き手にも理解しやすく，正確な理解につながる。また前単元で学習した関係代名詞のwhoを使い，尊敬する人物の理由を具体的に述べている。

　ウ　原稿発表の場

　原稿を発表する場として，８人１組で原稿を発表し合った。ここでは，視覚的に訴える資料や映像を必ず使用することとし，タブレット端末や写

真を活用させ，理解を促す手段とした。

④ 2年生を対象とした実践：「日本文化紹介」

2年生の教科書に，世界の国々へ目を向けさせるとともに，日本文化との共通点や相違点について考えさせる機会とできる単元がある。特に世界の国々の中でインドについて紹介してある。インドの紙幣や映画の特徴，言語等について説明があるため，生徒に多言語国家であるインドの生活や文化に関心を持たせ，人・ことば・社会の結びつきについて考えさせることができる。また，言語材料としては，生徒は，受身形について学習する。受身形を含む文を理解したり，受身形を用いて種々の表現活動をしたりすることにより，これまで以上に英語表現の幅を広め，豊かなコミュニケーション能力の基礎を育成することができる言語材料である。まとめの活動として，私たちの住んでいる日本文化について来日するインドネシアの生徒に対して，発表する機会を設けた。日本の文化について伝える絶好の機会であり，メッセージを伝える相手を意識したまとまりのある英文を含む原稿を作り，発表をさせることとした。

次	学習内容	時
1	教科書の内容理解と受身形（肯定文）の用法を理解する。	2
2	教科書の内容理解と受身形（疑問文・応答文・否定文）の用法を理解する。	2
3	インドについての本文の内容を理解し，日本についても英文で口頭表現する。	3
4	交流するインドネシアの中学生に日本についての紹介文を考え，発表する。	3
5	インドネシアの中学生との交流会と単元のまとめをする。	1

資料5：日本文化紹介までの指導計画

課題として「インドネシアのジャカルタから附属中学校に中学生が訪問します。そこでインドネシアの中学生に日本を紹介することになりました。日本を代表する食べ物，スポーツ，場所，行事から1つ選び，インドネシアの中学生に紹介しましょう」と設定した。特に，まとまりのある英文を単元の終了時にまとめて書かせるのではなく，最終的にまとまりのある英文を書くことを目標とし，日本について既習事項を使って表現する時間を1時間内に設定した。

第3次では，インドの紙幣についての本文理解をした後に，教科書を活

用し日本の紙幣について英文で表現する時間を設定した。特に，紙幣上にある人物やものを説明した後に，それに関する情報を1文以上付け加えペアで口頭練習をさせ，全体で数ペアを発表させた。

単元のまとめとして，「日本の文化紹介」の原稿準備に取り組んだ。具体的な活動の流れを以下に示す。

ア　インドネシアについての情報，来日する生徒の情報読み

日本と教科書にあるインドの情報に加え，インドネシアについての基本的な情報を3カ国比較し提供していった。特に，位置，国旗，紙幣，言語，有名な食事，芸能人について確認した。その際，具体的にどのような文章や単語，表現方法が適切か考えさせ，英語が苦手な生徒のために補足説明した。

イ　紹介したい日本についての内容選び

生徒はペアでなぜその日本文化や日本人を選んだのか，理由をペアで共有し，インドネシアの生徒がより興味を持つ日本文化を焦点化していった。

ウ　マッピング

マッピングで書く内容を整理させ，英文に直す順でナンバリングをさせた。

エ　原稿作成

生徒はナンバリングをもとに，原稿を作成していった。ペアで英文を読

1　ライティングチェック1回目 できていたら□			
	①	②	チェック項目
1	☑	☑	日本に関するトピック・センテンス（主張文）が入っている。
2	☑	☐	日本に関する説明や事実の英文が含まれている。　英文【　③　】番
3	☑	☐	理解できない単語はない。理解できない単語があった場合は，以下に該当の単語の抜き出しをすること。【 familier (親しむ) 】
4	☑	☑	インドネシアの中学生に Really? Wow! と思わせる内容が含まれている。英文【　④　】番

クラスメートの英文を読んで，感想や気づき，良かった点を書いてみよう！

最初に問いかけがあって良いと思います。ドラえもんを紹介するなら、どら焼きが好きということを言ったらさらに興味深くなりませんか

☆ペアチェックリスト者①　あなたの友の Ms. Tawara ♡

資料6：生徒同士のペアチェック表

みあい，わからなかった単語や表現を共有したり，ペアチェック表（資料6）に従って確認しあったりしていった。特にチェック1回目では，日本についての紹介文を準備するだけではなく，日本を紹介する英文にはインドネシアの中学生が"Really? Wow!"と言いそうな説明文を付け加えさせることとした。生徒は友達の意見やペアチェック表を参考に書き加えたり，修正したりしていった。

オ　原稿発表

スピーチ原稿に，名詞，動詞など意識して強く読むべき単語に蛍光ペンで目立たせ，インドネシアの生徒の目を見て原稿を読むことができるよう，練習をさせた。またインドネシアの生徒が来日した際には，紹介する日本についての現物や写真を持ってこさせた。

インドネシアの生徒19名が来日した際，インドネシアの生徒からの発表，本校生徒からの発表を行った。時折，笑い声や感嘆の声も聞こえ，スピーチ原稿に関する質問やその説明を付け加える場面もあった。互いの国についてより深く交流ができ，その後の書道や折り紙の実演につながり，非常に充実した時間を過ごしていた。

⑤論理的思考力・表現力を伸ばす英語指導の条件

小学校での外国語活動の必修化に伴い，小学校外国語活動を前提とした中学校英語教育がスタートし，小学校と中学校の連携を視野に入れた論理的思考力・表現力の育成を目ざしたカリキュラム開発が模索された。

附属小の実践は，人とのかかわりを通して言葉への気づきを促し，外国語を相手とのコミュニケーションの役割をもつ言葉としてとらえさせている。自分が伝えたいことを，自分たちが考えたり調べたりした言葉を使って相手に伝える活動は，外国語活動の目標であるコミュニケーション能力の素地の養成につながっている。

附属中の実践は，パラグラフ・ライティングの手法（大井，2010）を参考にして，話し手や書き手の意向や考えを正確に理解し，場に応じた適切な表現で応答することができる能力，読み手や聞き手に適切に伝わるように論理的に話したり，書いたりすることができる能力の養成を目標として

いる。まとまりのある英文を作成する際には，その目的と誰に向かって発信されているのかを明確にする必要があるが，中2生を対象とした「日本文化紹介」，中3生を対象とした「尊敬する人物紹介」の例のように，生徒に適切な課題を設定し，自分の考えを適切に伝わるようにまとめて表現させる活動の中で，論理的思考力・表現力を伸ばす活動が提供されていた。

　小学校外国語活動で経験した言葉への関心が，中学校での豊かな言語活動へとつながることが理想的である。この実現には，コミュニケーションへの関心・意欲の向上が前提条件となる。新出の語彙や文法項目を学習しながら，英語での表現能力を高めることは，母語を使う他教科に比べて困難な面があるのは当然だが，強い学習意欲がなければ継続は困難である。

　授業で使用する教材，言語活動等が，人とのコミュニケーションを図ることを目的に設計され，意味のあるコミュニケーションに向かって活動する時間が十分確保されていることが論理的思考力と表現力の養成に不可欠である。

参考文献

Pederson, Stan (2010), Outcomes of a problem-based foreign language module at a Japanese elementary school, 熊本大学教育学部紀要, 59, pp.165-175.
大井恭子(2010)『パラグラフ・ライティング指導入門』大修館書店

第11節　道徳教育

八幡英幸・坂口一成・宮原大輔

(1) **道徳学習における論理的思考について**

　本節では，熊本大学教育学部教員と同附属小学校教員が連携して行ってきた道徳の時間の授業作りについての研究の中から，平成22年度から平成25年度にかけての取り組みを紹介する。

　本節の筆者の一人である坂口（平成19年度から24年度まで附属小学校）は，特に平成22年度から「状況」や「判断」に注目する道徳学習についての提案を行ってきた。また，宮原（平成25年度から附属小学校）は，平成25年度に「葛藤場面」や「生活経験」に注目する道徳学習についての提案を行っている。そして，八幡（教育学部）は，このような道徳の時間の授業作りを理論面から支援してきた。

　本節で紹介する取り組みはもちろん，この間，学部と附属の連携の下で推進されてきた「論理的思考力・表現力育成のためのカリキュラム開発」から大きな影響を受けている。しかし，道徳における「論理」とは何か，それは他の教科における「論理」と同じでよいのか，といった疑問が私たちの中に常にあったのも事実である。

　ここでは最初に，平成25年度の学習指導要領シンポジウム（第4弾）の道徳分科会（三人の筆者が提案者および代表質問者を務めた）の資料から，研究全体の位置づけに関する説明を紹介しておきたい。

　すなわち，道徳学習においては，心情面・態度面へのアプローチと認知面へのアプローチは互いに補い合うものである。一方では，心に響いたこと，意欲を感じたことを，自分の中で明確化し，他の人にも伝えていくには，しっかりと筋道を立てて考えること，つまり論理的思考が欠かせない。しかし，その一方では，心に響くこと，意欲を感じることがなければ，論

理的思考だけでは道徳は成り立たない。

　以下で紹介する授業実践はそれぞれ，「状況」や「判断」，「葛藤場面」や「生活経験」に注目するものであるが，上記のような道徳学習の特性を踏まえながら，従来の取り組みでは十分でなかった思考・判断にあえて力点を置く仕方で行われている。こうしたアプローチは，決してそれだけでは完結するものではなく，心情面・態度面へのアプローチと互いに補い合うものとなることが期待される。

(2)　「状況」や「判断」に注目する道徳学習
①　学習の基本的な流れ

　坂口が提案する道徳学習の基本的な流れは，小集団およびクラス全体での話し合いを中心とした非常にシンプルなものである。そこでは，モラルジレンマに関する道徳学習で用いられるような特別な授業パターンは用いられない。また，従来，多くの地域で採用されてきた展開前段（資料中心の学習）と後段（価値の一般化）の区別も，必ずしも設けなくてよいという考えである。むしろその特徴は，子どもたち自身の判断とその交流を促すために，以下に示すような資料の選定や発問の工夫をした上で，そこに生じる思考の流れを最大限尊重するという点にある。

②　資料の選定

　資料としては，子どもたちから見て，登場人物の判断や行為に疑問が生じたり，その悩みや迷いに共感できるものを選ぶ。例えば，平成23年度の研究授業（第5学年）で坂口が用いたのは，「父の言葉」（黒柳徹子）と「銀のろうそく立て」（V・ユゴー）である。これらは確かに，子どもたちから見て，登場人物の判断や行為に疑問が生じそうな資料である。

　だが，上記の条件の後半，つまり「その悩みや迷いに共感できるもの」という部分は，「父の言葉」には該当しても，「銀のろうそく立て」にはあまり該当しないように思われる。ところが，坂口は，あえてそのような子どもたちの経験とは距離のある資料を用い，そこに描かれた状況での判断を自由に語らせた後，資料の登場人物について考え直させるという手法を

用いる場合がある。

例えば，平成24年度の研究授業（第6学年，二時間扱い）に用いられた資料「夢のオリンピック」（自作）はそのよい例である。この資料は，30歳を過ぎて初のオリンピック出場を果たし，さらに次のオリンピックへの出場を目指す自転車選手を描いたものである。子どもたちは最初，引退してコーチになったほうがいいのではなどと自分なりの判断を語るが，その後ゲストとして招かれた選手本人（附属小卒業生）と出会い，そのような判断を揺さぶるような強い印象を受けることになる。

③ 発問の工夫

発問としては，資料に描かれた状況における判断とその理由を問うものが主に用いられる。前述の資料「父の言葉」と「銀のろうそく立て」を用いた授業では，「このような場合，あなたならどうしますか」，「それはなぜですか」という問いかけが最初の大きな発問であった。また，これらの授業では，授業の後半で資料に戻ってさらに考えさせるために，「～なのに，登場人物が～したのはなぜでしょうか」という形の発問が行われた（図1参照）。さらに，自作資料「夢のオリンピック」を用いた二時間扱いの授業でも，一時間目には主に前者のような発問，二時間目には主に後者のような発問が行われた（図2参照）。

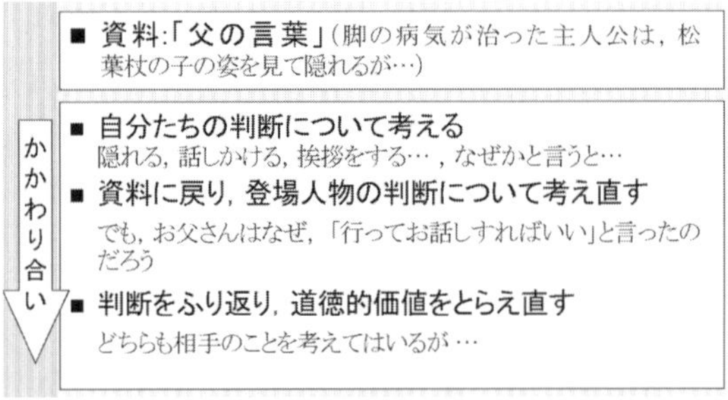

このような発問とそ

（図1）資料「父の言葉」を用いた授業

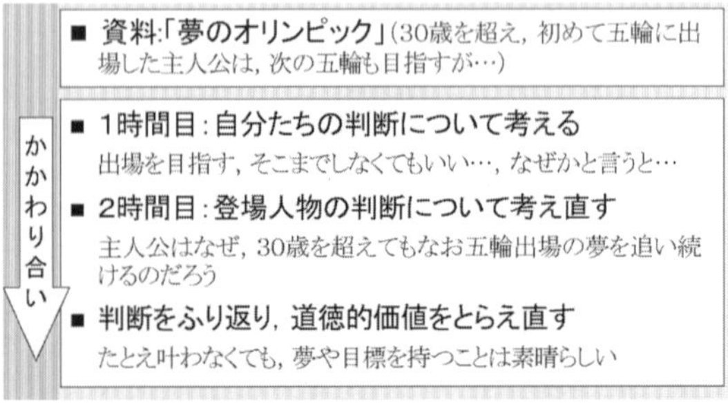

- 資料:「父の言葉」（脚の病気が治った主人公は，松葉杖の子の姿を見て隠れるが…）
- 自分たちの判断について考える
  隠れる，話しかける，挨拶をする… なぜかと言うと…
- 資料に戻り，登場人物の判断について考え直す
  でも，お父さんはなぜ，「行ってお話すればいい」と言ったのだろう
- 判断をふり返り，道徳的価値をとらえ直す
  どちらも相手のことを考えてはいるが…

（かかわり合い）

（図2）資料「夢のオリンピック」を用いた授業

- 資料:「夢のオリンピック」（30歳を超え，初めて五輪に出場した主人公は，次の五輪も目指すが…）
- 1時間目：自分たちの判断について考える
  出場を目指す，そこまでしなくてもいい…，なぜかと言うと…
- 2時間目：登場人物の判断について考え直す
  主人公はなぜ，30歳を超えてもなお五輪出場の夢を追い続けるのだろう
- 判断をふり返り，道徳的価値をとらえ直す
  たとえ叶わなくても，夢や目標を持つことは素晴らしい

（かかわり合い）

の順序は，子どもたちが自分なりの判断とその理由を表明した上で，資料の登場人物といわば対話しながら，さらに考えを深めていくことができるよう工夫されたものである。

④ 実施上の留意点

だが，このような発問の仕方については，いくつかの批判や疑問が投げかけられることが予想される。まず，「あなたならどうしますか」という発問については，子どもたちが周囲を気にしてむしろ本音を言わなくなるのではないか，本音を言った場合にはそのことで傷つく可能性があるのではないか，といった意見がある。また，早い段階から子どもたちに自分なりの判断を出させると，資料の理解が不十分になったり，ねらいとする道徳的価値に焦点化することが難しくなったりするのではないかと危惧する人もあるだろう。

このような意見は，確かにいくつかの重要な問題点を突いている。しかし，それらは，上述のような授業を実施する際には，次のような点に留意する必要があるというふうに前向きにとらえるべきだろう。

すなわち，まず，普段から（特に道徳の時間には）何でも言い合えるようなクラスの雰囲気を作っていかなければ，上述したような発問の効果はなかなか生まれない。また，資料の提示方法を工夫し，その理解を確実にしてからでないと，話し合い活動が混乱に陥る可能性がある。さらに，自由闊達な意見交換をする一方で，ねらいとする道徳的価値に焦点化するための手立て（例えば，資料に戻す発問）を何か準備しておかないと，授業としてのまとまりがつかなくなる可能性がある。

実際の授業の進め方については，さらに次のようなポイントがあると考えられる。すなわち，授業の中でじっくりと対話する場を確保すること，板書の工夫などにより子どもの語りを可視化すること，さらには，感覚的な言葉，曖昧な言葉を取り上げ，発言の意味や理由を問い返すことなどがそれである。また，自分の成長を実感させるための手立てとして，自分の判断が変わったところ，判断が変わった理由をふり返る学習シートを作り，それを内容項目ごとに綴じるという手法も有効だろう。

⑤ 期待される効果

　以上のように，実施上の留意点も見えてきた「状況」や「判断」に注目する道徳学習であるが，このような学習を行うことによって生じると期待される効果にはどのようなものがあるだろうか。

　第一に期待されるのは，自律への移行である。自ら考え，判断するよう促すことで，子どもたちは，道徳的価値や規範について，他人任せではない，自律的な考え方ができるようになるのではないか。

　第二に期待されるのは，他者理解・自己省察の深まりである。子どもたちは，自ら考え，判断したことを議論し合う中で，自己と他者の違いに気づき，自らを振り返ることができるのではないか。

　第三に期待されるのは，実践との結合である。自ら考え，判断し，議論し合ったことこそ，実践に結びつきやすいのではないか。

　これらはいずれも，しばしばその重要性が指摘されてきた課題である。これらの課題を解決していく上で，「状況」と「判断」に注目する道徳学習が一つの打開策になるのではないかと期待される。

　しかし，これら以上に期待されるのは，クラス全体の雰囲気の次のような変化ではないだろうか。すなわち，坂口が提案するような道徳学習が取り入れられたクラスでは，子どもたちが自分の意見をとにかく率直に述べる一方，自分とは異なる意見，意外な意見にも耳を傾け，これを受け止めてさらに議論するようになる。一回一回の道徳授業が首尾よく行われたかどうかよりも，このようなクラスの雰囲気こそが，いわば道徳的環境として，子どもたちの道徳に関する思考力，判断力，表現力を高めていくことにつながるのではないだろうか。

⑥ 研究成果の還元

　ここでは，以上のような研究の成果を広く教育現場に還元するために，教育学部教員と元附属学校教員（現職教員）の連携に基づいて行われている教員研修の取り組みについても若干触れておきたい。

　本節の筆者の一人である八幡は，熊本市教育センターで実施される教員研修や研究員活動に協力している者の一人であるが，このうち夏季休業中

に行われる専門研修の道徳部門については，平成24年度から元附属小学校教員と共同でその企画・実施にあたっている。具体的には，平成24年度は須藤聡教諭（当時は熊本市立桜木東小学校教諭，現在は川尻小学校教頭）とのペア，平成25，26年度は大江小学校に異動した坂口とのペアで約三時間の研修を担当した。

　研修の企画については，課題の設定や資料の選択についての打ち合わせを何度も行うが，附属時代の連携の実績があるため，その作業能率は高い。また，研修当日の進行や協議の取りまとめも，いわば二人三脚の形で行うことにより，参加者との応答をよりきめ細かく行うことができ，現職教員が持つ多様なニーズに応えることができると考えている。

(3) 「葛藤場面」や「生活経験」に注目する道徳学習
① 新たな出発

　平成25年4月から，附属小学校では宮原が新たに道徳教育の担当となった。宮原がその初年度にまず掲げた研究主題は，「よりよい生き方を求める道徳学習」である。その主なねらいは，「葛藤場面に焦点化し，考えの根拠となる生活経験をもとにしたかかわり合いを促し，ねらいとする価値について迫り，自分の生き方に結びつけて考えることができるような授業の在り方」（附属小学校紀要第63集，以下も同様）を探ることにある。

　平成26年2月に行われた附属小学校の研究発表会では，資料「しあわせの王子」（一部改作）を用い，上記のようなねらいに沿った授業（第3学年）が行われた。ここではまず，上記の研究主題に含まれる4つの観点（葛藤場面への焦点化，生活経験に基づく関わり合い，価値への焦点化，自分の生き方との関連づけ）から，この実践の意義をまとめておきたい。

　他方，同年3月に行われた学習指導要領シンポジウム（第3弾）の道徳分科会では，この授業についての報告が宮原および八幡から行われた。その際，分科会のテーマとしたのは，「葛藤場面を通して価値の自覚を深める道徳学習―論理的に思考し，ねらいとする価値に迫るための対話のあり方を探る―」である。ここでは最後に，この分科会で話題となった論理的

思考のモデルに基づく対話の分析結果について考察し，本節を閉じることにしたい。

② 葛藤場面への焦点化

宮原が提案する道徳授業の出発点は，「子どもたちの他者や社会との関わりの中で生じる問題場面と似たような登場人物の状況が含まれている資料を根拠として活用」し，「葛藤場面や心境が変化した場面に焦点化」することである。そのために，資料の選定と課題提示の工夫が求められる。資料の取扱いについては，事前に資料を読ませ，考えたことや疑問に思ったことを「道徳日記」に書かせるという手立てがとられている。

上述の授業の場合には，このような手立てが，「ツバメは南の国に行かなければいけないのに，なぜ王子のもとにいようと決心したのだろう」という課題設定につながった。このような仕方で課題を設定することにより，子どもたちがそれぞれの経験に基づき，真剣に話し合えるような場面への焦点化が図られている。

③ 生活経験に基づく関わり合い

次に，生活経験に基づく関わり合いを促すための手立てとしては，「自分と主人公を重ねながら説明する子どもの発言を取り上げる」ことや，「「どうして〜したのか分からない」といった子どもの疑問を全体で検討していく」ことなどが提案されている。

資料「しあわせの王子」を用いた前述の授業の場合には，すでに述べたような課題設定に基づき，「ツバメの心の変容について，資料や自分の経験を根拠として考えを交流する」ことが学習活動の中心となった。そこでは実際に，「資料と自分たちの生活経験をつなぎ（中略），「自分だったら〜」と自分の経験を根拠としながら語る子どもの発言を取り上げ，全体に広げていく」という形で話し合いが進んだ。

3月の学習指導要領シンポジウムの道徳分科会では，この授業の様子を記録した動画や，以下にその一部を示すような逐語録を参考に意見交換したが，この部分で非常に内容のある学習活動が行われたという点で多くの参加者の意見が一致した。

P1	ぼくは，王子さまの目が見えなくなってしまったのは，自分が宝石を持って行ってしまったからだから，目の見えなくなってしまった王子さまをそのままにして行くのはいやだったからだと思います。
T	そのままにしておくのはいや。あー。そのままにしては行けない。目が見えなくなってしまったから。りほさん。
P2	苦しい人たちを助けることを，ツバメは王子と一緒にしてきたから，王子が目をなくして見えないというときに，自分だけ楽をしに南の国へ帰るのはよくないと思って行かなかったと思います。
T	それまでね，一緒にね，確かに手助けをしてましたよね。自分だけ楽をしてはいけない。なんか，そんな思いって分かる？
P3	えっと，しあわせの王子は，最初に涙を流して，「高いところから町をながめていると，貧しい人や苦しんでいる人が，たくさんいることが分かって涙が止まらないんだ。」っていうことは，そして涙が出ているということは，その人たち，その人々を助けたいという心があるから，そのツバメも，助けたいという心が自分にもひびいたから，ずっといてあげたいというように思ったと思います。
T	今の，しゅうすけくんの，分かる？どういうことか。どういうことか，隣と話し合ってみて。

④ 価値への焦点化

　宮原は，「よりよい生き方を求める道徳学習」の最終的な目標として，価値への焦点化，価値の自覚の深化を挙げている。ところが，この点に関しては，今回の授業には次のような課題があったと考えられる。それは，焦点化すべき価値を表す言葉が，指導案の中でも「幸せ」（主題名），「美しい心」（学習目標），「敬けん」（内容項目）と複数あり，価値についての整理がいささか不十分であったという点である。

　実際には，前述したような生活経験に基づくかかわり合いの中で，子どもたちの中から王子の「美しい心」に迫る発言が出ていた。にもかかわらず，その後の展開で「幸せ」という別のキーワードに戻ることにより，指導案に示された学習目標からすれば期待された点（「美しい心」）への焦点化が中途半端に終わってしまったことが惜しまれる。

⑤ 自分の生き方との関係づけ

　宮原はまた,「よりよい生き方を求める道徳学習」を次のようにも説明している。「自分と考えの違う他者と対話することを通して,価値の意味について実感を伴って理解することが必要である。このことが,自己の生き方について考え,よりよい生き方を求める学習となる。」

　ところが,この授業の場合,最初の課題設定についての対話は活発に行われたものの,価値への焦点化について上述したような問題があったため,「実感を伴って理解」すべき「価値の意味」が明確にならなかった。そのために,自分の生き方との関連づけにも課題が残ったと言えそうである。しかし,逆に言えば,そのような問題点がなければ,研究のねらいはもっと達成されたかもしれないのである。

⑥ 論理的思考と対話

　平成25年度の附属小学校の研究では,＜根拠＞＜主張＞＜理由づけ＞の三要素からなる「論理的思考」のモデルを用いて授業の中での「対話」を分析することが提案されていた。また,道徳学習の場合,この三要素は次のような意味を持つと考えられる。

＜根拠＞：資料に描かれた状況や子どもたちの経験
＜主張＞：「〜したほうがよい」「〜してはいけない」などの道徳的判断
＜理由づけ＞：＜根拠＞と＜主張＞を結びつけるもの,特に道徳的価値による関係づけ

　例えば,「廊下を走ってはいけない」という＜主張＞について,「それはなぜ」と問いかけると,「ルール違反だから」,「人にぶつかるから」などの答えが返ってくることが予想される。この段階では,答えの中に事実面の＜根拠＞と,道徳的価値による＜理由づけ＞が混在している。

　次に,「廊下を走るのはルール違反」,「廊下を走ると人にぶつかる」という事実があることを確認した上で,「でも,それはなぜ悪いことなのか」をさらに問いかけると,事実面の＜根拠＞とは次元の異なる＜理由づけ＞が引き出される。またそれは,「みんなが安心して過ごせないから」,「だ

れでもけがをするのは嫌だから」など，多くの人に受け入れられる道徳的価値（「安心・安全」）を含むものとなることが期待される。

このような考えに基づき，前述したシンポジウムの道徳分科会では，宮原が行った研究授業の逐語録を用いて，「ツバメはなぜ王子のもとにいようと決心したのだろう」という疑問についての対話を分析した。その結果，この授業では重要な道徳的価値を含む発言が引き出されているものの，以下の図のように事実面の＜根拠＞と，道徳的価値による＜理由づけ＞が混在したままで対話が進行していることがわかった。

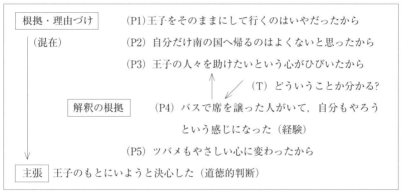

他方，この両者の区別を促すような働きかけ（教師の介在）を行うことにより，「責任」，「連帯」，「敬けん」などの道徳的価値を際立てることができた可能性も指摘された。今後の課題としては，このような論理的思考のモデルに即した対話の分析をさらに進めるとともに，その分析結果を踏まえることにより道徳学習はどのように改善されるのかを明らかにしていくことが求められよう。

参考文献
八幡英幸・坂口一成（2012）「道徳学習における思考力・判断力・表現力」『新学習指導要領キックオフシンポジウム第2弾』熊本大学教育学部，pp.125-138.
八幡英幸・宮原大輔（2014）「葛藤場面を通して価値の自覚を深める道徳学習」『学習指導要領シンポジウム第4弾』熊本大学教育学部，pp.73-78.

第 3 部
論理的思考力・表現力育成のための
カリキュラム開発の成果と課題

第1章　学部附属連携事業の意義と課題
　－「高度な教科教育」の実現に向けて－

山本　信也

はじめに

　「論理的思考力・表現力育成のためのカリキュラム開発－教科間関連，幼・小・中連携を視野に入れて－」をテーマとして，平成11年より学部附属連携事業が行われた。この事業では，毎年3月はじめの土曜日午後「学習指導要領シンポジウム」と銘打ってシンポジウムが開催されてきた。平成27年3月で第5回目を迎えることとなる。シンポジウムの1つのセクションである分科会では，教育学部教員及び附属学校園の教員のコラボレーションによる各教科教育，道徳，特別支援学校教育，幼稚園教育に関する共同研究の成果に基づく実践的研究及び提案が行われ，参加者を交えた活発な研究協議が行われた。
　ここでは，これまでの教科教育等に係わる研究活動を振り返り，今回の学部附属連携事業の意義と課題，そしてその可能性についてまとめておきたい。
　そのためには，1つの重要な問題をここで考察しておくことが必要であろう。学校種，各教科等を超えて「論理的思考力・表現力育成」が学校教育で強調される今日的背景とは何かという問題である。
　そこで，その背景を探るために，1993年にアメリカの経済評論家ドラッカー（P. E. Drucker, 1909-2005）が提起した「知識社会」の意味，そしてそれと関連する中央教育審議会答申に見られる「知識基盤社会」の意味を確認したい。それらの概念は，「論理的思考力・表現力育成」と無関係ではなく，それらに着目することによって，その背景について考察できるものと思う。その背景を通して，今回の学部附属連携事業の意義についてシ

ンポジウムを振り返りながら考察したい。

　最後に，ドラッカーが学校教育に実質的に期待したのは「高度な教科教育」であった。その実現のための基本的条件についてドイツの数学教育学者ヴィットマン（E. Ch. Wittmann, 1939-）が提起した「デザイン科学としての数学教育学」の視点に基づいて考察したい。そして，1つの教科教育の可能性を述べて終わりとしたい。

第1節　「知識基盤社会」における「高度な教科教育」

(1)　「知識社会」における学校教育の役割

　本の帯に「世界は大転換の時代に突入した」と銘打たれたドラッカーの『ポスト資本主義社会　21世紀の組織と人間はどう変わるか』（日本語訳）が出版されたのは1993年のことであった。ドラッカーがポスト資本主義社会として今後到来する社会を「知識社会」という言葉で描き出そうとしたのが本書であった。

　同書には次のような文章が並んでいる。

　「現実に支配力をもつ資源，最終決定を下しうる「生産要素」は，今日，資本でも，土地でも，労働でもない。それは，「知識」だということである。」（ドラッカー，1993, p. 29）

　また，「基本的な経済資源，すなわち経済用語で言うところの「生産手段」は，もはや，資本でも，天然資源（経済学の「土地」）でも，「労働」でもない。それは知識である。」（ドラッカー，1993, p. 32）

　資本主義の次に到来する社会としてドラッカーが描き出した「知識社会」というのは，もはや「資本」，「労働力」，「天然資源」ではなく，「高度な専門化された知識」が生産要素として重要となる社会のことであった。

　さらに，ドラッカーは，同書の中で「知識社会」へ転換期の諸々の課題をわれわれ一人ひとりが考えることが重要であると述べた。

　「このポスト資本主義という転換期における諸々の課題に対して，先進国とその知的リーダーたち，実業界のリーダーたち，政治のリーダーたち，

そして何よりもわれわれ一人ひとりが，日常の仕事と生活において，いかに応えていくかにかかっている。」(ドラッカー，1993, p. 45)

　ドラッカーの1993年の著書で扱われているテーマは，「社会組織」,「政治体制」だけではない。その考察範囲は学校教育にまで及んでいる。ここで重要なのは「責任ある学校」(第11章)で論じられている「知識社会」における学校の役割である。ドラッカーが期待する学校教育とは何であったのだろうか？

　端的に言えば，ドラッカーが「知識社会」における学校教育に期待したのは「高度な基礎教育」であった。

　「万人のための高度な基礎教育が，優先順位の第一位にこなければならない。これは必須の条件である。高度な基礎教育なくして，いかなる社会も，ポスト資本主義社会とくに知識社会として，高度の機能を発揮することはできない。」(ドラッカー，1993, p. 327)

　また，次のようにも述べた。

　「もはや，伝統的な基礎教育の概念では十分ではない。もちろん，読み書き計算は，これからも現在も同様に欠かすことができない。しかし，基礎教育は，今や，これらの基礎の基礎をはるかに超えたものとならなければならない。数学的な素養も必要となる。科学と技術の基礎的な理解も必要となる。外国語にも通じなければならない。さらには，組織の一員として，つまり被雇用者として成果をあげる方法も学ばなければならない。」(ドラッカー，1993, p. 329)

　ドラッカーはここで「基礎教育」という用語を使ったが，学校教育において「基礎教育」を実現する場面は，各教科教育の授業以外にない。したがって，ドラッカーが「知識社会」における学校教育に期待したのは，まさに「高度な教科教育」であり，それは学習内容の習得とともに学習継続の能力や意欲の育成が重要となる教科教育であった。ドラッカーは次のように述べる。

　「これまで「基礎教育」とはかけ算やアメリカの歴史など，教科内容に関する知識を意味した。しかし知識社会では，方法論にかかわる知識が必

要となる。これまで学校では教えようとさえしなかったものが必要である。知識社会においては，学習の方法を学んでおかなければならない。知識社会においては，教科内容そのものよりも，学習継続の能力や意欲のほうが，重要でさえあるかもしれない。」（ドラッカー，1993, p. 331）

(2) 中央教育審議会答申における「知識基盤社会」

現在，「知識基盤社会」という用語は，我が国の教育施策に関する文書に見られる。たとえば，平成25年4月25日の中央教育審議会答申「第2期教育振興基本計画について（答申）」では，「国内的にも国際的にも，知が社会・経済を駆動する知識基盤社会が本格的に到来する中にあっては，各自が生涯にわたって自己の能力と可能性を最大限に高め，様々な人々と協調・協働しつつ，自己実現と社会貢献を図ることが必要となる。」と述べられている。

さらに，我が国の教育振興に関する施策の総合的計画である「教育振興基本計画」においても，現在社会は「知識基盤社会」へと移行しているという認識のもとで「新たな社会モデル －知識を基盤とした自立，協働，創造モデルとしての生涯学習社会の実現－」が提唱されている。

ところで，「知識基盤社会」という用語が初めて登場するのは，2005年の中央教育審議会答申「我が国の高等教育の将来像」（平成17年1月28日）であった。その答申は次の文章で始まっている。今から約10年前のことである。

「21世紀は「知識基盤社会」（Knowledge-based society）の時代であると言われている。これからの「知識基盤社会」においては，高等教育を含めた教育は，個人の人格の形成の上でも，社会・経済・文化の発展・振興や国際競争力の確保等の国家戦略の上でも，極めて重要である。精神的文化的側面と物質的経済的側面の調和のとれた社会を実現し，他者の文化（歴史・宗教・風俗習慣等を広く含む。）を理解・尊重して他者とコミュニケーションをとることのできる力を持った個人を創造することが，今後の教育には強く求められている。また，高等教育においては，先見性・創造性・

独創性に富み卓越した人材を輩出することも大きな責務である。」

　ここで初めて登場した「知識基盤社会」という用語について，脚注では「英語のKnowledge-based societyに相当する語。論者によって定義付けは異なるが，一般的に，知識が社会・経済の発展を駆動する基本的な要素となる社会を指す。類義語として，知識社会，知識重視社会，知識主導型社会等がある。」と説明されている。

　これによれば，「知識基盤社会」という用語は，「知識社会」，「知識重視社会」，「知識主導型社会」と同じような意味とされ，「知識が社会・経済の発展を駆動する基本的な要素となる社会」の意味で使われている。

　前述したように，「知識基盤社会」という用語は当初「高等教育」の将来像を描く言葉として使われた。しかし，徐々に学校教育全般の方針を示す際にも使われ始めるようになる。たとえば，「新しい時代の義務教育を創造する（答申）」（平成17年10月26日）においても，

　「工業化社会から知識基盤社会へと大きく変化する21世紀においては，単に学校で知識・技能を習得するだけではなく，知識・技能を活かして社会で生きて働く力，生涯にわたって学び続ける力を育成することが重要である。」

と述べられている。

　これらの答申の内容からして，「知識基盤社会」という概念は，ドラッカーの「知識社会」と同義に解釈しても不都合はないであろう。ドラッカーが「知識社会においては，学習の方法を学んでおかなければならない。知識社会においては，教科内容そのものよりも，学習継続の能力や意欲のほうが，重要でさえあるかもしれない。」と述べたように，それから12年後の2005年に21世紀の義務教育の創造に係わる基本的方針にも同じように「生涯にわたって学び続ける力と意欲」の育成が述べられることになった。言い換えれば，これらの答申においても，ドラッカーが期待する「高度な教科教育」が要請されたといえるであろう。

(3) 「高度な教科教育」：知識・技能の習得と思考力・判断力・表現力の育成

ドラッカーが学校教育に実際的に期待する「高度な教科教育」として，我々はどのような教科教育を構想すればよいのだろうか？

現行の学習指導要領改訂の方針である「幼稚園，小学校，中学校，高等学校及び特別支援学校の学習指導要領等の改善について（答申）」（平成20年1月17日）を通して考察してみよう。

この答申で注目すべきは，「学習指導要領の理念を実現するための具体的な手立て」という項目に示された以下の内容である。

「教育については，「ゆとり」か「詰め込み」とかいった二項対立で議論がなされやすい。しかし，変化の激しい時代を担う子どもたちには，この二項対立を乗り越え，あえて，基礎的・基本的な知識・技能の習得とこれらを活用する思考力・判断力・表現力等をいわば車の両輪として相互に関連させながら伸ばしていくことが求められている。」

知識・技能の習得と活用する思考力・判断力・表現力等は車の両輪であり，「知識基盤社会」の時代にあってますます重視されるというのがここでの認識である。同時に，それは教科教育に要請されている基本的な事項であろう。

以上のように，ドラッカーの所論，これまでの中央教育審議会答申をもとにして言えば，ドラッカーに代表される経済学者，社会学者が指摘する「知識社会」，「知識基盤社会」の到来に起因する学校教育への新しい期待の現れが，「論理的思考力・表現力育成」強調の背景といえるだろう。

ドラッカーは「知識社会」における学校教育に期待する「方法論にかかわる知識が必要となる」とは，まさしく学習の方法論であり，自らが継続的に学習し，自ら「知識」を獲得できるような方法論であろう。継続的に学習することを通して「高度に専門化された知識」を習得され，生産要素とならなければ「知識社会」は維持できない。それがドラッカーの基本的スタンスであった。

したがって，「知識社会」における教科教育では，従来のように既存の「知

識」体系を習得させるだけでは,「高度な教科教育」の実現にはならない。教科教育の中で,児童・生徒が自ら主体的に活動し,「知識」を自ら構成し,その「知識」を基盤として思考・判断し,表現する児童・生徒の育成が重要な課題となる。

　「論理的思考力・表現力の育成」というシンポジウムのテーマの本質は,各教科における基礎・基本的知識・技能の習得という独自の教科教育への責務は保持しつつ,教科内容に関わる学習方法と学習意欲をいかに育成するかという点にあったと言えるであろう。いずれにしろ,ドラッカーが期待した「高度な教科教育」の実現,学習内容とともに学習方法の習得と意欲の形成が重要な教科教育の実現に向かう第一歩であったことは間違いない。

第2節　学習指導要領シンポジウムにおける研究活動

　平成23年(2011)年3月,第1回熊本大学教育学部主催の附属学校園連携事業,「新学習指導要領キックオフシンポジウム」が開催された。熊本県教育委員会,熊本市教育委員会からのそれぞれ後援,共催をいただいた。このシンポジウムは,その後「学習指導要領シンポジウム」として継続され,平成27年3月で第5回を迎えようとしている。ここでは,これまでのシンポジウムにおける基調講演,ディスカッション,分科会での活動を振り返ってみよう。それぞれの詳細については,報告書をご参照していただければ幸いである。

表1　基調講演

平成23年(2011)
阿南誠一郎（熊本県教育委員会教育次長）
演題：本県の学力向上対策について
杉原哲郎（熊本市教育委員会学校教育次長）

　　　　　演題：政令都市熊本の教育の展開に向けて
　　　　田中孝一（文部科学省初等中等教育局主任視学官）
　　　　　演題：新教育課程の全面実施に向けて各学校に期待すること－各教科等における言語活動の充実など－
平成24年（2012）
　　　　田中耕治（京都大学大学院教育学研究科教授）
　　　　　演題：論理的思考力・表現力を育むカリキュラムと評価のあり方について
平成25年（2013）
　　　　内田伸子（筑波大学監事：お茶の水女子大学名誉教授）
　　　　　演題：対話で広がる子どもの学び－論理的思考力・表現力育成のための授業デザイン
平成26年（2014）
　　　　丸野俊一（九州大学理事・副学長）
　　　　　演題：教え手，学び手のメタ認知をいかに育むには

表2　ディスカッションのテーマ

平成25年（2013）
　テーマ：「言語活動を支える論理的思考力・表現力の育成」
　　　　河野順子（コーディネーター；教育学部教授），濵平清志（熊本市教育委員会指導課長），古田亮（熊本県教育庁指導係長兼主幹），山本信也（教育学部教授），原口淳一（附小主幹教諭），井上伸円（附小教諭），余宮忠義（附小教諭），田上貴昭（附中教諭），坂田孝久（附中教諭）

平成26年（2014）
　テーマ：「言語活動を支える論理的思考力・表現力」
　　　　山本信也（コーディネーター；教育学部教授），谷口雄一（熊本県教育委員会義務教育課主幹），上妻昭仁（熊本市教育委員

会指導課主任指導主事），西村正之（附小教諭），藤本裕人（附小教諭），佐伯綱義（附中教諭），前田忠彦（附属特別支援学校教諭），藤瀬泰司（教育学部准教授），河野順子（教育学部教授）

表3　各分科会テーマ

(1) 国語科教育分科会テーマ
　　2011：言語活動を支える論理的思考力，表現力の育成についての実践的提案
　　2012：言語活動を支える論理的思考力，表現力の育成に関する実践提案と評価
　　2013：言語活動を支える論理的思考力・表現力の育成－小・中にわたる話し合いを深めるための「根拠」「理由付け」「主張」の三点セットによる発達系統案と実践提案
　　2014：幼・小・中を貫く論理的コミュニケーション育成のためのカリキュラム提案－根拠・理由付け・主張の思考様式を用いた「読み」を豊かにする話し合い活動

(2) 社会科教育分科会テーマ
　　2012：子どもが考えたことを表現する小学校社会科授業づくりの探究
　　2013：子どもが考えたことを表現する小学校社会科授業づくりの方法
　　2014：子どもが考えたことを表現する小学校社会科授業づくりの探究

(3) 算数・数学科教育分科会テーマ
　　2011：数学教育における思考力・表現力育成のための本質的学習環境の研究開発
　　2012：算数・数学科における表現力・論理的思考能力の育成のための学習環境の研究と開発

　　　　　2013：算数・数学科における論理的思考力・表現力育成のためのカリキュラムデザイン

　　　　　2014：算数・数学科における論理的思考力・表現力育成のためのカリキュラムデザイン

(4) 理科教育分科会テーマ

　　　　　2011：新学習指導要領実施に向けての理科の教材研究・学習研究・教育実践

　　　　　2012：子どもの表現から読み解く科学的な学びの実態

　　　　　2013：理科における表現活動と科学的な思考

　　　　　2014：理科における表現活動と科学的な思考2

(5) 生活科教育テーマ

　　　　　2012：「ことば」を大切にした生活科授業デザイン

　　　　　2013：子どもの論理を大切にした学びの質的変容－幼児教育から生活科，総合的な学習へのつながり－

　　　　　2014：生活科での学びの構造－知的な気付き・論理の質－

(6) 音楽科教育分科会テーマ

　　　　　2011：小学校音楽科における言語活動を取り入れた授業づくり

　　　　　2012：小学校音楽科における思考力・判断力・表現力育成を目指した学習活動と評価

　　　　　2013：子どもが思いや意図をもって表現する小学校音楽科の授業づくり

　　　　　2014：音楽鑑賞学習における言語活動のあり方

(7) 美術科教育分科会テーマ

　　　　　2012：スクリプルから始まる形と色の創造

　　　　　2013：スクリプルから始まる形と色の創造2

　　　　　2014：子どもたちが論理的に思考し，表現する図画工作・美術科の授業デザイン

(8) 体育科・保健体育科教育分科会テーマ

　　2013：体育科における思考力・コミュニケーション能力の育成を目指した学習活動

　　2014：論理的思考力・表現力を目指した体育学習

(9) 技術科教育分科会テーマ

　　2011：技術科における思考力・判断力・表現力育成を目指した学習指導と評価

　　2012：技術科における思考力・判断力・表現力育成を目指した学習指導と評価－技術科の授業への導入とその効果－

　　2013：技術科における思考力・判断力・表現力育成を目指した学習指導と評価－技術科の授業へのシステム思考の導入とその効果－

　　2014：技術科における思考力・判断力・表現力育成を目指した学習指導

(10) 家庭科教育分科会テーマ

　　2011：児童・生徒の思考のプロセスに着目した小・中学校家庭科のカリキュラム開発

　　2012：児童・生徒の思考のプロセスに着目した小・中学校家庭科のカリキュラム開発②

　　2013：児童・生徒の思考のプロセスに着目した小・中学校家庭科のカリキュラム開発Part 3

　　2014：児童・生徒の思考のプロセスに着目した小・中学校家庭科のカリキュラム開発Part 4

(11) 英語科教育分科会テーマ

　　2011：英語コミュニケーション能力育成を目指した学習活動と評価

　　2012：小学校外国語活動におけるコミュニケーションの活性化

　　　　　2013：論理的思考力・表現力育成を目指した英語指導：小・中連携を視野に入れて

　　　　　2014：On Classroom Activities to Stimulate Logical Thinking and Communication

⑿　道徳教育分科会テーマ

　　　　　2011：様々な状況における道徳的判断を探究し合う道徳学習

　　　　　2012：道徳学習における思考力・判断力・表現力

　　　　　2014：葛藤場面を通して価値の自覚を深める道徳学習：論理的に思考し，ねらいとする価値に迫るための対話のあり方を探る

⒀　幼稚園教育分科会テーマ

　　　　　2011：幼児期における，人とのかかわりの中で培われるしなやかさの発達

　　　　　2012：幼児期における思考力の芽生えを培う

　　　　　2013：幼児期における思考力の芽生えを培う

　　　　　2014：幼児期における思考力の芽生えを培う

⒁　特別支援教育分科会テーマ

　　　　　2012：障がいのある子どもたちの特性に応じたコミュニケーション能力を育むための指導方法についての実践研究

　　　　　2013：障がいのある子どもたちの特性に応じたコミュニケーション能力を育むための指導方法についての実践研究

　　　　　2014：障がいのある子どもたちの特性に応じたコミュニケーション能力を育むための実践研究－各教科等を合わせた指導「コミュニケーションの学習」の設定

　学習指導要領シンポジウムの中心的な研究活動となったのは，分科会ごとに行われた各教科等及び附属幼稚園，特別支援学校の取り組みであった。分科会では，教育学部教員と附属学校園教員とのコラボレーションによって新学習指導要領実施へ向け，その趣旨に沿った実践的な提案と参加

者との協議が行われた。この分科会に参加したのは，学部附属教員だけではない。教育学部の教員養成課程の学生・院生も自身が専攻する教科教育学の分科会に参加し，教科教育に関する研究成果の発表・提案を行い重要な役割を果たした。また熊本県・熊本市の教育委員会の指導主事の方々からは，テーマに係わる熊本県・市における取り組みと学校現場での課題についての報告，またそれぞれの提案に関する貴重な助言をいただいた。このように学部附属教員，教育行政機関，学生・院生，そして学校現場の教師が一堂に会して分科会が実施されたのは，これまでには例がなく画期的であった。

　このような分科会が実施されたのは，個々の教科教育の独自性を維持しつつ，学校，教科を越えたところの領域に設定されたシンポジウムのテーマ「論理的思考力・表現力育成のためのカリキュラム開発－教科間連携，幼・小・中連携を視野に入れて－」の重要性の認識であったといえるであろう。

第3節　「高度な教科教育」実現に向けての課題

(1) 「高度な教科教育」の課題

　学校教育法第30条第2項には以下の条文がある。
「生涯にわたり学習する基盤が培われるよう，基礎的な知識及び技能を習得させるとともに，これらを活用して課題を解決するために必要な思考力，判断力，表現力その他の能力をはぐくみ，主体的に学習に取り組む態度を養うことに，特に意を用いなければならない。」

　これによれば，「基礎的な知識及び技能の習得」，「思考力，判断力，表現力その他の能力の育成」，「主体的に学習に取り組む態度の養成」という3つの事項は，学校教育全般に渡って重視されなければならないものとなった。これは，ドラッカーが学校教育に期待した「高度な教科教育」においても強調されたことであり，日本の現在の教科教育に期待された課題は大きい。

特に,「主体的に学習に取り組む態度の養成」という事項は,現代日本の教科教育の大きな課題である。2000年前後に大学生の学力の問題が話題となった時期に,生活経済学者,暉峻淑子が受け身の勉強のし過ぎについての問題点を指摘した。その指摘は,その主体的に教科の学習に取り組む態度の重要性を述べたものとして再確認をしたいと思う。

「大学の教官が疑っている恐るべき学力低下の真の原因は,「受け身の勉強のしすぎではないか」ということだ。つまり,学校や塾でただただ受験用の詰め込み勉強をすればするほど,受け身の勉強態度が身についてしまい,本当の学習にならない。詰め込みをしても,試験がすんだらすぐに忘れる。」

(2) サイモンの「デザイン科学」

1987年,ノーベル経済学賞受賞者,サイモン(H. A. Simon; 1916-2001)は,17世紀以降成立・発展してきた「自然科学」の理念に対して,新たに「デザイン科学」という理念を提唱した。「事物の特徴や特性に関する,またその作用及び相互作用に関する知識の体系」としての自然科学に対して,人工物の創案と創造に寄与する科学的営為として提唱したのが「デザイン科学」であった。いわば前者が「自然物」を研究対象とするのに対して,後者は,「人工物」の創案と創造に係わる科学的営為であった。人工物の科学である「デザイン科学」の提唱は,従来の「自然科学」観とは基本的に異なる新しい科学観の提起であり,これまで「人工物」の創案と創造に係わってきた専門的領域に与えた影響は大きい。

現在「デザイン科学」という用語は,一般に工学系の諸科学の名称あるいは専攻名としても使われるようになっている。また「デザイン」という用語も最近の教科教育研究では一般的な用語となっている。サイモンによれば,「現在の状態をより好ましいものに変えるべく行為の道筋を考案」することが「デザイン」であった。したがって,工学,医療,福祉,経済,行政などの関係者が,現在の状態をより好ましいものに変えるべく行為の道筋を考案することは,すべてデザイン活動ということになる(サイモン,

2003, p.133)。

　サイモンの立場に立てば，児童・生徒に望ましい学習活動をつくりだすために授業やカリキュラムを考案する教師あるいは学校教育関係者は，例外なく教育環境・学習環境のデザイナーということになる。学校教育関係者は児童・生徒のための教育環境・学習環境を創案し，自らもその目的を遂行するなかで決定的な役割を果たすデザイナーである。教育関係者のみならず，医療関係者，経済に携わる経営コンサルタント等，広く社会全般に渡って社会の発展のために人工物を作り出す知的活動が「デザイン」であった。建築学，土木工学，電気工学といった工学系の諸科学が豊かな人間の生活・文化の進展に深く係わる人工物の創造に寄与する科学であるからにほかならない。

(3) 「デザイン科学」として教科教育学

　ドイツの数学教育学者ヴィットマンは，このサイモンの「デザイン科学」の理念を援用して，1995年「デザイン科学としての数学教育学」という画期的な論文を発表する。既存の諸科学（数学・教育学・心理学等）に対する数学教育学の独自性を，デザイン科学の本質をもって確立しようとする革新的な論文であった。

　成立して間もない数学教育に関する研究領域である数学教育学は，その学問的独自性がきわめて曖昧である。また数学教育学は，学問としての数学や教育学，心理学など既存の科学的研究との境界が曖昧であった。それ故，個々の学校現場における算数・数学科教育に関する実践的な研究と混同されてきた。算数・数学という教科に関する研究開発を目的とする数学教育学の独自性を理念的に明確するために，ヴィットマンが援用したのがサイモンの「デザイン科学」という概念であった。

　「我々は，授業を建設的に改善することを目的として，本質的学習環境やカリキュラムをデザインし，その実証的な研究を通して検証を行い，授業として実現することを研究の中心に置く。そのことによってはじめて，教科教育学はその役割を最大限に発揮すると考えている。言い換えると，

教科教育学が「デザイン科学」として組織的に研究されることが，最大の成果をもたらすことになるのである。」

その帰結として，数学教育学は人工物である算数・数学科の授業，あるいはカリキュラムの創案と創造に寄与する科学的営為であり，算数・数学教師の専門性は，算数・数学の学習環境（授業）のデザインに発現することとなる。実際，ヴィットマンは以下のように述べる。

「算数・数学教師の専門性は，児童・生徒の数学的な活動を促し，それを観察し，分析するところにある。まさに，（広い意味での）数学との魅力的な出会いの学習環境をデザインするところに，算数・数学教師の専門性の核心がある。」（ミュラー他，2004）

「デザイン科学」という理念的枠組みは，学校教育における他の教科教育学に対する数学教育学の固有性を示すものではないだろう。国語科，社会科，理科などの教科の授業・カリキュラム，さらには各学校の教育課程も人工物であることに変わりはない。児童・生徒の望ましい学習活動をつくりだすために授業やカリキュラムを考案し，実施する教師も学習環境（授業・カリキュラム）のデザイナーである。したがって，各教科教育に関する研究開発は，学習環境という人工物の創案・創造に寄与してきた「デザイン科学」であるといえるであろう（山本，2012）。

したがって，ヴィットマンの立場からすれば，数学教育学のみならず，各教科教育に関する研究開発に係わる研究領域は，「デザイン科学」としての教科教育学にほかならない。

実際，2004年ヴィットマンは教科教育のあり方にも言及し，その成功の最終的判断基準は，児童・生徒が生涯にわたって「学習できる能力」を身につけたかどうかにあると述べた。

「教科教育において，児童・生徒がどの程度，生きて働く知識を身につけ，それを通して生涯にわたる学習ができる能力を身につけたかどうかにある。」（ミュラー他，2004）

ところで，ヴィットマンが「デザイン科学」を援用したのは，他の諸科学に対する数学教育学の独自性を明確にしようとしただけではなかった。

「デザイン科学」という概念にヴィットマンが最も期待したのは，数学教育に携わる者（研究者，教員養成学部の教員，修学前・小学校の教師，中高の数学教師及びその他の関係者）の強固な自己認識の確立であった。

「数学教育学本来の課題の科学的探究の有望な見通しが得られると同時に，数学教育者の強固な自己認識への展望をもたらすことになる。」(Wittmann, 1995, p.362)

学校教育で「高度な教科教育」を実現することは，それほどたやすいことではない。教科教育に携わる者に共通する自己認識の元での組織的な共同研究によってはじめて実現するものであろう。その際，当事者に共通する自己認識がなければ，建設的で，実りある共同研究は不可能であろう。そのためにヴィットマンが援用したのが「デザイン科学」であり，「デザイン」の概念であった。

ヴィットマンが「デザイン科学」という概念に期待した自己認識の確立は現実のものとなった。その実際は，1987年以来ドイツのドルトムント大学に設立され，数学教育に関する研究開発を進展させている「数学教育研究開発プロジェクト：mathe2000」の成果に見ることができる（ミュラー他，2004）。このプロジェクトにおいて，数学教育研究者・小学校教師の共同研究を通して開発された革新的な算数教科書（『数の本』；Das Zahlenbuch）は，現在ドイツ全州の小学校で使われるようになり，その革新的な内容は世界的な注目を浴びるまでになっている。

「デザイン科学」という概念が教科教育の研究開発の当事者に共通する自己認識にどれほど有効性を発揮するか？またそれによって何が実現するのか？これは今後の教科教育学のあり方を考える上で検討に値する課題であろう。

おわりに

本文を書きながら，19世紀初頭のドイツの教育学者ヘルバルト（J. F. Herbart, 1776-1841）の言葉が気になっていた。

近代学校教育の基礎に影響を与えた教育学者ヘルバルトは，学校教育における注意深く観察する学習活動の重要性を説いた。これは一般に「直観教授」(Die Anschauungsunterricht) とされているが,「注意深く観察」という用語の原語は，物事を注視することを意味するdie Anschauungであり，きわめて具体性のある学習活動であった。子どもたちに物事を注意深く観察させることの意義を述べたのが，以下の文章である。
「注意（注意深い観察）からは事物の本質についての知識が得られるのである。さらに注意（注意深い観察）からは，よく認識された必然性に対して服従する態度が生まれるのである。その上さらに注意からは，熟慮された行為や，目的にふさわしい手段を慎重に選ぶ態度が生まれるのである。」(47頁，( ) は引用者)
　「知識社会」，あるいは「知識基盤社会」という言葉を見るたびに私には一つの疑問があった。ここで使われている「知識」というのをどのよう解釈すればよいのか？という疑問である。「知識」という言葉は一般的な概念であり，様々な文脈で使われる言葉であるが故に，個々の教科教育との関連性がうまくイメージできないでいた。
　しかし，ヘルバルトの言葉には「知識」に対する1つのとらえ方が示されている。それは，子どもであっても注意深い観察から獲得できるものであり，よく熟慮され行動の基準として機能するものが「知識」である。
　市民社会の成立初期の19世紀初頭のヨーロッパにあって，学校教育の基本的なあり方が議論される中で提起されたのが，このヘルバルトの文章であった。「知識基盤社会」が到来した現在の学校教育のあり方の議論に対してヘルバルトのこの文章は何を提起するだろうか？私には，「知識が基盤となる社会」における教科教育を，実際的な授業場面のレベルで実現するための1つのイメージを与えてくれるように思う。
　教師によって示された事物，事項，あるいは事象を子どもたちが「注意深い観察」を通して知識を探究し，発見する。さらにその理由を論理的に考え，それをうまく表現して友達に伝え，またクラスで議論する，またはレポートにまとめる。こんなイメージが思い浮かぶ。

自らが実際に手にとって経験したり，現地に行って調べたり，また専門的な人に聞いたり，その文書を読んだり，さらに自ら推論したりすることを通して確実な知識がなければ，我々は自信をもって判断したり，思考したり，また表現したりすることはできない。自らの判断，思考，表現の基盤として機能する確実な「知識」を児童・生徒に自らに形成させることの意義を指摘したのがヘルバルトであった。「注意深い観察」の重要性を説くヘルバルトの提起は，これからの「高度な教科教育」に１つの可能性を与えているように思う。

　今回の学部附属連携事業は，多くの関係者，関係機関の協力のもとで実施された。これが実現したのは，従来の教科教育の枠を超え，ドラッカーが期待するような「高度な教科教育」実現への共通した自己認識の存在があったからにほかならないであろう。それをどのような自己認識とするか？これから学部附属連携事業を進めていく上の課題である。

参考文献
ドラッカー，P. E.，植田・佐々木・田代共訳，『ポスト資本主義社会　21世紀の組織と人間はどう変わるか』，ダイヤモンド社，1993．
中央教育審議会，「我が国の高等教育の将来像（答申）」（平成17年１月28日）2005．
中央教育審議会,「新しい時代の義務教育を創造する（答申）」，平成17年10月26日，2005．
中央教育審議会，「幼稚園，小学校，中学校，高等学校及び特別支援学校の学習指導要領等の改善について（答申）」，平成20年１月17日，2008．
中央教育審議会,「第２期教育振興基本計画について（答申）」，平成25年４月25日，2013．
熊本大学教育学部，『新学習指導要領キックオフシンポジウム－論理的思考力・表現力育成のためのカリキュラム開発：教科間連携，幼・小・中連携を視野に入れて』（平成23年３月５日実施）報告書，2011．
熊本大学教育学部，『新学習指導要領キックオフシンポジウム第２弾－論理的思考力・表現力育成のためのカリキュラム開発：教科間連携，幼・小・中連携を視野に入れて』（平成24年３月３日実施）報告書，2012．

熊本大学教育学部,『新学習指導要領シンポジウム第3弾－論理的思考力・表現力育成のためのカリキュラム開発：教科間連携,幼・小・中連携を視野に入れて』(平成25年3月2日実施) 報告書, 2013.
熊本大学教育学部,『学習指導要領シンポジウム第4弾－論理的思考力・表現力育成のためのカリキュラム開発：教科間連携,幼・小・中連携を視野に入れて』(平成26年3月1日実施) 報告書, 2014.
山本信也,『生命論的デザイン科学としての数学教育学の課題と展望』, 熊日情報文化センター, 2012.
ミュラー, G. N., シュタインベルグ, H., ヴィットマン, E. Ch., 国本景亀・山本信也共訳,『算数・数学授業改善からの教育改革へ　PISAを乗り越えて：生命論的観点からの改革プログラム』, 東洋館出版, 2004.
暉峻淑子,『豊かさの条件』, 岩波書店, 2003.
サイモン, H. A., 稲葉元吉・吉原英樹共訳,『システムの科学』, パーソナルメディア, 2003 (1987第2版).
Wittmann, E. Ch., Mathematics Education as a 'Design Science', *Educational Studies in Mathematics*, 29, 355-379, 1995.
ヘルバルト, J. F.(Johann Friedrich Herbart), 是常正美監訳,『ペスタロッチの直観のABCの理念』, 玉川大学出版部, 1982.
Herbart, J. F., Pestaslozzis Idee eines ABC der Anschauung untersucht und wissenschaftliches ausgeführt(1804), K. Kehrbach, O. Fluegel(Hrsg.), *Johann Friedrich Herbart Saemtliche Werke*, Band1, 1964.

第2章　学力向上に向けた熊本県教育委員会の取組

熊本県教育委員会

1　熊本型授業の推進の成果と現在の課題

　本県では，身に付けるべき基礎・基本を確実に習得させる徹底指導と，児童生徒が自ら考え，問題解決に主体的に取り組む能動型学習とのめりはりをつけた熊本型授業を平成13年度から推進し，児童生徒の「確かな学力」の向上を目指してきた。また，この熊本型授業の充実に向け，平成14年度からは，知識・技能はもとより，学ぶ意欲や思考力，表現力などを客観的に評価できる「ゆうチャレンジ」を開発・提供して，指導方法の工夫改善を図ってきたところである。

　これらの取組を踏まえ，平成26年度の全国学力・学習状況調査の教科の結果について分析を行ったところ，以下の点が明らかになった。

○　各教科の平均正答率は，概ね全国平均と同じ状況にある。 ○　記述式問題では，小中ともに全国平均と比べて平均正答率が高く，無解答率も低い状況にある。

　また，質問紙調査の結果を分析すると，次に示す項目で，全国平均を上回っている。

【児童生徒質問紙】 ○　授業のはじめに目標が示されている ○　授業の最後に学習内容を振り返っている ○　授業の中で学級の友達と話し合っている 【学校質問紙】 ○　授業の冒頭で目標を示す ○　模擬授業や事例研究など，実践的な研修を行っている ○　授業研究を伴う校内研修を実施した回数（年間13回以上）

　これらのことから，授業冒頭における既習事項の整理や本時の目標の

確認,授業終末における振り返りや学習内容定着のための活動といったいわゆる徹底指導が定着していることや,授業を展開していくにあたって,目標(めあて)の達成に向けた児童生徒の主体的な学習,いわゆる能動型学習が展開されていることがわかる。

このように,本県がこれまで取り組んできた熊本型授業は確実に成果を上げてきていると言えよう。

今後,さらに児童生徒の力をのばしていくために,現在の課題についてもここで言及したい。

平成26年度全国学力・学習状況調査の小学校算数B問題に,次のような「40人にスープを分ける」という場面設定の問題がある。

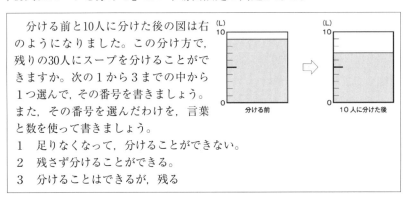

分ける前と10人に分けた後の図は右のようになりました。この分け方で,残りの30人にスープを分けることができますか。次の1から3までの中から1つ選んで,その番号を書きましょう。また,その番号を選んだわけを,言葉と数を使って書きましょう。
1　足りなくなって,分けることができない。
2　残さず分けることができる。
3　分けることはできるが,残る

正解である「3」を選択した本県の児童は80.1%(全国79.6%)。

しかし,「3」を選択し説明も十分だった児童は31%(全国30.6%)であった。

中学校国語B問題では,「封筒に貼ってある切手を水の中にしばらく浸しておくと,きれいにはがすことができるようになる」理由を,『切手・液体・アンカー効果』という言葉を全て使い,二十字以上五十字以内で書く」という問題が出題された。

本問の無答率は13.4%(全国16.0%)だが,正答の条件である,「理由が適切であること」「3つの言葉を全て使うこと」「文字数」を全て満たす説明が書けた生徒は27.9%(全国28.4%)であった。

これらのことも含め，本調査全体の分析結果から本県の児童生徒の課題の一つとして，次のようなことが言える。

「適切に判断してはいるが，その理由を説明することができていない」
「理由を書いてはいるが，適切に書くことができていない」

2 学力向上に向けた今後の取組

「適切に説明する」ことや「正確に書く」ことについては，国語，算数・数学のみならず，全ての教科等で取り組むべき課題である。「今，この場面で，何を説明しなければならないか。相手に分かってもらうにはどのように書けばいいのかということについて丁寧に指導していく」ことが必要であると考えている。

徹底指導と能動型学習のめりはりをつけた熊本型授業を展開しながら，指導すべき内容が確実に身に付く活動になっているかどうか教師が授業の中で見極め，活動の状況によって徹底した指導を行うことが必要である。

併せて，児童生徒の理解をより確かなものにするために，例えば，算数・数学科の授業では，課題を焦点化することで授業後半の時間を確保し，適用問題まで確実に位置付けることが大切である。そのことにより，児童生徒の確かな理解につながるものと考えている。

県教育委員会では，授業の中で活用できる適用問題として，全国学力・学習状況調査の国語と算数・数学の過去問題を単元別，領域別に整理して，全ての学校に配付すると共に，県教委のＨＰに掲載した。算数・数学においては，「ゆうチャレンジ単元別評価問題」も併せて配付，掲載し，活用を促しているところである。

なお，これらの資料は授業以外の補充学習，家庭学習でも十分に活用できる。

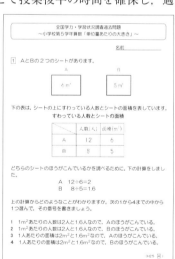

【単元別過去問題の例（算数）】

すでに多くの学校で様々な工夫した取組が展開されており，今後の成果が期待されるところである。

3　学力向上に向けたPDCA検証改善サイクルの確立

　先に述べた取組は，全国学力・学習状況調査と熊本県学力調査の結果を活用した学力向上のPDCA検証改善サイクルを確立することにより，さらに充実したものとなる。

　このPDCA検証改善サイクルは，全国学力・学習状況調査と熊本県学力調査を大きな節目とし，児童生徒の学力向上に向けた取組の計画，実行，検証，改善を明確にするものである。

　各学校においては，年度当初に立てた学力向上の方策についてより実効性をもたせるため，構想した方策を，いつ，どのように実践するのか，また，どのように検証・改善するのかについてまで年間を見通して計画し，学校総体として共通理解・共通実践につないでいただいている。

　このことについては，過去3年間にわたって各教育事務所単位で実施してきた教務主任や研究主任等を対象とした学力向上リーダー研修においても，好事例を紹介しながら各校の計画の見直しを行うような研修を行ってきた。

　また，夏季休業中に行われる「21世紀を拓く熊本の教育推進会議（校長会議）」において，県教委が作成したプランの例を説明するとともに，既にこの取組を実践している学校の例を，好事例として紹介し，全ての学校での取組が推進されるようにしてきたところである。

　大切なことは，計画が計画に終わることなく，常に検証と改善を繰り返しながら児童生徒の学力向上のために，今，何を，どのようにすればばいいか常に確認していくことである。今後，各教育事務所や市町村教育委員会と連携し，児童生徒の学力向上に向け，各学校の学校総体としての取組を支援していきたい。

第3章　熊本市における思考力・表現力育成に向けた取り組み

熊本市教育委員会

1　思考力・表現力育成と学力向上

　本市では，児童生徒の学力状況を客観的に把握し，学力向上・授業改善に活かすために，全国学力標準検査（以下，NRT）と全国学力・学習状況調査（以下，全国学力調査）の結果を活用している。

　本章で思考力・表現力育成について論じるにあたり，NRT及び全国学力調査の結果とその活用を中心として取り上げる。いずれも熊本市立全小中学校で実施しており，本市における客観的な学力状況指標となるからである。

　さらに，全国学力調査B問題の結果とその活用をもって，思考力・表現力育成について述べるものとする。

2　本市の学力の現状と課題

　以下に，NRT及び全国学力調査の結果分析報告（平成26年度実施分）から概要部分のみ抜粋する。下線部は，思考力・表現力に関すると考えられる部分である。

(1)小学校国語の概要

　<u>知識・技能等を実生活の様々な場面に活用する力</u>に課題がみられる。具体的には，<u>発展的，応用的な問題において長い文章を読み取ること</u>，故事成語の意味と使い方を理解すること，<u>分かったことや疑問に思ったことを整理し，それらを関係付けながらまとめて書くこと</u>への対応に課題が見られる。また，漢字の読み書き，言葉の意味，言葉の決まり等についても，定着に課題が見られる。

(2)中学校国語の概要

<u>発展・応用問題において長い文章を読み取ること，複数の資料から必要な情報を読み取ること，資料から適切な情報を得て，伝えたい事実や事柄が明確に伝わるように書くこと</u>への対応に課題がみられる。また，漢字の読み書き，言葉の意味，言葉のきまり等についても定着に課題がみられる。

(3)小学校算数の概要

「数と計算」と「量と測定」の領域に課題が見られる。小数の計算に関しては，改善が見られるが依然として課題である。<u>記述式の問題の正答率が低く，根拠を明確にして説明すること</u>に課題がある。

(4)中学校数学の概要

「関数」と「資料の活用」の領域に課題が見られる。また，「不等式」「図形の移動」「資料の活用」といった現行学習指導要領から新たに加わった内容について，課題が見られる。<u>記述式の問題の正答率が低く</u>，無回答率が高く課題である。

3　具体的な取り組み

(1)各学校における課題分析と学力向上に向けた取り組み

各校における学力向上の取り組みを充実させるために，全小中学校が「自校の課題を踏まえた授業改善・教育活動の推進」を以下の手順で策定し，実践している。

　NRT標準検査，全国学力・学習状況調査の実施
→結果分析（自校の課題と児童・生徒の実態を踏まえて）
→各校での「自校の課題を踏まえた授業改善・教育活動の推進」の策定
→各校での「自校の課題を踏まえた授業改善・教育活動の推進」の実践
→次年度のNRT標準検査，全国学力・学習状況調査による評価

各校の「自校の課題を踏まえた授業改善・教育活動の推進」を見ると，自校の課題を分析した上で，校内で共通実践する基礎的・基本的事項の定着のための手立てや，家庭と連携した家庭学習の習慣化の工夫など，各学校で特色ある教育活動が行われている。

そのような中，最も多く報告されているのが，校内研究と連動させた授業改善の取り組みである。特に，思考力・表現力育成に向けては，多くの学校が以下のような視点から授業改善に取り組んでいる。
　　○言語活動の充実を中心にした授業改善
　　○協同学習を中心にした授業改善
(2) 「授業改善資料～全国学力・学習状況調査を踏まえて～」の作成
　このような学校の取り組みを支援し授業改善の参考となるよう，本市教育委員会では，平成19年度から「授業改善資料～全国学力・学習状況調査を踏まえて～」を作成し，全小中学校に配布してきた。毎年工夫を重ねて，平成26年度版も新たに作成した。
　平成26年度版では，NRTの本市の結果，および全国学力調査の全国・県と本市の結果を加味した調査結果の概要とともに，課題について，授業改善のポイント，具体的な指導例，ワークシート，チャレンジ問題，ワンポイントアドバイス，活用力テスト，評価テストを示している。
　各学校においては，今後，校内研修や研究授業，学年会，教科等部会などで本資料を効果的に活用し，授業改善に向けた取り組みを進めていく。

4　今後の方向性
(1) 授業改善の方向
　平成26年度版「授業改善資料～全国学力・学習状況調査を踏まえて～」では，全国学力調査のB問題で課題となった部分について，「目指す授業とポイント」を明示して，授業改善の方向を示している。このような授業を実践することが，思考力・表現力の育成につながると考えている。
①　小学校国語における授業改善の方向

目指す授業	作品の内容や表現の工夫をとらえて，自分の考えを書くことができるようにする授業。
ポイント	表現のよさに着目し，自分の考えや体験と比べながら読むこと。
具体的方策	自分と似ているな，自分だったらこうするな，という視点で考えを書かせる。

目指す授業	分かったことや疑問に思ったことを整理し，関係付けながらまとめて書くことができるようにする授業。
ポイント	目的や意図に合った情報を取り出し，分類すること。
具体的方策	数色の付箋紙に事実・感想・意見を書き分けさせる。

② **中学校国語における授業改善の方向**

目指す授業	事実と意見を読み分けることで，説明的文章（記録）の内容を理解できるようにする授業。
ポイント	文末表現などに着目し，事実か意見かを読み分けたり，図表の効果を理解したりすること。
具体的方策	事実か意見かを小見出しごとに読み分けさせる。
目指す授業	相手意識を持って伝えたい事柄を明確にして書くことができるようにする授業。
ポイント	表現を工夫したり，複数の情報の内容を正確に捉え取捨選択し構成を考えたりすること。
具体的方策	二種類の資料から，課題の答えに必要な情報を取捨選択させ，構成を考え文章を書かせる。

③ **小学校算数における授業改善の方向**

目指す授業	数量の関係を図に表し，図と式を結びつけながら考える力を育む授業。
ポイント	数量の関係を図でとらえることに慣れること。
具体的方策	すぐに立式して解決しようとすることを防ぐために，問題の一部分を□で表し，すべての情報を見せないで問題を提示する。
目指す授業	割合の意味を量感をもってとらえ，解決の見通しを立てる力を育む授業。
ポイント	示された情報を整理して解決の見通しを立て，それに基づいて筋道を立てて考えること。
具体的方策	示された情報を基に，数量の関係を絵や図，式に表すなどして整理させ，根拠を明らかにしながら説明させる。

④ 中学校数学における授業改善の方向

目指す授業	証明で新たな性質を見いだし,発展的創造的に見る力を育む授業。
ポイント	証明の条件を付け加えたり,条件を変えた新たな問題を証明して,同じ結論が成り立つかどうかを判断したりすること。
具体的方策	証明の結論を用いて角の大きさを求めさせたり,条件の一部を変えて問題をつくり,同じ結論が成り立つかどうかを説明したりさせる。
目指す授業	不等式と等式との意味の理解を深め,身の回りの事象の数量関係を式に表す力を育む授業。
ポイント	式の意味を言葉で表したり,数量の関係を式に表したりすること。
具体的方策	等式と不等式がどんな場面を表しているかを比較して言葉で表したり,身の回りにある数量の関係を図や数直線,言葉の式に表したりさせる。

(2) 成果と課題

① 成果

各学校における取り組みと,授業改善資料の作成活用により,全国学力調査B問題に対応できる力を育成する意識が高まった。思考力・表現力育成の重要性が再認識されたといえる。言語活動や協同学習に重点を置いた授業研究が増えているのも,思考力・表現力育成を意識したものであると考える。

② 課題

本市では,思考力・表現力育成のために,言語活動の充実など授業改善を中心とした各校での取り組みを進めてきたが,全国学力調査B問題の結果として表れていない。今後は,思考力・表現力育成に向けた全市的な重点事項をより明確にし,徹底していく必要がある。本書における取り組みの成果が,本市の授業改善につながるものと期待している。

【文献】

熊本市教育委員会（2015）『平成26年度 授業改善資料 全国学力・学習状況調査を踏まえて』

あ と が き

　　　　　　　　　　　　　　　　　　　　　　　　　　川野　智子

　改正学校教育法の幼稚園教育の目標に「思考力の芽生えを養う」「豊かな感性と表現力の芽生えを養う」等が追加されました。また，幼稚園教育要領の理念は「生きる力の基礎」を育むことで，「人とかかわる力や思考力，感性や表現する力などをはぐくみ，社会とかかわり生きていくための基礎を培うこと」となっています。

　このような教育改革の中，平成23年度に「思考力の芽生えを培う」と研究テーマを定めましたが，当初は幼児期における思考力の芽生えとは一体どのような姿をめざせばよいのか，戸惑いながら日々が過ぎていきました。まずは保育の原点に返り，幼児の姿からその背景や心の動きを読み取ろうと，エピソードをもとに何度もカンファレンスを繰り返しました。そうするうちにいつしか，保育者は【思考力】【表現力】という視点で保育を考え，共通のキーワードを用いて子どもの姿を分析するようになっていたのです。

　おりしも，平成22年度に熊本大学教育学部・附属学校園連携事業がスタートし，幼小中の12年間を見通したうえで幼稚園教育を見直す機会に恵まれ，研究が一気に深まりました。そして，思考力の芽生えを培うためには，体験を通して，試したり，確かめたりできる環境づくりが大切ということ，表現力の芽生えを培うためには，人とのかかわりと保育者の援助が重要であること等，成果として実感することができました。今後は，幼稚園における学びの芽生えが自覚的な学びに変わる接続の時期を明らかにし，柔軟に対応できる幼小の接続カリキュラムを作成していきたいと考えます。

　このような研究の機会を与えて下さり指導助言をいただいた教育学部の関係者の皆さま，ならびに研究にご協力いただいた附属学校の皆さまに心より感謝申しあげ，結びとします。

あ と が き

志波　典明

　熊本大学教育学部附属小学校は，平成21年度から3年間，文部科学省委嘱研究開発校として「論理科カリキュラム開発」の研究を進めてきました。その成果を基盤として，平成24年度からは「対話型の授業」を研究の柱にして研究を進めております。これからの未来を創造していく子どもたちに，急速に変化する現実と向き合い，そこに潜む様々な課題を把握・分析・解決していく「思考力，判断力，表現力，行動力」を伸ばし，新たな知を創造していく力を育てていきたいからです。そのためには，信頼関係にある他者と「ことば」を通してお互いの思考を理解し合い，自分の思考を練り上げる授業。つまり「対話型」の授業が必要なのです。

　しかし，私たちが求める「対話型の授業」を実現することは，そう簡単ではありません。

・本気で考えたくなる「問い」を生むにはどうしたらよいのか。
・論理的に思考し，相手に分かりやすく説明できるようにするには何がポイントとなるのか。
・子どもが表現した事柄のどこに焦点化し，どのように深化・発展させ，ねらいに到達させていくとよいのか。

　実践を積めば積むほど，たくさんの課題が見えてきます。その課題解決に向けた研究と実践の足跡を本書に掲載いたしました。未熟な研究と実践ではありますが，皆様の忌憚のないご意見をいただき，明日からの研究・実践のエネルギーにしていきたいと考えております。

　最後になりましたが，公刊にあたりお力添えを賜りました熊本県教育委員会並びに熊本市教育委員会の皆様に深く感謝申し上げますとともに，渓水社の皆様にお礼を申し上げます。

あとがき

宮本　哲也

　生徒の思考力・判断力・表現力の育成は，学校教育法に「基礎的な知識及び技能を習得させるとともに，これらを活用して課題を解決するために必要な思考力，判断力，表現力その他の能力をはぐくみ，主体的に取り組む態度を養うことに，特に意を用いなければならない。」謳われているように，現行の学習指導要領が求めている中心的な課題です。

　この思考力・判断力・表現力の育成に，本校は一昨年度から2ヶ年間にわたって，国立教育政策研究所の「思考力・判断力・表現力の育成を目指し，学校全体としての目標の設定とそれに向けた各教科等における取組の連携を図り，それらの成果を学校として評価するための実践研究」についての研究指定を受け，「『未来を拓く思考力・判断力・表現力』の育成」を研究主題に，「『論理的思考モデル』を用いた言語活動の指導と評価を通して」を副主題に掲げ，国立教育政策研究所のご指導・ご支援のもと，熊本大学教育学部の先生方とも連携しながら継続的な研究を行ってきました。

　現在は，昨年度までの取組をさらに深化させ，「Ⅰ思考の見える化」「Ⅱ思考を促す学習課題」「Ⅲ思考を揺さぶる授業展開」に重きをおいた授業研究・実践に取り組んでいます。見えずらい思考力を〈10の考え方〉をもとに見取っていく取組は，思考力・判断力育成の一つの提案になるのではないかと考えているところです。今後は，熊本大学教育学部の先生方にも開発学校の運営指導員として参画いただきながら，附属小学校の「論理科」の取組を生かし，本校各教科での取組をもとにして，平成26〜29年度に文部科学省から指定をいただきました研究開発学校としての研究テーマ「『未来を拓く力』を育成する教育課程の開発」の基盤を構築し，提案をしていきたいと考えております。

あ と が き

齋藤　純人

　教育学部が平成22年度から開始した「論理的思考力・表現力育成のためのカリキュラム開発」と並行して，本校は，平成22・23年度に文部科学省特別支援教育総合推進事業を受託し，「障がいのある子どもたちの特性に応じたコミュニケーション能力を育むための指導法」に着目し，研究を進めてきた。平成24年度からは，教育課程に，各教科を合わせた指導として「コミュニケーションの学習」を新設し，教科の学びの根底としてのコミュニケーション能力を育むための効果的な指導内容・指導方法について焦点化して実践研究を行ってきている。

　この研究は，学習指導要領における思考力，判断力，表現力を育むための「言語活動の充実」や自立活動での「人間関係の形成」の新設という「時代の流れ」を考慮し，本校児童生徒にコミュニケーション能力に関する教育的ニーズが高い，特別支援学級の先生方からも「対人コミュニケーション」や「社会生活のルール」が学習内容として特に必要であるという「マーケティング」を通して各教科を合わせた指導「コミュニケーションの学習」として新たに創造し，イノベーションの風を起こした。

　この研究をとおして，子どもたちが自らのコミュニケーション能力を高め，安心して社会での人間関係を深めていくことが出来るようになれば，「特別支援教育」が目指す障がいのある子どもたちの「自立と社会参加」への大きな原動力となることが期待できるとともに，国が目指しているインクルーシブ教育システムの構築においても，コミュニケーションによる「相互理解」が深まり，「共生社会の実現」に大きく寄与していくことであろう。

　終わりに，この研究を取り組むにあたり，御協力と御支援いただいた多

くの関係者の皆様に心から感謝を申し上げるとともに，本書を御高覧いただき，忌憚のない御意見や御助言を賜り，今後の研究の充実発展のために御示唆いただけると幸いである。

索　引

【あ行】
アーギュメント社会科　10
アイデア　164, 165, 167, 175
アイディア発見活動　200
アセスメントシート　65, 67, 68, 72, 73
あなた　46
一般化　14, 47, 48
犬童球渓　101
居場所　45
イメージ　162-165, 168, 173, 175, 176
イメージの深化　174, 175
イメージ発想法　175
因果関係　13, 47
因果関係による関係づけ　12
因果関係による理由づけ　22
ヴィゴツキー理論　7
ヴィゴツキー・ルネサンス　44
ヴィットマン　256
裏づけ　9
ALT（外国語指導助手）　227, 229, 230, 235, 237
絵本をつくろう課！　176
ＭＥＣＥ　197
OECD生徒の学習到達度調査（PISA）　5
OECDの研究プロジェクト　26
おりあい　202-204

【か行】
概念化　210
科学的思考力　134, 143
科学的知識に基づく論証　21
科学的な思考　142, 145
科学的な思考力　134, 143
各教科等を合わせた指導　64

拡散型　24
拡散的　46
拡散的コミュニケーション　46, 47
学習　25
学習指導要領シンポジウム　72
可視化　50, 152
画像は言葉を内包する　173
課題　50
課題探求学習　100
形や色　169-171
学校間・教科間を貫く思考力・表現力　6
葛藤場面　242, 247, 248
活用　210, 211
カリキュラム　6, 8, 11, 21-23, 26, 27, 29, 30, 37, 115, 120, 125, 210, 262, 263, 270
カリキュラム開発　26, 37, 125, 209, 255, 265, 267
カリキュラムデザイン　117
環境的側面　206
環境のデザイン　45
関係性の形成　46
感じ方　164
鑑賞図　170
感性　162, 169
観点を捉える力　24
キー・コンピテンシー　26
記憶の追跡　173
基礎的・基本的な知識・技能　5
気づきの質的高まり　96
帰納的な推論　15
客観的な知　26
キャリア教育　71
既有知識　18
教科横断的　7

教科間連携　6
教科内容　45
教材開発　7
教授＝学習過程　25
共創的な活動　46
共通事項　151
協働実践　25
協働的な学びのプロセス　92
共有する文脈　45
議論（argument）　10
近代国家　114
近代史　110
吟味　49
具体的，特定の他者　24
熊大式授業づくりシステム　70, 71
グループ　65
グループ編成　72
計画としてのカリキュラム　25
経済的側面　206
系統学習　25
言語活動　151
言語活動例　5
言語や文化の体験的な理解　228
顕在カリキュラム　134
限定　9
源平合戦　105
合意形成　47
構成主義的な学習観　25
構造化　47
高度な教科教育　257
御恩と奉公　109
国語科　63
コスト・パフォーマンス　196
国家・社会の形成者　100
言葉で書くこと　97
言葉で話すこと　97
言葉による表現　98
言葉への気付きを促す活動　228
子どもの存在論　25

コミュニケーション　61
コミュニケーション活動　43
コミュニケーションスキル　75
コミュニケーションスキルの意義　75
コミュニケーション能力　45, 61
コミュニケーション能力の基礎　238
コミュニケーション能力の素地　240
コミュニケーションの学習　64
コミュニケーションへの関心・意欲　241
コミュニケーション文化　45
根拠　5, 46, 51, 179, 180, 191, 193
根拠と理由と構造化する力　22
根拠・理由・主張の3点セット　9
根拠-理由づけ-主張の3点セット　43
コンピテンシー　26

【さ行】
サイモン　268
作品構造　33
三角ロジック　99
JTE（日本人英語教師）　237
色彩表現　33
自己　46
思考　210
思考過程　22
思考スキル　149, 150
思考と表現の一体化　91
思考のプロセス　209, 211, 224
思考力・判断力・表現力　209, 221
思考を外化　197
自己関与　24, 45
自己モニター力　211
自己理解　76
事実　9, 46
システム思考　198, 203
視線の向き　163
実践的・経験的　195
実態把握　72

視点変更による思考の深化　124
社会構成主義　6
社会構成主義を基盤としたカリキュラム開発　7
社会的・経済的・環境的側面　206
社会的側面　206
社会文化的アプローチ　7
社会文化的環境要因　7
終末の評価活動場面　200
終末場面　201
授業デザイン論　89
主張　9, 51, 180, 189
順序よく述べる力　24
障害　61
小学校外国語活動　240, 241
状況　210-212, 216-219, 224, 242-244, 246
情景　51
条件的思考　22
条件的思考法　20
情動　45
情報の構造化　197
職業科　63
自立活動　61
真正な活動場面　198
人物の様子やおもい　163
垂直的アプローチ　26
水平的アプローチ　26
水平的相互作用　26
推論　14, 48
図や言葉で書くこと　96, 97
生活科　63
生活経験　14, 242, 247, 248
生活体験　47
生活体験に基づく推論（アナロジー）　35
生活の課題と実践　209, 211, 220, 222, 224
製作品の構想場面　200

精神内機能　45
制度的カリキュラム　5
設計場面　201
説明（explanation）　10
全国学力・学習状況調査　5
潜在カリキュラム　134, 135
相互依存　198
総合的カリキュラム　8
相互作用的な認知主義　43
創造活動　169
創造性　162
創造的なコミュニケーション　199
想定される他者　24
組織化　24, 36, 48

【た行】
体験による学び　97, 98
対比による推論　49
対話　199, 200, 207
対話的関係　46
対話的相互関係　26
他者　46
他者意識　45
他者との相互作用　7
他者に対する自己　24
他者理解　76
立場の違い　203
タブレット端末　237
単元開発　7
探索的コミュニケーション　47
知識・技能　49
知識基盤社会　195, 255
知識社会　255
知の共有化　95
知のネットワーク　93, 94
中央集権　112
中間日本語　232
直観教授　272
つながり　46

テクノロジー　195
デザイン　162, 175, 176, 268
デザイン科学　268
統合　17, 36
統合化　47
道徳的価値　245, 250, 251
道徳的環境　246
トゥルミン・モデル　9, 43
特別支援教育　61
トピック・センテンス　234
ドラッカー　255
トラブルシューティング　196

【な行】
ナンバリング　48
21世紀型能力　195
人間関係の形成　61
人間力　80
認知主義モデル　43
認知特性　46
認知面の発達　47

【は行】
廃藩置県　110
発達調査　43, 48
発達の最近接領域　26
パラグラフ・ライティング　234, 240
反証　9
判断　242-246
比較　23
比較による関係づけ　12
比較による理由づけ　22
PISA型読解力　26
批判的共同思考　48
比喩表現　33
評価　52
表現効果　164-168
表現媒体　118
表現方法　168

氷山モデルカード　198, 203
ひらめき　162
複数の事実　21
武家政権　105
プラス点とマイナス点　204
プラス・マイナス面　206
プラス面とマイナス面　207
振り返る　50
フレームワーク　197
フローチャート　206, 207
プロセス　210
文脈　45
分離（対立・強調）　24
分類　23, 47
分類と一般化による推論　12
ヘルバルト　271
封建制度　112

【ま行】
学び　25
学び方の発達段階　92
学びの構造　90
学びの構造モデル　90
学びの実践モデル　91
学びの履歴　26
見える化　170, 177
身近な当たり前　99
メタ化　47
メタ言語意識　233
メタ認知　22, 47
メタ認知能力　211
metalinguistic awareness　226
モニタリング機能　45
問題解決　135, 148, 210, 211, 224
問題解決的な学習　211, 220, 221, 224
問題解決学習　142, 143
問題解決的な学習過程　209, 211

【や行】

豊かな情操　169, 177
幼稚園教育要領　79
幼・小・中を貫く発達を加味した思考力・表現力の育成　6
予測不可能な時代　195
読みの方略　30

【ら行】
理由　6
理由づけ　9, 46, 49, 51, 179, 180
履歴としてのカリキュラム　25
類推　36
類推による関係づけ　12
累積的コミュニケーション　46
類比による推論　49
レポートの作成　124
連携研究　8
連鎖型　23
連鎖的　46
連鎖的コミュニケーション　47
ロールプレイ　75
logical thinking　225
ロジックツリー　197
論証　13
論理的コミュニケーション能力　26
論理的コミュニケーション能力の発達試案　11, 26, 44
論理的思考　147, 196, 210, 242, 250, 251
論理的思考モデル　234
論理的思考力　23, 32, 47, 59, 76, 121, 122, 124, 125, 134, 136, 137, 142, 173, 178, 200, 233, 241
論理的思考力(論証能力)の発達　21
論理的思考力・表現力　6, 8, 11, 37, 54, 76, 89, 99-101, 104, 115, 117, 120-122, 124, 125, 127, 132, 133, 151, 155, 159, 162, 177, 180, 234, 240-242, 255, 261-267
論理的な思考　141-143, 145, 148

論理的な思考力　134, 135, 143, 144, 147, 148
論証過程　47

【わ行】
わたし　46
what if not?　126

【執筆者一覧】（執筆順。括弧内は担当執筆章節）

谷口　　功（はじめに）熊本大学長

登田　龍彦（はじめに）熊本大学教育学部長

河野　順子（第1部・第2部第1章第1節(1)(2)）熊本大学教育学部教授・熊本大学教育学部附属小学校長

井上　伸円（第2部第1章第1節(3)）熊本市立図画小学校教諭（元附属小学校）

下中　一平（第2部第1章第1節）熊本大学教育学部附属小学校教諭

坂﨑慎太郎（第2部第1章第1節）熊本大学教育学部附属小学校教諭

田上　貴昭（第2部第1章第1節(4)）熊本大学教育学部附属中学校教諭

沖田　史佳（第2部第1章第1節）熊本大学教育学部附属中学校教諭

城音寺明生（第2部第1章第1節）熊本大学教育学部附属中学校教諭

有田　勝秋（第2部第1章第1節）熊本市立下益城城南中学校教諭（元附属中学校）

高原　朗子（第2部第1章第2節）熊本大学教育学部教授・熊本大学教育学部附属特別支援学校長

前田　忠彦（第2部第1章第2節）熊本大学教育学部附属特別支援学校教諭

澤　　僚久（第2部第1章第2節）熊本大学教育学部附属特別支援学校教諭

柴山　謙二（第2部第1章第3節(1)）熊本大学教育学部教授・前熊本大学教育学部附属幼稚園長

浅尾理恵子（第2部第1章第3節(2),(3)①④）熊本大学教育学部附属幼稚園教諭

大塚　桂子（第2部第1章第3節(3)②③）熊本大学教育学部附属幼稚園教諭

松並　弘子（第2部第1章第3節(3)⑤）熊本市立託麻原小学校教諭・（元附属幼稚園）

吉永真理子（第2部第1章第3節(3)⑤）熊本大学教育学部附属幼稚園教諭

志柿　洋子（第2部第1章第3節(3)④）熊本大学教育学部附属幼稚園教諭

執筆者一覧

中山　玄三（第2部第2章第1節(1),(2),(3)）熊本大学教育学部教授
藤本　裕人（第2部第2章第1節(1),(2)）熊本大学教育学部附属小学校教諭
藤瀬　泰司（第2部第2章第2節(1),(2),(4)）熊本大学教育学部准教授
西澤　　剛（第2部第2章第2節(3)①）熊本大学教育学部附属小学校教諭
佐伯　綱義（第2部第2章第2節(3)②）熊本大学教育学部附属中学校教諭
佐々　祐之（第2部第2章第3節）熊本大学教育学部准教授
山本　信也（第2部第2章第3節,第3部第1章）熊本大学教育学部教授
余宮　忠義（第2部第2章第3節）熊本大学教育学部附属小学校教諭
水上　洋平（第2部第2章第3節）熊本大学教育学部附属小学校教諭
増藤　孝成（第2部第2章第3節）熊本大学教育学部附属小学校教諭
宮脇　真一（第2部第2章第3節）熊本県教育庁義務教育課指導主事（元附属小学校）
日方　和光（第2部第2章第3節）熊本大学教育学部附属中学校教諭
坂口　隆義（第2部第2章第3節）熊本大学教育学部附属中学校教諭
澤田　昌宏（第2部第2章第3節）熊本大学教育学部附属中学校教諭
松永　憲治（第2部第2章第3節）熊本市立白川中学校教諭（元附属中学校）
渡邉　重義（第2部第2章第4節）熊本大学教育学部准教授
飯野　直子（第2部第2章第4節）熊本大学教育学部准教授
正元　和盛（第2部第2章第4節）熊本大学教育学部教授
原口　淳一（第2部第2章第4節）山鹿市立中富小学校教諭（元附属小学校）
井上　竜作（第2部第2章第4節）熊本大学教育学部附属小学校教諭
谷口　哲也（第2部第2章第4節）益城町立津森小学校教諭（元附属小学校）
岩永　　聡（第2部第2章第4節）熊本大学教育学部附属小学校教諭
野村　恒平（第2部第2章第4節）宇城市立三角中学校教諭（元附属中学校）
坂田　孝久（第2部第2章第4節）熊本大学教育学部附属中学校教諭
二子石将顕（第2部第2章第4節）熊本大学教育学部附属中学校教諭
田代　博士（第2部第2章第4節）熊本大学教育学部附属中学校教諭
大山　　寛（第2部第2章第4節）合志市立合志中学校教諭（元附属中学校）
楠本　功一（第2部第2章第4節）八代市立第六中学校教諭（元附属中学校）

山﨑　浩隆（第2部第2章第5節(1)）熊本大学教育学部准教授
西　　美穂（第2部第2章第5節(2)）山鹿市立八幡小学校教諭（元附属小学校）
合志るみ子（第2部第2章第5節(3)）熊本大学教育学部附属小学校教諭
緒方　信行（第2部第2章第6節(1)(4)(5)）熊本大学教育学部教授
島﨑桂一郎（第2部第2章第6節(2)）熊本大学教育学部附属小学校教諭
北野　宏政（第2部第2章第6節(2)）熊本大学教育学部附属小学校教諭
村田　　崇（第2部第2章第6節(3)）熊本大学教育学部附属中学校教諭
坂下　玲子（第2部第2章第7節(1)）熊本大学教育学部教授
西村　正之（第2部第2章第7節）熊本大学教育学部附属小学校教諭
豊田誠一郎（第2部第2章第7節(2)①）熊本大学教育学部附属小学校教諭
岩根　　元（第2部第2章第7節(2)②）熊本大学教育学部附属中学校教諭
前田　路子（第2部第2章第7節(2)②）熊本大学教育学部附属中学校教諭
田口　浩継（第2部第2章第8節）熊本大学教育学部教授
西本　彰文（第2部第2章第8節）熊本大学教育学部技術専門職員
三浦　寿史（第2部第2章第8節）熊本大学教育学部附属中学校教諭
萩嶺　直孝（第2部第2章第8節）八代市立第六中学校教諭（元附属中学校）
八幡（谷口）彩子（第2部第2章第9節(1),(2),(5)）熊本大学教育学部准教授
恒松真穂子（第2部第2章第9節(3)①）人吉市立人吉東小学校教諭（元附属小学校）
廣瀬　文子（第2部第2章第9節(3)②）熊本大学教育学部附属小学校教諭
松原三也子（第2部第2章第9節(4)）熊本大学教育学部附属中学校教諭
Pederson, Stan（第2部第2章第10節(1),(2)）熊本大学教育学部准教授
前田　陽子（第2部第2章第10節(2)）熊本大学教育学部附属小学校教諭
栗原　佳代（第2部第2章第10節(3)①〜④）菊池市立菊池南中学校教諭（元附属中学校）
島谷　　浩（第2部第2章第10節(3)⑤）熊本大学教育学部教授
八幡　英幸（第2部第2章第11節）熊本大学教育学部教授
坂口　一成（第2部第2章第11節）熊本市立大江小学校教諭（元附属小学校）
宮原　大輔（第2部第2章第11節）熊本大学教育学部附属小学校教諭

熊本県教育委員会（第3部第2章）

熊本市教育委員会（第3部第3章）

川野　智子（あとがき）熊本大学教育学部附属幼稚園副園長

志波　典明（あとがき）熊本大学教育学部附属小学校副校長

宮本　哲也（あとがき）熊本大学教育学部附属中学校副校長

齋藤　純人（あとがき）熊本大学教育学部附属特別支援学校副校長

論理的思考力・表現力育成のための
カリキュラム開発
― 教科間連携,幼・小・中連携を視野に入れて ―

平成27年2月25日　発行

編　者　熊本大学教育学部・四附属学校園
発行者　株式会社　溪水社
　　　　広島市中区小町1-4（〒730-0041）
　　　　電話082-246-7909　FAX082-246-7876
　　　　e-mail: info@keisui.co.jp
　　　　URL: www.keisui.co.jp

ISBN978-4-86327-287-3　C3081

好評発売中

言語活動を支える論理的思考力・表現力の育成
―各教科の言語活動に「根拠」「理由づけ」「主張」の三点セットを用いた学習指導の提案―

河野順子・熊本大学教育学部附属小学校【編著】／2,800円+税

対話や討論を適宜導入して授業を進める「論理科カリキュラム」の開発と実践。熊本大学教育学部附属小学校、附属中学校への実践から考える思考力・表現力の育成への取り組み。ISBN978-4-86327-225-5

第1章 言語活動を支える論理的思考力・表現力育成重視の背景
1 新学習指導要領改訂の要点／2 論証能力を支える論理的思考力の発達に関する調査

第2章 論理的コミュニケーション能力育成のための指導例
1 論理的コミュニケーション能力育成のための教材開発／2 論理的コミュニケーション能力育成のための発達に応じた手引き例

第3章 論理的思考力育成のための学びのデザイン例
1「いろいろなくちばし」1年の実践構想／2「いろいろなくちばし」1年の学びのデザインの特性

第4章 言語活動を支える論理的思考力・表現力育成のための実践事例
1 国語科実践／2 算数科実践／3 社会科実践／4 理科実践／5 体育科実践／6 生活科実践／7 道徳実践／8 外国語実践